Johann Wolfgang vo

Goethes Werke

35. Band

VERO Verlag

Johann Wolfgang von Goethe

Goethes Werke

35. Band

ISBN/EAN: 9783737220125

Auflage: 1

Erscheinungsjahr: 2015

Erscheinungsort: Norderstedt, Deutschland

Vero Verlag in Hansebooks GmbH

Printed in Europe, Canada, USA, Australia, Japan

VERO Verlag

Goethes Werke

Herausgegeben

im

Auftrage der Großherzogin Sophie von Sachsen

35. Band

Weimar

Hermann Böhlau

1892.

Inhalt.

Tag- und Jahres-Hefte

als

Ergänzung

meiner

sonstigen Bekenntnisse.

Von 1749 bis 1764.

Bei zeitig erwachendem Talente, nach vorhandenen poetischen und prosaischen Mustern, mancherlei Eindrücke kindlich bearbeitet, meistens nachahmend, wie es gerade jedes Muster andeutete. Die Einbildungskraft wird mit heiteren Bildern beschäftigt, die sich selbstgefällig an Persönlichkeit und die nächsten Zustände anschlossen. Der Geist näherte sich der wirklichen wahrhaften Natur, durch Gelegenheits-Gedichte; daher entstand ein gewisser Begriff von menschlichen Verhältnissen mit individueller Mannichfaltigkeit: denn besondere Fälle waren zu betrachten und zu behandeln. Vielschreiberei in mehreren Sprachen, durch frühzeitiges Dictiren begünstigt.

Von 1764 bis 1769.

Aufenthalt in Leipzig. Bedürfniß einer beschränkten Form zu besserer Beurtheilung der eigenen Productionen wird gefühlt; die griechisch = französische, besonders der Dramen, als anerkannt, ja gesetzlich, wird aufgenommen. Ernstere, unschuldige aber schmerzliche Jugendempfindungen drängen sich auf, werden be-

1*

trachtet und ausgesprochen, indessen der Jüngling
mancherlei Verbrechen innerhalb des übertünchten Zu=
standes der bürgerlichen Gesellschaft gewahret. Von
Arbeiten ersterer Art ist die Laune des Verliebten
und einige Lieder, von der zweiten die Mitschul=
digen übrig geblieben, denen man bei näherer Be=
trachtung ein fleißiges Studium der Molierischen Welt
nicht absprechen wird; daher aber auch das Fremd=
artige der Sitten, wodurch das Stück lange Zeit vom
Theater ausgeschlossen blieb.

Von 1769 bis 1775.
Fernere Einsicht in's Leben.

Ereigniß, Leidenschaft, Genuß und Pein. Man
fühlt die Nothwendigkeit einer freiern Form und
schlägt sich auf die englische Seite. So entstehen
Werther, Göz von Berlichingen, Egmont.
Bei einfacheren Gegenständen wendet man sich wieder
zur beschränkteren Weise: Clavigo, Stella, Er=
win und Elmire, Claudine von Villa Bella,
beide letztere prosaischer Versuch mit Gesängen durch=
webt. Hieher gehören die Lieder an Belinden und
Lili, deren manche, so wie verschiedene Gelegenheits=
stücke, Episteln und sonstige gesellige Scherze verloren
gegangen.

Inzwischen geschehen kühnere Griffe in die tiefere
Menschheit; es entsteht ein leidenschaftlicher Widerwille

gegen mißleitende, beschränkte Theorien: man wider=
setzt sich dem Anpreisen falscher Muster. Alles dieses
und was daraus folgt, war tief und wahr empfunden,
oft aber einseitig und ungerecht ausgesprochen. Nach=
5 stehende Productionen: Faust, die Puppenspiele,
Prolog zu Bahrdt sind in diesem Sinne zu be=
urtheilen; sie liegen jedermann vor Augen. Dagegen
waren die Fragmente des ewigen Juden und Haus=
wursts Hochzeit nicht mitzutheilen. Letzteres er=
10 schien darum heiter genug, weil die sämmtlichen deut=
schen Schimpfnamen in ihren Charakteren persönlich
auftraten. Mehreres dieser frechen Art ist verloren
gegangen; Götter, Helden und Wieland erhalten.

Die Recensionen in den Frankfurter gelehrten An=
15 zeigen von 1772 und 1773 geben einen vollständigen
Begriff von dem damaligen Zustand unserer Gesell=
schaft und Persönlichkeit. Ein unbedingtes Bestreben,
alle Begränzungen zu durchbrechen, ist bemerkbar.

Die erste Schweizerreise eröffnete mir mannich=
20 faltigen Blick in die Welt; der Besuch in Weimar
umschlang mich mit schönen Verhältnissen, und drängte
mich unversehens auf einen neuen glücklichen Lebens=
gang.

Bis 1780.

25 An allen vorgemeldeten, nach Weimar mitgebrach=
ten, unvollendeten Arbeiten konnte man nicht fort=

fahren: denn da der Dichter durch Anticipation die
Welt vorweg nimmt, so ist ihm die auf ihn losdringende,
wirkliche Welt unbequem und störend: sie will ihm
geben was er schon hat, aber anders, daß er sich zum
zweitenmale zueignen muß.

Bei Gelegenheit eines Liebhaber-Theaters und fest-
licher Tage wurden gedichtet und aufgeführt: Lila,
die Geschwister, Iphigenia, Proserpina, letztere
freventlich in den Triumph der Empfindsamkeit
eingeschaltet und ihre Wirkung vernichtet: wie denn
überhaupt eine schale Sentimentalität überhandnehmend
manche harte realistische Gegenwirkung veranlaßte.
Viele kleine Ernst-, Scherz- und Spottgedichte, bei
größeren und kleineren Festen, mit unmittelbarem
Bezug auf Persönlichkeiten und das nächste Verhältniß,
wurden von mir und andern, oft gemeinschaftlich hervorgebracht. Das Meiste ging verloren: ein Theil,
z. B. Hans Sachs, ist eingeschaltet oder sonst verwendet. Die Anfänge des Wilhelm Meister wird
man in dieser Epoche auch schon gewahr, obgleich nur
kotyledonenartig: die fernere Entwickelung und Bildung zieht sich durch viele Jahre.

Dagegen wurde manche Zeit und Mühe auf den
Vorsatz, das Leben Herzog Bernhards zu schreiben, vergebens aufgewendet. Nach vielfachem Sammeln und mehrmaligem Schematisiren ward zuletzt nur
allzuklar, daß die Ereignisse des Helden kein Bild
machen. In der jammervollen Iliade des dreißig-

jährigen Krieges spielt er eine würdige Rolle, läßt
sich aber von jener Gesellschaft nicht absondern. Einen
Ausweg glaubte ich jedoch gefunden zu haben: ich
wollte das Leben schreiben wie einen ersten Band, der
5 einen zweiten nothwendig macht, auf den auch schon
vorbereitend gedeutet wird; überall sollten Verzahnungen
stehen bleiben, damit jedermann bedaure, daß ein
frühzeitiger Tod den Baumeister verhindert habe sein
Werk zu vollenden. Für mich war diese Bemühung
10 nicht unfruchtbar; denn wie das Studium zu Berlichingen und Egmont mir tiefere Einsicht in das
funfzehnte und sechzehnte Jahrhundert gewährte, so
mußte mir dießmal die Verworrenheit des siebzehnten
sich, mehr als sonst vielleicht geschehen wäre, entwickeln.
15 Ende 1779 fällt die zweite Schweizerreise. Aufmerksamkeit auf äußere Gegenstände, Anordnung und
Leitung unserer geselligen Irrfahrt ließen wenig Pro-
ductivität aufkommen. Übrig geblieben ist davon als
Denkmal: die Wanderung von Genf auf den Gotthard.
20 Die Rückreise, da wir wieder in die flächere Schweiz
gelangten, ließ mich Jery und Bätely ersinnen:
ich schrieb das Gedicht sogleich und konnte es völlig
fertig mit nach Deutschland nehmen. Die Gebirgsluft
die darinnen weht, empfinde ich noch, wenn mir die
25 Gestalten auf Bühnenbretern zwischen Leinwand und
Pappenfelsen entgegen treten.

Bis 1786.

Die Anfänge Wilhelm Meisters hatten lange geruht. Sie entsprangen aus einem dunkeln Vorgefühl der großen Wahrheit: daß der Mensch oft etwas ver= suchen möchte, wozu ihm Anlage von der Natur ver= sagt ist, unternehmen und ausüben möchte, wozu ihm Fertigkeit nicht werden kann; ein inneres Gefühl warnt ihn abzustehen, er kann aber mit sich nicht in's Klare kommen, und wird auf falschem Wege zu falschem Zwecke getrieben, ohne daß er weiß wie es zugeht. Hiezu kann alles gerechnet werden, was man falsche Tendenz, Dilettantismus u. s. w. genannt hat. Geht ihm hierüber von Zeit zu Zeit ein halbes Licht auf, so entsteht ein Gefühl das an Verzweiflung gränzt, und doch läßt er sich wieder gelegentlich von der Welle, nur halb widerstrebend, fortreißen. Gar viele vergeuden hiedurch den schönsten Theil ihres Lebens, und verfallen zuletzt in wundersamen Trübsinn. Und doch ist es möglich, daß alle die falschen Schritte zu einem un= schätzbaren Guten hinführen: eine Ahnung die sich im Wilhelm Meister immer mehr entfaltet, aufklärt und bestätigt, ja sich zuletzt mit klaren Worten ausspricht: „Du kommst mir vor wie Saul, der Sohn Kis, der ausging seines Vaters Eselinnen zu suchen, und ein Königreich fand."

Wer die kleine Oper: Scherz, List und Rache, mit Nachdenken lesen mag, wird finden, daß dazu mehr

Aufwand als billig gemacht worden. Sie beschäftigte
mich lange Zeit; ein dunkler Begriff des Intermezzo
verführte mich, und zugleich die Lust mit Sparsamkeit
und Kargheit in einem engen Kreise viel zu wirken.
Dadurch häuften sich aber die Musikstücke dergestalt,
daß drei Personen sie nicht zu leisten vermögen. So=
dann hat der freche Betrug, wodurch ein geiziger
Pedant mystificirt wird, für einen rechtlichen Deutschen
keinen Reiz, wenn Italiäner und Franzosen sich daran
wohl ergötzen möchten; bei uns aber kann die Kunst
den Mangel des Gemüths nicht leicht entschuldigen.
Noch einen Grundfehler hat das Singspiel, daß drei
Personen gleichsam eingesperrt, ohne die Möglichkeit
eines Chors, dem Componisten seine Kunst zu ent=
wickeln und den Zuhörer zu ergötzen, nicht genugsame
Gelegenheit geben. Dessenungeachtet hat mir mein
Landsmann Kayser, in Zürich sich aufhaltend, durch
seine Composition manchen Genuß verschafft, viel zu
denken gegeben und ein gutes Jugendverhältniß, wel=
ches sich nachher in Rom erneuerte, immerfort leben=
dig erhalten.

Die Vögel und andere, verloren gegangene, Fest=
spiele für Ettersburg mögen hier noch genannt werden.
Die zwei Acte von Elpenor wurden 1783 geschrieben.
Zu Ende dieser Epoche reifte der Entschluß, meine
sämmtlichen Arbeiten bei Göschen herauszugeben. Die
Redaction der vier ersten Bände war Michael 1786
vollendet.

1787 bis 1788.

Die vier letzten Bände sollten sodann nur meistens
angelegte und unvollendete Arbeiten enthalten; auf
Herders Anregung jedoch wird deren fernere Bearbei=
tung unternommen. Von Ausführung des Einzelnen
findet sich viel in den zwei Bänden der Italiänischen
Reise. Iphigenie ward abgeschlossen noch vor der
sicilianischen Fahrt. Als ich, bei meiner Rückkehr
nach Rom, Egmont bearbeitete, fiel mir auf in den
Zeitungen lesen zu müssen, daß in Brüssel die Scenen,
die ich geschildert, sich fast wörtlich erneuerten, so daß
auch hier die poetische Anticipation wieder in Be=
tracht kam. In die eigentliche italiänische Opernform
und ihre Vortheile hatte ich mich, bei meinem Auf=
enthalte in dem musikalischen Lande, recht eingedacht
und eingeübt; deßhalb unternahm ich mit Vergnügen,
Claudine von Villa Bella metrisch zu bearbeiten,
ingleichen Erwin und Elmire, und sie dem Com=
ponisten zu freudiger Behandlung entgegen zu führen.
Nach der Rückkehr aus Italien im Jahre 1788 wurde
Tasso erst abgeschlossen, aber die Ausgabe bei Göschen
dem Publicum vollständig überliefert.

1789.

Kaum war ich in das weimarische Leben und die
dortigen Verhältnisse, bezüglich auf Geschäfte, Studien

und literarische Arbeiten, wieder eingerichtet, als sich
die französische Revolution entwickelte und die Auf=
merksamkeit aller Welt auf sich zog. Schon im Jahr
1785 hatte die Halsbandgeschichte einen unaussprech=
lichen Eindruck auf mich gemacht. In dem unsitt=
lichen Stadt=, Hof= und Staats=Abgrunde, der sich
hier eröffnete, erschienen mir die greulichsten Folgen
gespensterhaft, deren Erscheinung ich geraume Zeit
nicht los werden konnte; wobei ich mich so seltsam
benahm, daß Freunde, unter denen ich mich eben auf
dem Lande aufhielt, als die erste Nachricht hievon zu
uns gelangte, mir nur spät, als die Revolution längst
ausgebrochen war, gestanden, daß ich ihnen damals
wie wahnsinnig vorgekommen sei. Ich verfolgte den
Proceß mit großer Aufmerksamkeit, bemühte mich in
Sicilien um Nachrichten von Cagliostro und seiner
Familie, und verwandelte zuletzt, nach gewohnter
Weise, um alle Betrachtungen los zu werden, das
ganze Ereigniß unter dem Titel: der Groß=Cophta,
in eine Oper, wozu der Gegenstand vielleicht besser als
zu einem Schauspiele getaugt hätte. Capellmeister
Reichardt griff sogleich ein, componirte mehreres Ein=
zelne, als: die Baß=Arie: Lasset Gelehrte sich
zanken und streiten ꝛc. Geh, gehorche meinen
Winken ꝛc.

Diese reine Opernform, welche vielleicht die gün=
stigste aller dramatischen bleibt, war mir so eigen
und geläufig geworden, daß ich manchen Gegenstand

darin behandelte. Ein Singspiel: die ungleichen
Hausgenossen, war schon ziemlich weit gediehen.
Sieben handelnde Personen, die aus Familienverhält=
niß, Wahl, Zufall, Gewohnheit auf Einem Schloß
zusammen verweilten, oder von Zeit zu Zeit sich da=
selbst versammelten, waren deßhalb dem Ganzen
vortheilhaft, weil sie die verschiedensten Charaktere
bildeten, in Wollen und Können, Thun und Lassen
völlig einander entgegen standen, entgegen wirkten
und doch einander nicht los werden konnten. Arien,
Lieder, mehrstimmige Partien daraus vertheilte ich
nachher in meine lyrischen Sammlungen und machte
dadurch jede Wiederaufnahme der Arbeit ganz un=
möglich.

Gleich nach meiner Rückkunft aus Italien machte
mir eine andere Arbeit viel Vergnügen. Seit Sterne's
unnachahmliche Sentimentale Reise den Ton gegeben
und Nachahmer geweckt, waren Reisebeschreibungen
fast durchgängig den Gefühlen und Ansichten des
Reisenden gewidmet. Ich dagegen hatte die Maxime
ergriffen, mich so viel als möglich zu verläugnen und
das Object so rein als nur zu thun wäre in mich
aufzunehmen. Diesen Grundsatz befolgte ich getreu=
lich, als ich dem römischen Carneval beiwohnte. Aus=
führlich ward ein Schema aller Vorkommenheiten
aufgesetzt, auch fertigten gefällige Künstler charakte=
ristische Maskenzeichnungen. Auf diese Vorarbeiten
gründete ich meine Darstellung des Römischen Car=

nevals, welche, gut aufgenommen, geistreiche Men=
schen veranlaßte, auf ihren Reisen gleichfalls das
Eigenthümlichste der Völkerschaften und Verhältnisse
klar und rein auszudrücken; wovon ich nur den talent=
vollen, früh verschiedenen Friedrich Schulz nennen
und seine Beschreibung eines polnischen Reichstags in
Erinnerung bringen will.

— — —

1790.

Meine frühern Verhältnisse zur Universität Jena,
wodurch wissenschaftliche Bemühungen angeregt und
begünstigt worden, eilte ich sogleich wieder anzu=
knüpfen. Die dortigen Museen fernerhin, unter Mit=
wirkung vorzüglicher sachkundiger Männer, vermehrt
aufzustellen, zu ordnen und zu erhalten war eine so
angenehme als lehrreiche Beschäftigung, und ich fühlte
mich bei'm Betrachten der Natur, bei'm Studium
einer weitumhergreifenden Wissenschaft für den Mangel
an Kunstleben einigermaßen entschädigt. Die Meta=
morphose der Pflanzen ward als Herzenserleichte=
rung geschrieben. Indem ich sie abdrucken ließ, hoffte
ich ein Specimen pro loco den Wissenden darzulegen.
Ein botanischer Garten ward vorbereitet.

Mahlerische Farbengebung war zu gleicher Zeit
mein Augenmerk, und als ich auf die ersten physi=
schen Elemente dieser Lehre zurückging, entdeckte ich
zu meinem großen Erstaunen: die Newtonische

Hypotheſe ſei falſch und nicht zu halten. Ge=
naueres Unterſuchen beſtätigte mir nur meine Über=
zeugung, und ſo war mir abermals eine Entwicke=
lungskrankheit eingeimpft, die auf Leben und Thätig=
keit den größten Einfluß haben ſollte.

Angenehme häuslich=geſellige Verhältniſſe geben
mir Muth und Stimmung die Römiſchen Elegien
auszuarbeiten und zu redigiren. Die Venezianiſchen
Epigramme gewann ich unmittelbar darauf. Ein
längerer Aufenthalt in der wunderbaren Waſſerſtadt,
erſt in Erwartung der von Rom zurückkehrenden
Herzogin Amalia, ſodann aber ein längeres Ver=
weilen daſelbſt im Gefolge dieſer, alles um ſich her,
auswärts und zu Hauſe, belebenden Fürſtin, brachten
mir die größten Vortheile. Eine hiſtoriſche Überſicht
der unſchätzbaren Venezianiſchen Schule ward mir
anſchaulich, als ich erſt allein, ſodann aber mit den
römiſchen Freunden, Heinrich Meyer und Bury,
nach Anleitung des höchſt ſchätzbaren Werkes: Della
pittura Veneziana 1771, von den damals noch un=
verrückten Kunſtſchätzen, inſofern ſie die Zeit verſchont
hatte, und wie man ſie zu erhalten und herzuſtellen
ſuchte, vollſtändige Kenntniß nahm.

Die verehrte Fürſtin mit dem ganzen Gefolge be=
ſuchte Mantua, und ergötzte ſich an dem Übermaß
dortiger Kunſtſchätze. Meyer ging nach ſeinem Vater=
lande, der Schweiz, Bury nach Rom zurück; die weitere
Reiſe der Fürſtin gab Genuß und Einſicht.

Kaum nach Hause gelangt, ward ich nach Schlesien
gefordert, wo eine bewaffnete Stellung zweier großen
Mächte den Congreß von Reichenbach begünstigte.
Erst gaben Cantonnirungsquartiere Gelegenheit zu
einigen Epigrammen, die hie und da eingeschaltet
sind. In Breslau hingegen, wo ein soldatischer Hof
und zugleich der Adel einer der ersten Provinzen des
Königreichs glänzte, wo man die schönsten Regimenter
ununterbrochen marschiren und manoeuvriren sah, beschäftigte mich unaufhörlich, so wunderlich es auch
klingen mag, die vergleichende Anatomie, weßhalb, mitten in der bewegtesten Welt, ich als Ein-
siedler in mir selbst abgeschlossen lebte. Dieser Theil
des Naturstudiums war sonderbarlich angeregt worden. Als ich nämlich auf den Dünen des Lido, welche
die venezianischen Lagunen von dem adriatischen Meere
sondern, mich oftmals erging, fand ich einen so glücklich geborstenen Schafschädel, der mir nicht allein jene
große früher von mir erkannte Wahrheit: die sämmtlichen Schädelknochen seien aus verwandelten Wirbel-
knochen entstanden, abermals bethätigte, sondern auch
den Übergang innerlich ungeformter organischer Massen,
durch Aufschluß nach außen, zu fortschreitender Ver-
edelung höchster Bildung und Entwicklung in die
vorzüglichsten Sinneswerkzeuge vor Augen stellte, und
zugleich meinen alten, durch Erfahrung bestärkten
Glauben wieder auffrischte, welcher sich fest darauf
begründet, daß die Natur kein Geheimniß habe, was

sie nicht irgendwo dem aufmerksamen Beobachter nackt
vor die Augen stellt.

Da ich nun aber einmal mitten in der bewegtesten
Lebensumgebung zum Knochenbau zurückgekehrt war,
so mußte meine Vorarbeit, die ich auf den Zwischen= 5
knochen vor Jahren verwendet, abermals rege werden.
Loder, dessen unermüdliche Theilnahme und Ein=
wirkung ich immerfort zu rühmen habe, gedenkt der=
selben in seinem anatomischen Handbuch von 1788.
Da aber die dazu gehörige kleine Abhandlung, deutsch 10
und lateinisch, noch unter meinen Papieren liegt, so
erwähne ich kürzlich nur so viel: ich war völlig über=
zeugt, ein allgemeiner, durch Metamorphose sich er=
hebender Typus gehe durch die sämmtlichen organischen
Geschöpfe durch, lasse sich in allen seinen Theilen auf 15
gewissen mittlern Stufen gar wohl beobachten, und
müsse auch noch da anerkannt werden, wenn er sich
auf der höchsten Stufe der Menschheit in's Verborgene
bescheiden zurückzieht.

Hierauf waren alle meine Arbeiten, auch die in 20
Breslau, gerichtet; die Aufgabe war indessen so groß,
daß sie in einem zerstreuten Leben nicht gelöf't werden
konnte.

Eine Lustfahrt nach den Salinen von Wieliczka
und ein bedeutender Gebirgs= und Landritt über 25
Adersbach, Glatz u. s. w. unternommen, bereicherte
mit Erfahrung und Begriffen. Einiges findet sich
aufgezeichnet.

1791.

Ein ruhiges, innerhalb des Hauses und der Stadt
zugebrachtes Jahr! Die freigelegenste Wohnung, in
welcher eine geräumige dunkle Kammer einzurichten
war, auch die anstoßenden Gärten, woselbst im Freien
Versuche jeder Art angestellt werden konnten, ver=
anlaßten mich den chromatischen Untersuchungen ernst=
lich nachzuhängen. Ich bearbeitete vorzüglich die
prismatischen Erscheinungen, und indem ich die sub=
jectiven derselben in's Unendliche vermannichfaltigte,
ward ich fähig, das erste Stück optischer Beiträge
herauszugeben, die mit schlechtem Dank und hohlen
Redensarten der Schule bei Seite geschoben wurden.

Damit ich aber doch von dichterischer und ästheti=
scher Seite nicht allzukurz käme, übernahm ich mit
Vergnügen die Leitung des Hoftheaters. Eine solche
neue Einrichtung ward veranlaßt durch den Abzug der
Gesellschaft Bellomo's, welche seit 1784 in Weimar
gespielt und angenehme Unterhaltung gegeben hatte.
Sie war aus Ober=Deutschland gekommen, und man
hatte sich mit jenem Dialekt im Dialog, um des guten
Gesangs willen, befreundet. Nun waren die Stellen
der Abziehenden desto leichter zu ersetzen, weil man
die Theater von ganz Deutschland zur Auswahl vor
sich sah. Breslau und Hannover, Prag und Berlin
sendeten uns tüchtige Mitglieder, die sich in kurzer
Zeit in einander einspielten und einsprachen, und

gleich von Anfang viele Zufriedenheit gewährten. So=
dann blieben auch von jener abziehenden Gesellschaft
verdienstvolle Individuen zurück, von welchen ich nur
den unvergeßlichen Malcolmi nennen will. Kurz
vor der Veränderung starb ein sehr schätzbarer Schau=
spieler, Neumann; er hinterließ uns eine vierzehn=
jährige Tochter, das liebenswürdigste, natürlichste
Talent, das mich um Ausbildung anflehte.

Nur wenig Vorstellungen zum Eintritt wurden
in Weimar gegeben. Die Gesellschaft hatte einen
großen Vortheil, Sommers in Lauchstädt zu spielen;
ein neues Publicum, aus Fremden, aus dem gebildeten
Theil der Nachbarschaft, den kenntnißreichen Gliedern
einer nächst gelegenen Akademie, und leidenschaftlich
fordernden Jünglingen zusammengesetzt, sollten wir be=
friedigen. Neue Stücke wurden nicht eingelernt, aber
die ältern durchgeübt, und so kehrte die Gesellschaft
mit frischem Muthe im October nach Weimar zurück.
Mit der größten Sorgfalt behandelte man nun die
Stücke jeder Art; denn bei der neu zusammentretenden
Gesellschaft mußte alles neu eingelernt werden.

Gar sehr begünstigte mich jene Neigung zur musi=
kalischen Poesie. Ein unermüdlicher Concertmeister,
Kranz, und ein immer thätiger Theaterdichter, Vul=
pius, griffen lebhaft mit ein. Einer Unzahl italiäni=
scher und französischer Opern eilte man deutschen Text
unterzulegen, auch gar manchen schon vorhandenen zu
besserer Singbarkeit umzuschreiben. Die Partituren

wurden durch ganz Deutschland verschickt. Fleiß und
Lust, die man hiebei aufgewendet, obgleich das Andenken völlig verschwunden sein mag, haben nicht
wenig zur Verbesserung deutscher Operntexte mit-
5 gewirkt.

Diese Bemühungen theilte der aus Italien mit
gleicher Vorliebe zurückkehrende Freund, von Einsiedel, und so waren wir von dieser Seite auf mehrere
Jahre geborgen und versorgt, und da die Oper immer
10 ein Publicum anzuziehen und zu ergötzen das sicherste
und bequemste Mittel bleibt, so konnten wir, von
dieser Seite beruhigt, dem recitirenden Schauspiel desto
reinere Aufmerksamkeit widmen. Nichts hinderte dieses
auf eine würdige Weise zu behandeln und von Grund
15 aus zu beleben.

Bellomo's Repertorium war schon von Bedeutung.
Ein Director spielt alles ohne zu prüfen; was fällt,
hat doch einen Abend ausgefüllt, was bleibt, wird
sorgfältig benutzt. Dittersdorfische Opern, Schauspiele
20 aus Ifflands bester Zeit, fanden wir und brachten
sie nach. Die theatralischen Abenteuer, eine
immer erfreuliche Oper mit Cimarosa's und Mozarts
Musik, ward noch vor Ende des Jahrs gegeben;
König Johann aber, von Shakespeare, war unser
25 größter Gewinn. Christiane Neumann, als
Arthur, von mir unterrichtet, that wundervolle Wirkung; alle die übrigen mit ihr in Harmonie zu
bringen, mußte meine Sorge sein. Und so verfuhr

ich von vorne herein, daß ich in jedem Stück den
vorzüglichsten zu bemerken und ihm die andern an-
zunähern suchte.

1792.

So war der Winter hingegangen und das Schauspiel hatte schon einige Consistenz gewonnen. Wieder-
holung früherer, werthvoller und beliebter Stücke,
Versuche mit aller Art von neueren gaben Unterhaltung und beschäftigten das Urtheil des Publicums,
welches denn die damals neuen Stücke aus Ifflands
höchster Epoche mit Vergnügen anzuschauen sich gewöhnte. Auch Kotzebue's Productionen wurden sorgfältig aufgeführt und, insofern es möglich war, auf
dem Repertorium erhalten.

Dittersdorfs Opern, dem singenden Schauspieler
leicht, dem Publicum anmuthig, wurden mit Aufmerksamkeit gegeben; Hagemannische und Hagemeisterische
Stücke, obgleich hohl, doch für den Augenblick Theilnahme erregend und Unterhaltung gewährend, nicht
verschmäht. Bedeutendes aber geschah, als wir schon
zu Anfange des Jahrs Mozarts Don Juan und
bald darauf Don Carlos von Schiller aufführen
konnten. Ein lebendiger Vortheil entsprang aus dem
Beitritt des jungen Vohs zu unserm Theater. Er
war von der Natur höchst begünstigt und erschien
eigentlich jetzt erst als bedeutender Schauspieler.

Das Frühjahr belebte meine chromatischen Arbeiten,
ich verfaßte das zweite Stück der optischen Bei=
träge und gab es von einer Tafel begleitet heraus.
In der Mitte des Sommers ward ich abermals in's
5 Feld berufen, dießmal zu ernsteren Scenen. Ich eilte
über Frankfurt, Mainz, Trier und Luxemburg nach
Longwy, welches ich den 28. August schon eingenommen
fand; von da zog ich mit bis Valmy, so wie auch
zurück bis Trier; sodann, um die unendliche Ver=
10 wirrung der Heerstraße zu vermeiden, die Mosel herab
nach Coblenz. Mancherlei Naturerfahrungen schlangen
sich, für den Aufmerksamen, durch die bewegten Kriegs=
ereignisse. Einige Theile von Fischers physikalischem
Wörterbuche begleiteten mich; manche Langeweile
15 stockender Tage betrog ich durch fortgesetzte chroma=
tische Arbeiten, wozu mich die schönsten Erfahrungen
in freier Welt aufregten, wie sie keine dunkle Kammer,
kein Löchlein im Laden geben kann. Papiere, Acten
und Zeichnungen darüber häuften sich.
20 Bei meinem Besuch in Mainz, Düsseldorf und
Münster konnte ich bemerken daß meine alten Freunde
mich nicht recht wieder erkennen wollten, wovon uns
in Hubers Schriften ein Wahrzeichen übrig geblieben,
dessen psychische Entwicklung gegenwärtig nicht schwer
25 fallen sollte.

1793.

Eben dieser widerwärtigen Art, alles Sentimentale zu verschmähen, sich an die unvermeidliche Wirklichkeit halb verzweifelnd hinzugeben, begegnete gerade Rei= necke Fuchs als wünschenswerthester Gegenstand für eine, zwischen Übersetzung und Umarbeitung schwebende Behandlung. Meine, dieser unheiligen Weltbibel gewidmete Arbeit gereichte mir zu Hause und aus= wärts zu Trost und Freude. Ich nahm sie mit zur Blocade von Mainz, der ich bis zum Ende der Be= lagerung beiwohnte; auch darf ich zu bemerken nicht vergessen, daß ich sie zugleich als Übung im Hexameter vornahm, den wir freilich damals nur dem Gehör nachbildeten. Voß der die Sache verstand, wollte, so lange Klopstock lebte, aus Pietät dem guten alten Herrn nicht in's Gesicht sagen, daß seine Hexameter schlecht seien; das mußten wir jüngeren aber büßen, die wir von Jugend auf uns in jene Rhythmik ein= geleiert hatten. Voß verläugnete selbst seine Über= setzung der Odyssee, die wir verehrten, fand an seiner Luise auszusetzen, nach der wir uns bildeten, und so wußten wir nicht welchem Heiligen wir uns widmen sollten.

Auch die Farbenlehre begleitete mich wieder an den Rhein, und ich gewann in freier Luft, unter heiterm Himmel, immer freiere Ansichten über die mannich= faltigen Bedingungen unter denen die Farbe erscheint.

Diese Mannichfaltigkeit, verglichen mit meiner be=
schränkten Fähigkeit des Gewahrwerdens, Auffassens,
Ordnens und Verbindens, schien mir die Nothwendig=
keit einer Gesellschaft herbeizuführen. Eine solche
dachte ich mir in allen ihren Gliedern, bezeichnete die
verschiedenen Obliegenheiten und deutete zuletzt an,
wie man, auf eine gleichwirkende Art handelnd, bal=
digst zum Zweck kommen müßte. Diesen Aufsatz legte
ich meinem Schwager Schlosser vor, den ich nach
der Übergabe von Mainz, dem siegreichen Heere weiter
folgend, in Heidelberg sprach; ich ward aber gar un=
angenehm überrascht, als dieser alte Practicus mich
herzlich auslachte und versicherte: In der Welt über=
haupt, besonders aber in dem lieben deutschen Vater=
lande, sei an eine reine gemeinsame Behandlung
irgend einer wissenschaftlichen Aufgabe nicht zu denken.
Ich dagegen, obgleich auch nicht mehr jung, wider=
sprach als ein Gläubiger, wogegen er mir manches
umständlich voraussagte, welches ich damals ver=
warf, in der Folge aber, mehr als billig, probat
gefunden habe.

Und so hielt ich für meine Person wenigstens
mich immer fest an diese Studien, wie an einem
Balken im Schiffbruch; denn ich hatte nun zwei
Jahre unmittelbar und persönlich das fürchterliche
Zusammenbrechen aller Verhältnisse erlebt. Ein Tag
im Hauptquartiere zu Haus und ein Tag in dem
wieder eroberten Mainz waren Symbole der gleich=

zeitigen Weltgeschichte, wie sie es noch jetzt demjenigen
bleiben, der sich synchronistisch jener Tage wieder zu
erinnern sucht.

Einem thätigen productiven Geiste, einem wahr=
haft vaterländisch gesinnten, und einheimische Literatur
befördernden Manne wird man es zu Gute halten,
wenn ihn der Umsturz alles Vorhandenen schreckt,
ohne daß die mindeste Ahnung zu ihm spräche was
denn Besseres, ja nur anderes daraus erfolgen solle.
Man wird ihm beistimmen wenn es ihn verdrießt,
daß dergleichen Influenzen sich nach Deutschland er=
strecken, und verrückte, ja unwürdige Personen das
Heft ergreifen. In diesem Sinne war der Bürger=
general geschrieben, ingleichen die Aufgeregten
entworfen, sodann die Unterhaltungen der Aus=
gewanderten. Alles Productionen, die dem ersten
Ursprung, ja sogar der Ausführung nach, meist in
dieses und das folgende Jahr gehören.

Der Bürgergeneral ward gegen Ende von 1793
in Weimar aufgeführt. Ein im Fach der Schnäpse
höchst gewandter Schauspieler, Beck, war erst zu
unserm Theater getreten, auf dessen Talent und
Humor vertrauend ich eigentlich die Rolle schrieb.

Er und der Schauspieler Malkolmi gaben ihre
Rollen auf's vollkommenste; das Stück ward wieder=
holt, aber die Urbilder dieser lustigen Gespenster
waren zu furchtbar als daß nicht selbst die Schein=
bilder hätten beängstigen sollen.

Neu und frisch traten die Schauspieler Graff und
Haide mit einiger Vorbildung zu unserm Vereine:
die Eheleute Porth brachten uns eine liebenswürdige
Tochter, die in muntern Rollen durchaus erfreulich
⁵ wirkte, und noch jetzt unter dem Namen Vohß bei
allen Theaterfreunden geschätzt und beliebt ist.

1794.

Von diesem Jahre durft' ich hoffen, es werde mich
gegen die vorigen, in welchen ich viel entbehrt und
¹⁰ gelitten, durch mancherlei Thätigkeit zerstreuen, durch
mancherlei Freundlichkeit erquicken: und ich bedurfte
dessen gar sehr.

Denn persönlicher Zeuge höchst bedeutender und die
Welt bedrohender Umwendungen gewesen zu sein, das
¹⁵ größte Unglück was Bürgern, Bauern und Soldaten
begegnen kann mit Augen gesehen, ja solche Zustände
getheilt zu haben, gab die traurigste Stimmung.

Doch wie sollte man sich erholen, da uns die
ungeheuern Bewegungen innerhalb Frankreichs jeden
²⁰ Tag beängstigten und bedrohten. Im vorigen Jahre
hatten wir den Tod des Königs und der Königin
bedauert, in diesem das gleiche Schicksal der Prinzeß
Elisabeth. Robespierre's Greuelthaten hatten die Welt
erschreckt, und der Sinn für Freude war so verloren,
²⁵ daß niemand über dessen Untergang zu jauchzen sich
getraute; am wenigsten da die äußern Kriegsthaten

der im innersten aufgeregten Nation unaufhaltsam
vorwärts drängten, rings umher die Welt erschütterten
und alles Bestehende mit Umschwung, wo nicht mit
Untergang bedrohten.

Indeß lebte man doch in einer traumartigen schüch-
ternen Sicherheit im Norden und beschwichtigte die
Furcht, durch eine halbgegründete Hoffnung auf das
gute Verhältniß Preußens zu den Franzosen.

Bei großen Begebenheiten, ja selbst in der äußersten
Bedrängniß, kann der Mensch nicht unterlassen mit
Waffen des Wortes und der Schrift zu kämpfen. So
machte ein deutsches Heft großes Aufsehen: Aufruf
an alle Völker Europens; es sprach den siedenden
Haß gegen die Franzosen aus, in dem Augenblicke
da sich die ungebändigten Feinde mächtig gegen unsere
Gränzen näherten. Um aber den Wechselstreit der
Meinungen auf's höchste zu treiben, schlichen französische revolutionäre Lieder im Stillen umher; sie
gelangten auch zu mir, durch Personen denen man
es nicht zugetraut hätte.

Der innere Zwiespalt der Deutschen in Absicht auf
Vertheidigung und Gegenwirkung, zeigte sich offenbar
im Gange der politischen Anstalten. Preußen, ohne
sich über die Absicht näher auszusprechen, verlangte
Verpflegung für seine Truppen; es erschien ein Auf-
gebot, niemand aber wollte geben, noch sich gehörig
waffnen und vorsehen. In Regensburg kam eine
Union der Fürsten gegen Preußen zur Sprache, be-

günstigt von derjenigen Seite, welche Vergrößerungs=
absichten in der einseitigen Friedensverhandlung ver=
muthete. Minister von Hardenberg versuchte dagegen
die Reichsstände zu Gunsten seines Königs zu erregen
und man schwankte, in Hoffnung einen Halbfreund
der Franzosen zu gewinnen, auch wohl auf diese Seite.
Wer sich indessen von den Zuständen Rechenschaft gab,
mochte wohl im Innern sich gestehen, daß man sich
mit eiteln Hoffnungen zwischen Furcht und Sorge
nur hinhalte.

Die Österreicher zogen sich über den Rhein herüber,
die Engländer in die Niederlande, der Feind nahm
einen größern Raum ein und erwarb reichlichere
Mittel. Die Nachrichten von Flüchtigen aller Orten
vermehrten sich, und es war keine Familie, kein
Freundeskreis, der nicht in seinen Gliedern wäre be=
schädigt worden. Man sendete mir aus dem südlichen
und westlichen Deutschland Schatzkästchen, Sparthaler,
Kostbarkeiten mancher Art, zum treuen Aufbewahren,
die mich als Zeugnisse großen Zutrauens erfreuten,
während sie mir als Beweise einer beängstigten Nation
traurig vor Augen standen.

Und so rückten denn auch, insofern ich in Frankfurt
angesessen war, die Besorglichkeiten immer näher und
näher. Der schöne bürgerliche Besitz, dessen meine
Mutter seit dem Ableben meines Vaters sich erfreute,
ward ihr schon seit dem früheren Anfang der Feind=
seligkeiten zur Last, ohne daß sie sich es zu bekennen

getrante, doch hatte ich bei meinem vorjährigen Besuch
sie über ihren Zustand aufgeklärt und aufgemuntert
sich solcher Bürde zu entledigen. Aber gerade in
dieser Zeit war unräthlich zu thun was man für
nothwendig hielt.

Ein bei unsern Lebzeiten neuerbautes, bürgerlich
bequemes und anständiges Haus, ein wohlversorgter
Keller, Hausgeräth aller Art und der Zeit nach von
gutem Geschmack, Büchersammlungen, Gemählde,
Kupferstiche und Landkarten, Alterthümer, kleine
Kunstwerke und Curiositäten, gar manches Merk=
würdige, das mein Vater aus Liebhaberei und Kennt=
niß bei guter Gelegenheit um sich versammelt hatte:
es stand alles da und noch beisammen, es griff
durch Ort und Stellung gar bequem und nutz=
haft in einander, und hatte zusammen nur eigent=
lich seinen herkömmlichen Werth; dachte man sich
daß es sollte vertheilt und zerstreut werden, so
mußte man fürchten es verschleudert und verloren
zu sehen.

Auch merkte man bald, indem man sich mit
Freunden berieth, mit Mäklern unterhandelte, daß
in der jetzigen Zeit ein jeder Verkauf, selbst ein un=
vortheilhafter, sich verspäten müsse. Doch der Ent=
schluß war einmal gefaßt, und die Aussicht auf eine
lebenslängliche Miethe in einem schön gelegenen, ob=
gleich erst neu zu erbauenden Hause gab der Ein=
bildungskraft meiner guten Mutter eine heitere Stim=

mung, die ihr manches Unangenehme der Gegenwart
übertragen half.

Schwankende Gerüchte vom An= und Eindringen
der Feinde verbreiteten schreckenvolle Unsicherheit.
5 Handelsleute schafften ihre Waaren fort, mehrere das
beweglich Kostbare, und so wurden auch viele Personen
aufgeregt, an sich selbst zu denken. Die Unbequem=
lichkeit einer Auswanderung und Ortsveränderung
stritt mit der Furcht vor einer feindlichen Behand=
10 lung; auch ward mein Schwager Schlosser in diesem
Strudel mit fortgerissen. Mehrmals bot ich meiner
Mutter einen ruhigen Aufenthalt bei mir an, aber
sie fühlte keine Sorge für ihre eigene Persönlichkeit;
sie bestärkte sich in ihrem alttestamentlichen Glauben,
15 und, durch einige zur rechten Zeit ihr begegnende
Stellen aus den Psalmen und Propheten, in der
Neigung zur Vaterstadt, mit der sie ganz eigentlich
zusammengewachsen war; weßhalb sie denn auch nicht
einmal einen Besuch zu mir unternehmen wollte.

20 Sie hatte ihr Bleiben an Ort und Stelle ent=
schieden ausgesprochen, als Frau von La Roche sich
bei Wieland anmeldete, und ihn dadurch in die größte
Verlegenheit setzte. Hier waren wir nun in dem Fall,
ihm und uns einen Freundschaftsdienst zu erweisen.
25 Angst und Sorge hatten wir schon genug, dazu aber
noch obendrein die Wehklage zu erdulden schien ganz
unmöglich. Gewandt in solchen Dingen wußte meine
Mutter, selbst so vieles ertragend, auch ihre Freundin

zu beschwichtigen und sich dadurch unsern größten
Dank zu verdienen.

Sömmerring mit seiner trefflichen Gattin hielt
es in Frankfurt aus, die fortwährende Unruhe zu
ertragen. Jacobi war aus Pempelfort nach Wands=
beck geflüchtet, die Seinigen hatten andere Orte der
Sicherheit gesucht. Max Jacobi war in meiner Nähe
als der Medicin Beflissener in Jena.

Das Theater, wenn es mich auch nicht ergötzte,
unterhielt mich doch in fortwährender Beschäftigung;
ich betrachtete es als eine Lehranstalt zur Kunst mit
Heiterkeit, ja als ein Symbol des Welt= und Ge=
schäftslebens, wo es auch nicht immer sanft hergeht,
und übertrug was es Unerfreuliches haben mochte.

Schon zu Anfang des Jahres konnte die Zauber=
flöte gegeben werden, bald darauf Richard Löwen=
herz, und dieß wollte zu jener Zeit, unter den ge=
gebenen Umständen, schon etwas heißen. Dann kamen
einige bedeutende Jfflandische Schauspiele an die Reihe,
und unser Personal lernte sich immer besser und
reiner in diese Vorträge finden. Das Repertorium
war schon ansehnlich, daher denn kleinere Stücke,
wenn sie sich auch nicht hielten, immer einigemal als
Neuigkeit gelten konnten. Die Schauspielerin Beck,
welche in diesem Jahre antrat, füllte das in Jfflan=
dischen und Kotzebue'schen Stücken wohlbedachte Fach
gutmüthiger und bösartiger Mütter, Schwestern,
Tanten und Schließerinnen ganz vollkommen aus.

Vohs hatte die höchst anmuthige, zur Gurli geschaffene Porth geheirathet, und es blieb in dieser mittlern Region wenig zu wünschen übrig. Die Gesellschaft spielte den Sommer über einige Monate in Lauchstädt, daher man wie immer den doppelten Vortheil zog, daß eingelernte Stücke fortgeübt wurden, ohne dem Weimarischen Publicum verdrießlich zu fallen.

Nunmehr gegen Jena und die dortigen Lehrbühnen die Aufmerksamkeit lentend, erwähne ich Folgendes:

Nach Reinholds Abgang, der mit Recht als ein großer Verlust für die Akademie erschien, war mit Kühnheit, ja Verwegenheit, an seine Stelle Fichte berufen worden, der in seinen Schriften sich mit Großheit aber vielleicht nicht ganz gehörig über die wichtigsten Sitten= und Staatsgegenstände erklärt hatte. Es war eine der tüchtigsten Persönlichkeiten, die man je gesehen, und an seinen Gesinnungen in höherm Betracht nichts auszusetzen; aber wie hätte er mit der Welt, die er als seinen erschaffenen Besitz betrachtete, gleichen Schritt halten sollen?

Da man ihm die Stunden, die er zu öffentlichen Vorlesungen benutzen wollte, an Werkeltagen verkümmert hatte, so unternahm er Sonntags Vorlesungen, deren Einleitung Hindernisse fanden. Kleine und größere daraus entspringende Widerwärtigkeiten waren kaum, nicht ohne Unbequemlichkeit der obern Behörden, getuscht und geschlichtet, als uns dessen Äußerungen über Gott und göttliche Dinge, über die man freilich

besser ein tiefes Stillschweigen beobachtet, von außen
beschwerende Anregungen zuzogen. In Churfachsen
wollte man von gewissen Stellen der Fichte'schen Zeit=
schrift nicht das Beste denken, und freilich hatte man
alle Mühe dasjenige, was in Worten etwas stark ⁵
verfaßt war, durch andere Worte leidlich auszulegen,
zu mildern, und wo nicht geltend doch verzeihlich zu
machen.

Professor Göttling, der nach einer freisinnigen
Bildung durch wissenschaftliche Reisen unter die aller= ¹⁰
ersten zu zählen ist, die den allerdings hohen Begriff
der neuern französischen Chemie in sich aufnahmen,
trat mit der Entdeckung hervor, daß Phosphor auch
in Stickluft brenne. Die deßhalb entstehenden Hin=
und Widerversuche beschäftigten uns eine Zeit lang. ¹⁵

Geh. Rath Voigt, ein getreuer Mitarbeiter auch
im mineralogischen Felde, kam von Karlsbad zurück
und brachte sehr schöne Tungsteine, theils in größeren
Massen, theils deutlich kryftallisirt, womit wir später=
hin, als dergleichen seltener vorkamen, gar manchen ²⁰
Liebhaber erfreuen konnten.

Alexander von Humboldt längst erwartet,
von Bayreuth ankommend nöthigte uns in's Allge=
meinere der Naturwissenschaft. Sein älterer Bruder,
gleichfalls in Jena gegenwärtig, ein klares Interesse ²⁵
nach allen Seiten hinrichtend, theilte Streben, Forschen
und Unterricht.

Zu bemerken ist, daß Hofrath Loder eben die

Bänderlehre las, den höchst wichtigen Theil der Ana=
tomie: denn was vermittelt wohl Muskeln und
Knochen als die Bänder? Und doch ward durch eine
besondere Verrücktheit der medicinischen Jugend gerade
dieser Theil vernachläßigt. Wir Genannten, mit
Freund Meyern, wandelten des Morgens im tiefsten
Schnee, um in einem fast leeren anatomischen Audi=
torium diese wichtige Verknüpfung auf's deutlichste
nach den genauesten Präparaten vorgetragen zu sehen.

Der treffliche, immerfort thätige, selbst die klein=
sten Nachhülfen seines Bestrebens nicht verschmähende
Batsch ward in diesem Jahre in einen mäßigen
Theil des obern Fürstengartens zu Jena eingesetzt.
Da aber ein dort angestellter, auf Nutzung angewie=
sener Hofgärtner im Hauptbesitz blieb, so gab es
manche Unannehmlichkeiten, welche zu beseitigen man
dießmal nur Plane für die Zukunft machen konnte.

Auch in diesem Jahre, gleichsam zu guter Vor=
bedeutung, ward die Nachbarschaft des gedachten
Gartens heiterer und freundlicher. Ein Theil der
Stadtmauer war eingefallen, und um die Kosten der
Wiederherstellung zu vermeiden, beschloß man die
Ausfüllung des Grabens an dieser Stelle; dann sollte
die gleiche Operation sich auf den übrigen Theil nach
und nach erstrecken.

Gegen die großen immer gesteigerten Forderungen
der Chromatik fühlte ich mehr und mehr meine Un=
zulänglichkeit. Ich ließ daher nicht ab, fortwährend

Gemüthsfreunde heran zu ziehen. Mit Schlossern
gelang es mir nicht; denn selbst in den friedlichsten
Zeiten würde er diesem Geschäft seine Aufmerksamkeit
nicht zugewendet haben. Der sittliche Theil des mensch=
lichen Wesens unterlag seinen Betrachtungen, und
von dem Innern zu dem Äußern überzugehen ist
schwerer als man denkt. Sömmerring dagegen setzte
seine Theilnahme durch alle die verworrenen Schick=
sale fort. Geistreich war sein Eingreifen, fördernd
selbst sein Widerspruch, und wenn ich auf seine Mit=
theilungen recht aufmerkte, so sah ich immer weiter.

Von allen Unbilden dieses Jahres nahm die Natur
ihrer Gewohnheit gemäß nicht die geringste Kenntniß.
Alle Feldfrüchte gediehen herrlich, alles reifte einen
Monat früher, alles Obst gelangte zur Vollkommen=
heit, Apricosen und Pfirschen, Melonen und auch
Castanien boten sich dem Liebhaber reif und schmack=
haft dar, und selbst in der Reihe vortrefflicher Wein=
jahre finden wir 1794 mit aufgezählt.

Von literarischen Arbeiten zu reden, so war der
Reinecke Fuchs nunmehr abgedruckt; allein die Un=
bilden, die aus Versendung der Freiexemplare sich
immer hervorthun, blieben auch dießmal nicht aus.
So verdarb eine Zufälligkeit mir die frische Theil=
nahme meiner Gothaischen Gönner und Freunde.
Herzog Ernst hatte mir verschiedene physikalische In-
strumente freundlichst geborgt, bei deren Rücksendung
ich die Exemplare des Scherzgedichtes beipackte, ohne

derselben in meinem Briefe zu erwähnen, ich weiß
nicht ob aus Übereilung, oder eine Überraschung be=
absichtigend. Genug, der mit solchen Geschäften Be=
auftragte des Fürsten war abwesend und die Kiste
blieb lange Zeit unausgepackt; ich aber, eine theil=
nehmende Erwiderung so werther und sonst so pünct=
licher Freunde mehrere Wochen entbehrend, machte
mir tausend Grillen, bis endlich nach Eröffnung der
Kiste nur Entschuldigungen, Anklagen, Bedauernisse
wiederholt ausgedrückt, mir statt einer heitern Auf=
nahme unglücklicherweise zu Theil wurden.

Von der beurtheilenden Seite aber waren Vossens
rhythmische Bemerkungen nicht tröstlich, und ich mußte
nur zufrieden sein, daß mein gutes Verhältniß zu
den Freunden nicht gestört wurde, anstatt daß es sich
hätte erhöhen und beleben sollen. Doch setzte sich
alles bald wieder in's Gleiche: Prinz August fuhr
mit seinen literarischen Scherzen fort, Herzog Ernst
gewährte mir unausgesetzt ein wohlgegründetes Ver=
trauen, indem ich besonders seiner Kunstliebhaberei
gar manche angenehme Besitzung zuführte. Auch Voß
konnte mit mir zufrieden sein, indem ich auf seine
Bemerkungen achtend mich in der Folge nachgiebig
und bildsam erwies.

Der Abdruck des ersten Bandes von Wilhelm
Meister war begonnen, der Entschluß, eine Arbeit,
an der ich noch so viel zu erinnern hatte, für fertig
zu erklären, war endlich gefaßt, und ich war froh

den Anfang aus den Augen zu haben, wenn mich
schon die Fortsetzung so wie die Aussicht auf eine
nunmehrige Beendigung höchlich bedrängte. Die Nothwendigkeit aber ist der beste Rathgeber.

In England erschien eine Übersetzung der Iphigenia; Unger druckte sie nach); aber weder ein Exemplar
des Originals noch der Copie ist mir geblieben.

An dem Bergbaue zu Ilmenau hatten wir uns
schon mehrere Jahre herumgequält; eine so wichtige
Unternehmung isolirt zu wagen, war nur einem
jugendlichen, thätig-frohen Übermuth zu verzeihen.
Innerhalb eines großen eingerichteten Bergwesens
hätte sie sich fruchtbarer fortbilden können; allein
mit beschränkten Mitteln, fremden, obgleich sehr tüchtigen, von Zeit zu Zeit herbeigerufenen Officianten
konnte man zwar in's Klare kommen, dabei aber
war die Ausführung weder umsichtig noch energisch
genug, und das Werk, besonders bei einer ganz unerwarteten Naturbildung, mehr als einmal im Begriff zu stocken.

Ein ausgeschriebener Gewerkentag ward nicht ohne
Sorge von mir, und selbst von meinem Collegen, dem
geschäftsgewandteren Geh. Rath Voigt, mit einiger
Bedenklichkeit bezogen; aber uns kam ein Succurs,
von woher wir ihn niemals erwartet hätten. Der
Zeitgeist, dem man so viel Gutes und so viel Böses
nachzusagen hat, zeigte sich als unser Alliirter, einige
der Abgeordneten fanden gerade gelegen eine Art von

Convent zu bilden, und sich der Führung und der
Leitung der Sache zu unterziehen. Anstatt daß wir
Commissarien also nöthig gehabt hätten, die Litanei
von Übeln, zu der wir uns schon vorbereitet hatten,
demüthig abzubeten, ward sogleich beschlossen, daß die
Repräsentanten selbst sich Punct für Punct an Ort
und Stelle aufzuklären und ohne Vorurtheil in die
Natur der Sache zu sehen sich bemühen sollten.

Wir traten gern in den Hintergrund, und von
jener Seite war man nachsichtiger gegen die Mängel,
die man selbst entdeckt hatte, zutraulicher auf die
Hülfsmittel, die man selbst erfand, so daß zuletzt
alles, wie wir es nur wünschen konnten, beschlossen
wurde; und da es denn endlich an Gelde nicht fehlen
durfte, um diese weisen Rathschläge in's Werk zu
setzen, so wurden auch die nöthigen Summen ver=
willigt und alles ging mit Wohlgefallen auseinander.

Ein wundersamer, durch verwickelte Schicksale nicht
ohne seine Schuld verarmter Mann, hielt sich durch
meine Unterstützung in Ilmenau unter fremdem
Namen auf. Er war mir sehr nützlich, da er mir
in Bergwerks= und Steuersachen durch unmittelbare
Anschauung, als gewandter, obgleich hypochondrischer
Geschäftsmann, mehreres überlieferte, was ich selbst
nicht hätte bis auf den Grad einsehen und mir zu
eigen machen können.

Durch meine vorjährige Reise an den Niederrhein
hatte ich mich an Fritz Jacobi und die Fürstin

Gallitzin mehr angenähert; doch blieb es immer ein
wunderbares Verhältniß, dessen Art und Weise schwer
auszusprechen und nur durch den Begriff der ganzen
Classe gebildeter, oder vielmehr der sich erst bildenden
Teutschen einzusehen.

Dem besten Theil der Nation war ein Licht auf=
gegangen, das sie aus der öden, gehaltlosen, abhän=
gigen Pedanterie als einem kümmerlichen Streben
herauszuleiten versprach. Sehr viele waren zugleich
von demselben Geist ergriffen, sie erkannten die gegen=
seitigen Verdienste, sie achteten einander, fühlten das
Bedürfniß sich zu verbinden, sie suchten, sie liebten
sich, und dennoch konnte keine wahrhafte Einigung
entstehen. Das allgemeine Interesse, sittlich, moralisch,
war doch ein vages, unbestimmtes, und es fehlte im
Ganzen wie im Einzelnen an Richtung zu besondern
Thätigkeiten. Daher zerfiel der große unsichtbare
Kreis in kleinere, meist locale, die manches Löbliche
erschufen und hervorbrachten; aber eigentlich isolirten
sich die Bedeutenden immer mehr und mehr.

Es ist zwar dieß die alte Geschichte, die sich bei
Erneuerung und Belebung starrer stockender Zustände
gar oft ereignet hat, und mag also für ein literarisches
Beispiel gelten dessen, was wir in der politischen und
kirchlichen Geschichte so oft wiederholt sehen.

Die Hauptfiguren wirkten ihrem Geist, Sinn
und Fähigkeit nach unbedingt; an sie schlossen sich
andere, die sich zwar Kräfte fühlten, aber doch schon

gesellig und untergeordnet zu wirken nicht abgeneigt
waren.

Klopstock sei zuerst genannt. Geistig wendeten
sich viele zu ihm; seine keusche, abgemessene, immer
Ehrfurcht gebietende Persönlichkeit aber lockte zu keiner
Annäherung. An Wieland schlossen sich gleichfalls
wenige persönlich: das literarische Zutrauen aber war
gränzenlos; — das südliche Deutschland, besonders
Wien, sind ihm ihre poetische und prosaische Cultur
schuldig; — unübersehbare Einsendungen jedoch brachten
ihn oft zu heiterer Verzweiflung.

Herder wirkte später. Sein anziehendes Wesen
sammelte nicht eigentlich eine Menge um ihn her,
aber Einzelne gestalteten sich an und um ihn, hielten
an ihm fest, und hatten zu ihrem größten Vortheile
sich ihm ganz hingegeben. Und so hatten sich kleine
Weltsysteme gebildet. Auch Gleim war ein Mittel=
punct, um den sich viele Talente versammelten. Mir
wurden viele Sprudelköpfe zu Theil, welche fast den
Ehrennamen eines Genies zum Spitznamen herab=
gebracht hätten.

Aber bei allem diesen fand sich das Sonderbare,
daß nicht nur jeder Häuptling, sondern auch jeder
Angeordnete seine Selbstständigkeit festhielt und andere
deßhalb an und nach sich in seine besonderen Ge=
sinnungen heranzuziehen bemüht war: wodurch denn
die seltsamsten Wirkungen und Gegenwirkungen sich
hervorthaten.

Und wie Lavater forderte, daß man sich nach seinem Beispiel mit Christo transsubstantiiren müsse, so verlangte Jacobi, daß man seine individuelle, tiefe, schwer zu definirende Denkweise in sich aufnehmen solle. Die Fürstin hatte in der katholischen Sinnesart, innerhalb der Ritualitäten der Kirche, die Möglichkeit gefunden, ihren edlen Zwecken gemäß zu leben und zu handeln. Diese beiden liebten mich wahrhaft, und ließen mich im Augenblick gewähren, jedoch immer mit stiller, nicht ganz verheimlichter Hoffnung mich ihren Gesinnungen völlig anzueignen; sie ließen sich daher manche von meinen Unarten gefallen, die ich oft aus Ungeduld und um mir gegen sie Luft zu machen, vorsätzlich ausübte.

Im Ganzen war jedoch jener Zustand eine aristokratische Anarchie, ungefähr wie der Conflict jener, eine bedeutende Selbstständigkeit entweder schon besitzenden oder zu erringen strebenden Gewalten im Mittelalter. Auch war es eine Art Mittelalter, das einer höheren Cultur voranging, wie wir jetzt wohl übersehen, da uns mehrere Einblicke in diesen nicht zu beschreibenden, vielleicht für Nachlebende nicht zu fassenden Zustand eröffnet worden. Hamanns Briefe sind hiezu ein unschätzbares Archiv, zu welchem der Schlüssel im Ganzen wohl möchte gefunden werden, für die einzelnen geheimen Fächer vielleicht nie.

Als Hausgenossen besaß ich nunmehr meinen ältesten römischen Freund, Heinrich Meyer. Erinne=

rung und Fortbildung italiänischer Studien blieb
tägliche Unterhaltung. Bei dem letzten Aufenthalt in
Venedig hatten wir uns auf's neue von Grund aus
verständigt und uns nur desto inniger verbunden.

5 Wie aber alles Bestreben, einen Gegenstand zu
fassen, in der Entfernung vom Gegenstande sich nur
verwirrt, oder, wenn man zur Klarheit vorzudringen
sucht, die Unzulänglichkeit der Erinnerung fühlbar
macht, und immerfort eine Rückkehr zur Quelle des
10 Anschauens in der lebendigen Gegenwart fordert, so
war es auch hier. Und wer, wenn er auch mit wenige=
rem Ernst in Italien gelebt, wünscht nicht immer
dorthin zurück zu kehren!

Noch aber war der Zwiespalt, den das wissen=
15 schaftliche Bemühen in mein Dasein gebracht, keines=
weges ausgeglichen: denn die Art, wie ich die Natur=
erfahrungen behandelte, schien die übrigen Seelenkräfte
sämmtlich für sich zu fordern.

In diesem Drange des Widerstreits übertraf alle
20 meine Wünsche und Hoffnungen das auf einmal sich
entwickelnde Verhältniß zu Schiller; von der ersten
Annäherung an war es ein unaufhaltsames Fort=
schreiten philosophischer Ausbildung und ästhetischer
Thätigkeit. Zum Behuf seiner Horen mußte ihm
25 sehr angelegen sein, was ich im Stillen gearbeitet,
angefangen, unternommen, sämmtlich zu kennen, neu
anzuregen und zu benutzen; für mich war es ein
neuer Frühling, in welchem alles froh nebeneinander

keimte und aus aufgeschlossenen Samen und Zweigen
hervorging. Die nunmehr gesammelten und geordneten
beiderseitigen Briefe geben davon das unmittelbarste,
reinste und vollständigste Zeugniß.

—

1795.

Die Horen wurden ausgegeben, Episteln, Elegien, Unterhaltungen der Ausgewanderten
von meiner Seite beigetragen. Außerdem überlegten
und beriethen wir gemeinsam den ganzen Inhalt dieser
neuen Zeitschrift, die Verhältnisse der Mitarbeiter und
was bei dergleichen Unternehmungen sonst vorkommen
mag. Hiebei lernte ich Mitlebende kennen, ich ward
mit Autoren und Productionen bekannt, die mir sonst
niemals einige Aufmerksamkeit abgewonnen hätten.
Schiller war überhaupt weniger ausschließend als
ich, und mußte nachsichtig sein als Herausgeber.

Bei allem diesem konnt' ich mich nicht enthalten
Anfangs Juli nach Karlsbad zu gehen, und über vier
Wochen daselbst zu verweilen. In jüngern Jahren
ist man ungeduldig bei den kleinsten Übeln, und
Karlsbad war mir schon öfters heilsam gewesen. Vergebens aber hatt' ich mancherlei Arbeiten mitgenommen,
denn die auf gar vielfache Weise mich berührende
große Masse von Menschen zerstreute, hinderte mich,
gab mir freilich aber auch manche neue Aussicht auf
Welt und Persönlichkeiten.

Kaum war ich zurück, als von Ilmenau die Nach=
richt einlief, ein bedeutender Stollenbruch habe dem
dortigen Bergbau den Garaus gemacht. Ich eilte
hin, und sah nicht ohne Bedenken und Betrübniß ein
5 Werk, worauf so viel Zeit, Kraft und Geld verwendet
worden, in sich selbst erstickt und begraben.

Erheiternd war mir dagegen die Gesellschaft meines
fünfjährigen Sohnes, der diese Gegend, an der ich
mich nun seit zwanzig Jahren müde gesehen und ge=
10 dacht, mit frischem kindlichem Sinn wieder auffaßte,
alle Gegenstände, Verhältnisse, Thätigkeiten mit neuer
Lebenslust ergriff und, viel entschiedener als mit
Worten hätte geschehen können, durch die That aus=
sprach: daß dem Abgestorbenen immer etwas Belebtes
15 folge, und der Antheil der Menschen an dieser Erde
niemals erlöschen könne.

Von da ward ich nach Eisenach gefordert; der Hof
weilte daselbst mit mehreren Fremden, besonders Emi=
grirten. Bedenkliche Kriegsbewegungen riefen jedermann
20 zur Aufmerksamkeit: die Österreicher waren 60,000
Mann über den Main gegangen, und es schien als
wenn in der Gegend von Frankfurt die Ereignisse
lebhaft werden sollten. Einen Auftrag, der mich dem
Kampfplatze genähert hätte, wußte ich abzulehnen:
25 ich kannte das Kriegsunheil zu sehr, als daß ich es
hätte aufsuchen sollen.

Hier begegnete mir ein Fall, an welchen ich öfters
zu denken im Leben Ursache hatte. Graf Dumanoir,

unter allen Emigrirten ohne Frage der am meisten Ge=
bildete, von tüchtigem Charakter und reinem Menschen=
verstand, dessen Urtheil ich meist unbefangen gefunden
hatte — er begegnete mir in Eisenach vergnügt auf der
Straße und erzählte, was in der Frankfurter Zeitung ⁵
Günstiges für ihre Angelegenheiten stehe. Da ich doch
auch den Gang des Weltwesens ziemlich vor mir im
Sinne hatte, so stutzte ich und es schien mir unbegreif=
lich, wie dergleichen sich sollte ereignet haben. Ich eilte
daher mir das Blatt zu verschaffen, und konnte bei'm ¹⁰
Lesen und Wiederlesen nichts Ähnliches darin finden,
bis ich zuletzt eine Stelle gewahrte, die man allenfalls
auf diese Angelegenheit beziehen konnte, da sie denn
aber gerade das Gegentheil würde bedeutet haben.

Früher hatte ich schon einmal ein Stärkeres, aber ¹⁵
freilich auch von einem Emigrirten vernommen. Die
Franzosen hatten sich bereits über der ganzen Ober=
fläche ihres Vaterlandes auf alle Weise gemordet; die
Assignate waren zu Mandaten, und diese wieder zu
nichts geworden; von allem dem war umständlich und ²⁰
mit großem Bedauern die Rede, als ein Marquis
mit einiger Beruhigung versetzte: dieß sei zwar ein
großes Unglück, nur befürchte er, es werde noch gar
der bürgerliche Krieg ausbrechen und der Staats=
banquerutt unvermeidlich sein. ²⁵

Wem dergleichen von Beurtheilung unmittelbarer
Lebensverhältnisse vorgekommen, der wird sich nicht
mehr wundern, wenn ihm in Religion, Philosophie

und Wissenschaft, wo des Menschen abgesondertes
Innere in Anspruch genommen wird, eben solche Ver-
finsterung des Urtheils und der Meinung am hellen
Mittag begegnet.

Zu derselben Zeit ging Freund Meyer nach Italien
zurück; denn obgleich der Krieg in der Lombardei schon
heftig geführt wurde, so war doch im übrigen alles
noch unangetastet, und wir lebten im Wahn die Jahre
von 87 und 88 wiederholen zu können. Seine Entfernung beraubte mich alles Gesprächs über bildende
Kunst, und selbst meine Vorbereitung ihm zu folgen,
führte mich auf andere Wege.

Ganz abgelenkt und zur Naturbetrachtung zurückgeführt ward ich, als gegen Ende des Jahrs die beiden
Gebrüder von Humboldt in Jena erschienen. Sie
nahmen beiderseits in diesem Augenblick an Naturwissenschaften großen Antheil, und ich konnte mich
nicht enthalten, meine Ideen über vergleichende Anatomie und deren methodische Behandlung im Gespräch
mitzutheilen. Da man meine Darstellungen zu-
sammenhängend und ziemlich vollständig erachtete,
ward ich dringend aufgefordert sie zu Papier zu
bringen, welches ich auch sogleich befolgte, indem ich
an Max Jacobi das Grundschema einer vergleichenden
Knochenlehre, gegenwärtig wie es mir war, dictirte,
den Freunden Gnüge that und mir selbst einen Anhaltepunct gewann, woran ich meine weiteren Betrachtungen knüpfen konnte.

Alexander von Humboldts Einwirkungen ver=
langen besonders behandelt zu werden. Seine Gegen=
wart in Jena fördert die vergleichende Anatomie; er
und sein älterer Bruder bewegen mich, das noch vor=
handene allgemeine Schema zu dictiren. Bei seinem
Aufenthalt in Bayreuth ist mein briefliches Verhält=
niß zu ihm sehr interessant.

Gleichzeitig und verbunden mit ihm tritt Geh.
Rath Wolf von einer andern Seite, doch im all=
gemeinen Sinne mit in unsern Kreis.

Die Versendung der Freiexemplare von Wilhelm
Meisters erstem Theil beschäftigte mich eine Weile.
Die Beantwortung war nur theilweise erfreulich, im
Ganzen keineswegs förderlich; doch bleiben die Briefe
wie sie damals einlangten und noch vorhanden sind,
immer bedeutend und belehrend. Herzog und Prinz
von Gotha, Frau von Frankenberg daselbst, von
Thümmel, meine Mutter, Sömmerring, Schlosser,
von Humboldt, von Dalberg in Mannheim. Voß, die
meisten, wenn man es genau nimmt, se defendendo,
gegen die geheime Gewalt des Werkes sich in Positur
setzend. Eine geistreiche geliebte Freundin aber brachte
mich ganz besonders in Verzweiflung, durch Ahnung
manches Geheimnisses, Bestreben nach Enthüllung
und ängstliche Deutelei, anstatt daß ich gewünscht
hätte, man möchte die Sache nehmen wie sie lag und
sich den faßlichen Sinn zueignen.

Indem nun Unger die Fortsetzung betrieb und

den zweiten Band zu beschleunigen suchte, ergab sich
ein widerwärtiges Verhältniß mit Capellmeister Rei=
chardt. Man war mit ihm, ungeachtet seiner vor-
und zudringlichen Natur, in Rücksicht auf sein be=
5 deutendes Talent, in gutem Vernehmen gestanden, er
war der erste, der mit Ernst und Stetigkeit meine lyri=
schen Arbeiten durch Musik in's Allgemeine förderte,
und ohnehin lag es in meiner Art aus herkömmlicher
Dankbarkeit unbequeme Menschen fortzudulden, wenn
10 sie mir es nicht gar zu arg machten, alsdann aber
meist mit Ungestüm ein solches Verhältniß abzu=
brechen. Nun hatte sich Reichardt mit Wuth und
Ingrimm in die Revolution geworfen; ich aber, die
greulichen unaufhaltsamen Folgen solcher gewalt=
15 thätig aufgelös'ten Zustände mit Augen schauend und
zugleich ein ähnliches Geheimtreiben im Vaterlande
durch und durchblickend, hielt ein= für allemal am
Bestehenden fest, an dessen Verbesserung, Belebung
und Richtung zum Sinnigen, Verständigen, ich mein
20 Lebenlang bewußt und unbewußt gewirkt hatte, und
konnte und wollte diese Gesinnung nicht verhehlen.

Reichardt hatte auch die Lieder zum Wilhelm
Meister mit Glück zu componiren angefangen, wie
denn immer noch seine Melodie zu: „Kennst du das
25 Land," als vorzüglich bewundert wird. Unger theilte
ihm die Lieder der folgenden Bände mit, und so war
er von der musikalischen Seite unser Freund, von
der politischen unser Widersacher, daher sich im Stillen

ein Bruch vorbereitete, der zuletzt unaufhaltsam an
den Tag kam.

Über das Verhältniß zu Jacobi habe ich hier=
nächst Besseres zu sagen, ob es gleich auch auf keinem
sichern Fundament gebaut war. Lieben und Dulden
und von jener Seite Hoffnung, eine Sinnesverände=
rung in mir zu bewirken, drücken es am kürzesten
aus. Er war vom Rheine wegwandernd nach Holstein
gezogen, und hatte die freundlichste Aufnahme zu
Emkendorf in der Familie des Grafen Reventlow ge=
funden; er meldete mir sein Behagen an den dortigen
Zuständen auf's reizendste, beschrieb verschiedene Fa=
milienfeste zur Feier seines Geburtstags und des
Grafen, anmuthig und umständlich, worauf denn
auch eine wiederholte dringende Einladung dorthin
erfolgte.

Dergleichen Mummereien innerhalb eines einfachen
Familienzustandes waren mir immer widerwärtig,
die Aussicht darauf stieß mich mehr ab, als daß sie
mich angezogen hätte; mehr aber noch hielt mich das
Gefühl zurück, daß man meine menschliche und
dichterische Freiheit durch gewisse conventionelle Sitt=
lichkeiten zu beschränken gedachte, und ich fühlte mich
hierin so fest, daß ich der dringenden Anforderung,
einen Sohn, der in der Nähe studirt und promovirt
hatte, dorthin zu geleiten, keineswegs Folge leistete,
sondern auf meiner Weigerung standhaft verharrte.

Auch seine Briefe über Wilhelm Meister waren

nicht einladend; dem Freunde selbst so wie seiner vornehmen Umgebung erschien das Reale, noch dazu eines
niedern Kreises, nicht erbaulich; an der Sittlichkeit
hatten die Damen gar manches auszusetzen, und nur
ein einziger tüchtiger überschauender Weltmann, Graf
Bernstorff, nahm die Partei des bedrängten Buches.
Um so weniger konnte der Autor Lust empfinden,
solche Lectionen persönlich einzunehmen und sich
zwischen eine wohlwollende liebenswürdige Pedanterie
und den Theetisch geklemmt zu sehen.

Von der Fürstin Gallitzin erinnere ich mich nicht,
etwas über Wilhelm Meister vernommen zu haben,
aber in diesem Jahre klärte sich eine Verwirrung
auf, welche Jacobi zwischen uns gewirkt hatte, ich
weiß nicht, ob aus leichtsinnigem Scherz oder Vorsatz; es war aber nicht löblich, und wäre die Fürstin
nicht so reiner Natur gewesen, so hätte sich früh
oder spät eine unerfreuliche Scheidung ergeben. Auch
sie war von Münster vor den Franzosen geflohen;
ihr großer, durch Religion gestärkter Charakter hielt
sich aufrecht, und da eine ruhige Thätigkeit sie überall hinbegleitete, blieb sie mit mir in wohlwollender Verbindung, und ich war froh in jenen verworrenen Zeiten
ihren Empfehlungen gemäß manches Gute zu stiften.

Wilhelm von Humboldts Theilnahme war
indeß fruchtbarer; aus seinen Briefen geht eine klare
Einsicht in das Wollen und Vollbringen hervor, daß
ein wahres Förderniß daraus erfolgen mußte.

Schiller's Theilnahme nenne ich zuletzt, sie war die innigste und höchste; da jedoch seine Briefe hier= über noch vorhanden sind, so darf ich weiter nichts sagen, als daß die Bekanntmachung derselben wohl eins der schönsten Geschenke sein möchte, die man einem gebildeten Publicum bringen kann.

Das Theater war ganz an mich gewiesen; was ich im Ganzen übersah und leitete ward durch Kirms ausgeführt; Vulpius, dem es zu diesem Geschäft an Talent nicht fehlte, griff ein mit zweckmäßiger Thätig= keit. Was im Laufe dieses Jahrs geleistet wurde, ist ungefähr Folgendes:

Die Zauberflöte gewährte noch immer ihren frühe= ren Einfluß, und die Opern zogen mehr an als alles Übrige. Don Juan, Doctor und Apotheker, Cosa rara, das Sonnenfest der Braminen be= friedigten das Publicum. Lessings Werke tauchten von Zeit zu Zeit auf, doch waren eigentlich Schröde= rische, Ifflandische, Kotzebue'sche Stücke an der Tages= ordnung. Auch Hagemann und Großmann galten etwas. Abällino ward den Schillerischen Stücken ziemlich gleichgestellt; unsere Bemühung aber, alles und jedes zur Erscheinung zu bringen, zeigte sich daran vorzüglich, daß wir ein Stück von Maier, den Sturm von Boxberg, aufzuführen unternahmen, freilich mit wenig Glück; indessen hatte man doch ein solches merkwürdiges Stück gesehen und sein Dasein wo nicht beurtheilt doch empfunden.

Daß unsere Schauspieler in Lauchstädt, Erfurt,
Rudolstadt von dem verschiedensten Publicum mit
Freuden aufgenommen, durch Enthusiasmus belebt
und durch gute Behandlung in der Achtung gegen sich
5 selbst gesteigert wurden, gereichte nicht zum geringen
Vortheil unserer Bühne und zur Anfrischung einer
Thätigkeit, die, wenn man dasselbe Publicum immer
vor sich sieht, dessen Charakter, dessen Urtheilsweise
man kennt, gar bald zu erschlaffen pflegt.

10 Wenden sich nun meine Gedanken von diesen kleinen,
in Vergleich mit dem Weltwesen höchst unwichtigen
Verhältnissen zu diesem, so muß mir jener Bauer
einfallen, den ich bei der Belagerung von Mainz, im
Bereich der Kanonen, hinter einem auf Rädern vor
15 sich hingeschobenen Schanzkorbe seine Feldarbeit ver=
richten sah. Der einzelne beschränkte Mensch gibt
seine nächsten Zustände nicht auf, wie auch das große
Ganze sich verhalten möge.

Nun verlauteten die Baseler Friedens=Prälimina=
20 rien und ein Schein von Hoffnung ging dem nörd=
lichen Deutschland auf. Preußen machte Frieden,
Österreich setzte den Krieg fort, und nun fühlten wir
uns in neuer Sorge befangen; denn Chursachsen ver=
weigerte den Beitritt zu einem besondern Frieden.
25 Unsere Geschäftsmänner und Diplomaten bewegten
sich nun nach Dresden, und unser gnädigster Herr,
anregend alle und thätig vor allen, begab sich nach
Dessau. Inzwischen hörte man von Bewegungen

unter den Schweizer Landleuten, besonders am oberen
Züricherſee; ein deßhalb eingeleiteter Proceß regte den
Widerſtreit der Geſinnungen noch mehr auf; doch
bald ward unſere Theilnahme ſchon wieder in die
Nähe gerufen. Das rechte Mainufer ſchien abermals 5
unſicher, man fürchtete ſogar für unſere Gegenden,
eine Demarcationslinie kam zur Sprache; doppelt
und dreifach traten Zweifel und Sorge hervor.

Clairfait tritt auf, wir halten uns an Chur=
ſachſen: nun werden aber ſchon Vorbereitungen und 10
Anſtalten gefordert, und als man Kriegsſteuern aus=
ſchreiben muß, kommt man endlich auf den glücklichen
Gedanken, auch den Geiſt, an den man bisher nicht
gedacht hatte, contribuabel zu machen; doch verlangte
man nur von ihm ein Don gratuit. 15

In dem Laufe dieſer Jahre hatte meine Mutter
den wohlbeſtellten Weinkeller, die in manchen Fächern
wohlausgerüſtete Bibliothek, eine Gemählde=Samm=
lung, das Beſte damaliger Künſtler enthaltend, und
was ſonſt nicht alles verkauft, und ich ſah, indem 20
ſie dabei nur eine Bürde los zu ſein froh war, die
ernſte Umgebung meines Vaters zerſtückt und ver=
ſchleudert. Es war auf meinen Antrieb geſchehen,
niemand konnte damals dem andern rathen noch
helfen. Zuletzt blieb das Haus noch übrig; dieß 25
wurde endlich auch verkauft und die Meubels, die ſie
nicht mitnehmen wollte, zum Abſchluß in einer
Auction vergeudet. Die Ausſicht auf ein neues

luſtiges Quartier an der Hauptwache realiſirte ſich, und dieſer Wechſel gewährte zur Zeit, da nach vor= überfliegender Friedenshoffnung neue Sorge wieder eintrat, ihr eine zerſtreuende Beſchäftigung.

Als bedeutendes und für die Folge fruchtbares Familien=Ereigniß habe ich zu bemerken, daß Nico= lovius, zu Eutin wohnhaft, meine Nichte heirathete, die Tochter Schloſſers und meiner Schweſter.

Außer den gedachten Unbilden brachte der Verſuch, entſchiedene Idealiſten mit den höchſt realen akademi= ſchen Verhältniſſen in Verbindung zu ſetzen, fort= dauernde Verdrießlichkeiten. Fichtens Abſicht, Sonn= tags zu leſen und ſeine von mehreren Seiten gehinderte Thätigkeit frei zu machen, mußte den Widerſtand ſeiner Collegen höchſt unangenehm empfinden, bis ſich denn gar zuletzt ein Studenten=Haufen vor's Haus zu treten erkühnte und ihm die Fenſter einwarf: die unangenehmſte Weiſe von dem Daſein eines Nicht= Ichs überzeugt zu werden.

Aber nicht ſeine Perſönlichkeit allein, auch die eines andern machte den Unter= und Oberbehörden viel zu ſchaffen. Er hatte einen denkenden jungen Mann Namens Weißhuhn nach Jena berufen, einen Gehülfen und Mitarbeiter an ihm hoffend; allein dieſer wich bald in einigen Dingen, das heißt für einen Philoſophen in allen, von ihm ab, und ein reines Zuſammenſein war gar bald geſtört, ob wir gleich zu den Horen deſſen Theilnahme nicht verſchmähten.

Dieser Wackere, mit den äußeren Dingen noch weniger als Fichte sich in's Gleichgewicht zu setzen fähig, erlebte bald mit Prorector und Gerichten die unangenehmsten persönlichen Händel; es ging auf Injurien=Processe hinaus, welche zu beschwichtigen man von oben her die eigentliche Lebensweisheit hereinbringen mußte.

Wenn uns nun die Philosophen kaum beizulegende Händel von Zeit zu Zeit erneuerten, so nahmen wir jeder günstigen Gelegenheit wahr, um die Angelegen= heiten der Naturfreunde zu befördern. Der geistig strebende und unaufhaltsam vordringende Batsch war denn im Wirklichen doch schrittweis zufrieden zu stellen, er empfand seine Lage, kannte die Mittel die uns zu Gebote standen, und beschied sich in billigen Dingen. Daher gereichte es uns zur Freude, ihm in dem fürstlichen Garten einen festeren Fuß zu ver= schaffen; ein Glashaus, hinreichend für den Anfang, ward nach seinen Angaben errichtet, wobei die Aussicht auf fernere Begünstigung sich von selbst hervorthat.

Für einen Theil der Jenaischen Bürgerschaft ward auch gerade in dieser Zeit ein bedeutendes Geschäft beendigt. Man hatte den alten Arm der Saale ober= halb der Rasenmühle, der durch mehrere Krümmungen die schönsten Wiesen des rechten Ufers in Kiesbette des linken verwandelte, in's Trockne zu legen einen Durchstich angeordnet, und den Fluß in gerader Linie abwärts zu führen unternommen. Schon einige Jahr

dauerte die Bemühung, welche endlich gelang, und den
anstoßenden Bürgern, gegen geringe frühere Beiträge,
ihre verlornen Räume wieder gab, indem ihnen die
alte Saale und die indeß zu nutzbaren Weidichten
5 herangewachsenen Kiesräume zugemessen und sie auf
diese Weise über ihre Erwartung befriedigt wurden;
weßhalb sie auch eine seltene Dankbarkeit gegen die
Vorgesetzten des Geschäftes ausdrückten.

Unzufriedene machte man jedoch auch bei dieser
10 Gelegenheit: denn auch solche Anlieger, die im Un-
glauben auf den Erfolg des Geschäftes die früheren
geringen Beiträge verweigert hatten, verlangten ihren
Theil an dem eroberten Boden, wo nicht als Recht
doch als Gunst, die aber hier nicht statt haben konnte,
15 indem herrschaftliche Casse für ein bedeutendes Opfer
einige Entschädigung an dem errungenen Boden zu
fordern hatte.

Dreier Werke von ganz verschiedener Art, welche
jedoch in diesem Jahr das größte Aufsehen erregten,
20 muß ich noch gedenken. Dumouriez's Leben ließ uns
in die besondern Vorfallenheiten, wovon uns das Allgemeine leider genugsam bekannt war, tiefer hinein-
sehen, manche Charaktere wurden uns aufgeschlossen,
und der Mann, der uns immer viel Antheil abge-
25 wonnen hatte, erschien uns klärer und im günstigen
Lichte. Geistreiche Frauenzimmer, die denn doch immer
irgendwo Neigung unterzubringen genöthigt sind, und
den Tageshelden wie billig am meisten begünstigen,

erquickten und erbauten sich an diesem Werke, das ich
sorgfältig studirte, um die Epoche seiner Großthaten,
von denen ich persönlich Zeuge gewesen, mir bis in's
einzeln Geheime genau zu vergegenwärtigen.   Dabei
erfreute ich mich denn, daß sein Vortrag mit meinen
Erfahrungen und Bemerkungen vollkommen überein=
stimmte.

Das zweite, dem allgemeinen Bemerken sich auf=
dringende Werk, waren Balde's Gedichte, welche
nach Herders Übersetzung, jedoch mit Verheimlichung
des eigentlichen Autors, an's Licht kamen und sich
der schönsten Wirkung erfreuten.

Von reichem Zeitgehalt, mit deutschen Gesinnungen
ausgesprochen, wären sie immer willkommen gewesen;
kriegerisch verworrene Zeitläufte aber, die sich in
allen Jahrhunderten gleichen, fanden in diesem dichte=
rischen Spiegel ihr Bild wieder, und man empfand
als wie von gestern, was unsere Urvorfahren gequält
und geängstigt hatte.

Einen ganz andern Kreis bildete sich das dritte
Werk. Lichtenbergs Hogarth und das Interesse
daran war eigentlich ein gemachtes: denn wie hätte
der Deutsche, in dessen einfachem reinen Zustande sehr
selten solche excentrische Fratzen vorkommen, hieran
sich wahrhaft vergnügen können? Nur die Tradition,
die einen von seiner Nation hochgefeierten Namen
auch auf dem Continent hatte geltend gemacht, nur
die Seltenheit, seine wunderlichen Darstellungen voll=

ständig zu besitzen, und die Bequemlichkeit, zu Be=
trachtung und Bewunderung seiner Werke weder
Kunstkenntniß noch höheren Sinnes zu bedürfen,
sondern allein bösen Willen und Verachtung der
Menschheit mitbringen zu können, erleichterte die
Verbreitung ganz besonders, vorzüglich aber daß
Hogarths Witz auch Lichtenbergs Witzeleien den Weg
gebahnt hatte.

Junge Männer die von Kindheit auf, seit beinahe
zwanzig Jahren, an meiner Seite heraufgewachsen,
sahen sich nunmehr in der Welt um, und die von
ihnen mir zugehenden Nachrichten mußten mir Freude
machen, da ich sie mit Verstand und Thatkraft auf
ihrer Bahn weiter schreiten sah. Friedrich von
Stein hielt sich in England auf und gewann daselbst
für seinen technischen Sinn viele Vortheile. August
von Herder schrieb aus Neufchatel, wo er sich auf
seine übrigen Lebenszwecke vorzubereiten dachte.

Mehrere Emigrirte waren bei Hof und in der
Gesellschaft wohl aufgenommen, allein nicht alle be=
gnügten sich mit diesen socialen Vortheilen. Manche
von ihnen hegten die Absicht, hier wie an andern
Orten, durch eine löbliche Thätigkeit ihren Lebens=
unterhalt zu gewinnen. Ein wackerer Mann, schon
vorgerückt in Jahren, mit Namen von Wendel, brachte
zur Sprache, daß in Ilmenau, bei einem gesellschaft=
lichen Hammerwerke, der herzoglichen Kammer einige
Antheile zustanden. Freilich wurde dieses Werk auf

eine sonderbare Weise benutzt, indem die Hammer=
meister in einem gewissen Turnus arbeiteten, jeder
für sich so gut er vermochte, um es nach kurzer Frist
seinem Nachfolger abermals auf dessen eigne Rechnung
zu überlassen. Eine solche Einrichtung läßt sich nur
in einem altherkömmlichen Zustande denken, und ein
höher gesinnter, an eine freiere Thätigkeit gewöhnter
Mann konnte sich hierin nicht finden, ob man ihm
gleich die herrschaftlichen Antheile für ein mäßiges
Pachtgeld überließ, das man vielleicht nie eingefordert
hätte. Sein ordnungsliebender, in's Ganze rege Geist
suchte durch erweiterte Plane seine Unzufriedenheit zu
beschwichtigen; bald sollte man mehrere Theile, bald
das Ganze zu acquiriren suchen: beides war unmög=
lich, da sich die mäßige Existenz einiger ruhigen
Familien auf dieses Geschäft gründete.

Nach etwas anderem war nun der Geist gerichtet;
man baute einen Reverberir=Ofen, um altes Eisen zu
schmelzen und eine Gußanstalt in's Werk zu richten.
Man versprach sich große Wirkung von der aufwärts
concentrirten Gluth; aber sie war groß über alle
Erwartung: denn das Ofengewölbe schmolz zusammen,
indem das Eisen zum Fluß kam. Noch manches
andere ward unternommen ohne glücklichen Erfolg;
der gute Mann, endlich empfindend daß er gänzlich
aus seinem Elemente entfallen sei, gerieth in Ver=
zweiflung, nahm eine übergroße Gabe Opium zu sich,
die, wenn nicht auf der Stelle doch in ihren Folgen,

seinem Leben ein Ende machte. Freilich war sein
Unglück so groß, daß weder die Theilnahme des
Fürsten noch die wohlwollende Thätigkeit der beauf=
tragten Räthe ihn wieder herzustellen vermochte. Weit
5 entfernt von seinem Vaterlande, in einem stillen
Winkel des Thüringer Waldes fiel auch er ein Opfer
der gränzenlosen Umwälzung.

Von Personen, deren Schicksalen und Verhältnissen
bemerke Folgendes:

10 Schlosser wandert aus und begibt sich, da man
nicht an jedem Asyl verzweifeln konnte, nach Anspach,
und hat die Absicht daselbst zu verbleiben.

Herder fühlt sich von einiger Entfernung, die
sich nach und nach hervorthut, betroffen, ohne daß
15 dem daraus entstehenden Mißgefühl wäre zu helfen
gewesen. Seine Abneigung gegen die Kantische Philo=
sophie und daher auch gegen die Akademie Jena, hatte
sich immer gesteigert, während ich mit beiden durch
das Verhältniß zu Schiller immer mehr zusammen=
20 wuchs. Daher war jeder Versuch das alte Verhältniß
herzustellen fruchtlos, um so mehr als Wieland die
neuere Lehre selbst in der Person seines Schwieger=
sohns verwünschte, und als Latitudinarier sehr übel
empfand, daß man Pflicht und Recht durch Vernunft,
25 so wie es hieß, fixiren und allem humoristisch=poeti=
schen Schwanken ein Ende zu machen drohte.

Traurig aber war mir ein Schreiben des höchst
bedeutenden Karl von Moser. Ich hatte ihn früher

auf dem Gipfel ministerieller Machtvollkommenheit ge=
sehen, wo er den Ehecontract zwischen unserm theuren
Fürstlichen Ehepaar aufzusetzen nach Karlsruhe be=
rufen ward, zu einer Zeit, wo er mir manche Ge=
fälligkeit erwies, ja einen Freund durch entschiedene
Kraft und Einfluß vom Untergang errettete. Dieser
war nun seit zwanzig Jahren nach und nach in seinen
Vermögens=Umständen dergestalt zurückgekommen, daß
er auf einem alten Bergschlosse Zwingenberg ein
kümmerliches Leben führte. Nun wollte er sich auch
einer seinen Gemähldesammlung entäußern, die er zu
besserer Zeit mit Geschmack um sich versammelt hatte;
er verlangte meine Mitwirkung, und ich konnte sein
zartes dringendes Verlangen leider nur mit einem
freundlich höflichen Brief erwidern. Hierauf ist die
Antwort eines geistreichen bedrängten und zugleich in
sein Schicksal ergebenen Mannes von der Art, daß sie
mich noch jetzt wie damals rührt, da ich in meinem
Bereich kein Mittel sah, solchem Bedürfnisse ab=
zuhelfen.

Anatomie und Physiologie verlor ich dieses Jahr
fast nicht aus den Augen. Hofrath Loder demonstrirte
das menschliche Gehirn einem kleinen Freundes=Cirkel,
hergebrachter Weise, in Schichten von oben herein,
mit seiner ihn auszeichnenden Klarheit. Die Camper=
schen Arbeiten wurden mit demselben durchgesehen
und durchgedacht.

Sömmerrings Versuch dem eigentlichen Sitz der

Seele näher nachzuspüren, veranlaßte nicht wenige
Beobachtung, Nachdenken und Prüfung.

Brandis in Braunschweig zeigte sich in Natur=
betrachtungen geistreich und belebend; auch er, wie
wir, versuchte sich an den schwersten Problemen.

Seit jener Epoche wo man sich in Deutschland
über den Mißbrauch der Genialität zu beklagen an=
fing, drängten sich freilich von Zeit zu Zeit auf=
fallend verrückte Menschen heran. Da nun ihr Be=
streben in einer dunkeln, düstern Region versirte und
gewöhnlich die Energie des Handelns ein günstiges
Vorurtheil und die Hoffnung erregt, sie werde sich
von einiger Vernünftigkeit wenigstens im Verfolg
doch leiten lassen, so versagte man solchen Personen
seinen Antheil nicht, bis sie denn zuletzt entweder selbst
verzweifelten oder uns zur Verzweiflung brachten.

Ein solcher war von Bielefeld, der sich den
Cimbrier nannte, eine physisch glühende Natur, mit
einer gewissen Einbildungskraft begabt, die aber ganz
in hohlen Räumen sich erging. Klopstocks Patriotis=
mus und Messianismus hatten ihn ganz erfüllt, ihm
Gestalten und Gesinnungen geliefert, mit denen er
denn nach wilder und wüster Weise gutherzig ge=
bahrte. Sein großes Geschäft war ein Gedicht vom
jüngsten Tage, wo sich denn wohl begreifen läßt, daß
ich solchen apokalyptischen Ereignissen, energumenisch
vorgetragen, keinen besonderen Geschmack abgewinnen
konnte. Ich suchte ihn abzulehnen, da er, jede Warnung

ausschlagend, auf seinen seltsamen Wegen verharrte.
So trieb er es in Jena eine Zeit lang, zu Beängsti=
gung guter vernünftiger Gesellen und wohlwollender
Gönner, bis er endlich bei immer vermehrtem Wahn=
sinn, sich zum Fenster herausstürzte und seinem un= 5
glücklichen Leben dadurch ein Ende machte.

Auch thaten sich in Staatsverhältnissen hiernächst
die Folgen einer jugendlichen Gutmüthigkeit hervor,
die ein bedeutendes Vertrauen auf einen Unwürdigen
niedergelegt hatte. Die deßhalb entstandenen Processe 10
wurden dießseits von einsichtsvollen Männern mit
großer Gewandtheit einem glücklichen Ausgang ent=
gegen geführt. Indessen beunruhigte eine solche Be=
wegung unsre geselligen Kreise, indem nahverwandte,
sonst tüchtig denkende, auch uns verbundene Personen 15
Ungerechtigkeit und Härte sahen, wo wir nur eine
stetige Verfolgung eines unerläßlichen Rechtsgangs zu
erblicken glaubten. Die freundlichsten zartesten Recla=
mationen von jener Seite hinderten zwar den Ge=
schäftsgang nicht, allein bedauerlich war es, die 20
schönsten Verhältnisse beinahe zerstört zu sehen.

1796.

Die Weimarische Bühne war nun schon so besetzt
und befestigt, daß es in diesem Jahre keiner neuen
Schauspieler bedurfte. Zum größten Vortheil der= 25
selben trat Iffland im März und April vierzehnmal

auf. Außer einem solchen belehrenden, hinreißenden, un=
schätzbaren Beispiele wurden diese Vorstellungen beden=
tender Stücke Grund eines dauerhaften Repertoriums
und ein Anlaß das Wünschenswerthe näher zu kennen.
Schiller, der an dem Vorhandenen immer fest hielt,
redigirte zu diesem Zweck den Egmont, der zum Schluß
der Jfflandischen Gastrollen gegeben ward, ungefähr
wie er noch auf deutschen Bühnen vorgestellt wird.

Überhaupt finden sich hier, rücksichtlich auf das
deutsche Theater, die merkwürdigsten Anfänge. Schiller
der schon in seinem Carlos sich einer gewissen Mäßig=
keit befliß und durch Redaction dieses Stücks für's
Theater zu einer beschränkteren Form gewöhnte, hatte
nun den Gegenstand von Wallenstein aufgefaßt und
den gränzenlosen Stoff in der Geschichte des dreißig=
jährigen Kriegs dergestalt behandelt, daß er sich als
Herrn dieser Masse gar wohl empfinden mochte. Aber
eben durch diese Fülle ward eine strengere Behand=
lung peinlich, wovon ich Zeuge sein konnte, weil er
sich über alles, was er dichterisch vorhatte, mit andern
gern besprach und was zu thun sein mochte hin und
wieder überlegte.

Bei dem unablässigen Thun und Treiben was
zwischen uns stattfand, bei der entschiedenen Lust das
Theater kräftig zu beleben, ward ich angeregt den
Faust wieder hervorzunehmen; allein was ich auch
that, ich entfernte ihn mehr vom Theater als daß
ich ihn herangebracht hätte.

Die Horen gingen indessen fort, mein Antheil blieb derselbige; doch hatte Schillers gränzenlose Thätig=keit den Gedanken eines Musenalmanachs gefaßt, einer poetischen Sammlung, die jener, meist prosai=schen, vortheilhaft zur Seite stehen könnte. Auch hier war ihm das Zutrauen seiner Landsleute günstig. Die guten strebsamen Köpfe neigten sich zu ihm. Er schickte sich übrigens trefflich zu einem solchen Redac=teur; den innern Werth eines Gedichts übersah er gleich, und wenn der Verfasser sich zu weitläuftig ausgethan hatte, oder nicht endigen konnte, wußte er das Überflüssige schnell auszusondern. Ich sah ihn wohl ein Gedicht auf ein Drittheil Strophen reduciren, wodurch es wirklich brauchbar ward, ja bedeutend.

Ich selbst ward seiner Aufmunterung viel schuldig, wovon die Horen und Almanache vollgültiges Zeug=niß abgeben. Alexis und Dora, Braut von Korinth, Gott und Bajadere wurden hier aus=geführt oder entworfen. Die Xenien, die aus un=schuldigen, ja gleichgültigen Anfängen sich nach und nach zum Herbsten und Schärfsten hinaufsteigerten, unterhielten uns viele Monate und machten, als der Almanach erschien, noch in diesem Jahre die größte Bewegung und Erschütterung in der deutschen Lite=ratur. Sie wurden, als höchster Mißbrauch der Preßfreiheit, von dem Publicum verdammt. Die Wirkung aber bleibt unberechenbar.

Einer höchst lieb= und werthen, aber auch schwer lastenden Bürde entledigte ich mich gegen Ende Augusts. Die Reinschrift des letzten Buches von Wilhelm Meister ging endlich ab an den Verleger. Seit sechs Jahren
5 hatte ich Ernst gemacht diese frühe Conception aus= zubilden, zurecht zu stellen und dem Drucke nach und nach zu übergeben. Es bleibt daher dieses eine der incalculabelsten Productionen, mag man sie im Ganzen oder in ihren Theilen betrachten; ja um sie zu be=
10 urtheilen fehlt mir beinahe selbst der Maßstab.

Kaum aber hatte ich mich durch successive Heraus= gabe davon befreit als ich mir eine neue Last auflegte, die jedoch leichter zu tragen, oder vielmehr keine Last war, weil sie gewisse Vorstellungen, Gefühle, Begriffe
15 der Zeit auszusprechen Gelegenheit gab. Der Plan von Herrmann und Dorothea war gleichzeitig mit den Tagesläuften ausgedacht und entwickelt, die Ausführung ward während des Septembers begonnen und vollbracht, so daß sie Freunden schon producirt
20 werden konnte. Mit Leichtigkeit und Behagen war das Gedicht geschrieben, und es theilte diese Empfin= dungen mit. Mich selbst hatte Gegenstand und Aus= führung dergestalt durchdrungen, daß ich das Gedicht niemals ohne große Rührung vorlesen konnte, und
25 dieselbe Wirkung ist mir seit so viel Jahren noch immer geblieben.

Freund Meyer schrieb fleißig aus Italien gewichtige Blätter. Meine Vorbereitung ihm zu folgen nöthigte mich zu mannichfaltigen Studien, deren Actenstücke mir noch gegenwärtig vielen Nutzen bringen. Als ich mich in die Kunstgeschichte von Florenz einarbeitete, ward mir Cellini wichtig, und ich faßte, um mich dort recht einzubürgern, gern den Entschluß seine Selbstbiographie zu übersetzen; besonders weil sie Schillern zu den Horen brauchbar schien.

Auch die Naturwissenschaften gingen nicht leer aus. Den Sommer über fand ich die schönste Gelegenheit Pflanzen unter farbigen Gläsern und ganz im Finstern zu erziehen, so wie die Metamorphose der Insecten in ihren Einzelnheiten zu verfolgen.

Galvanismus und Chemismus drängten sich auf; die Chromatik ward zwischen allem durch getrieben; und um mir den großen Vortheil der Vergegen= wärtigung zu gewähren, fand sich eine edle Gesell= schaft, welche Vorträge dieser Art gern anhören mochte.

Im Auswärtigen beharrt Chursachsen auf seiner Anhänglichkeit an Kaiser und Reich, und will in diesem Sinne sein Contingent marschiren lassen. Auch unsere Mannschaft rüstet sich; die Kosten hierzu geben manches zu bedenken.

Im großen Weltwesen ereignet sich, daß die hinter= bliebene Tochter Ludwigs XVI, Prinzessin Marie Therese Charlotte, bisher in den Händen der Republi= kaner, gegen gefangene französische Generale ausge= wechselt wird, ingleichen daß der Papst seinen Waffen= stillstand theuer erkauft.

Die Österreicher gehen über die Lahn zurück, be=
stehen bei Annäherung der Franzosen auf dem Besitz
von Frankfurt, die Stadt wird bombardirt, die Juden=
gasse zum Theil verbrannt, sonst wenig geschadet,
worauf denn die Übergabe erfolgt. Meine gute Mutter,
in ihrem schönen neuen Quartiere an der Hauptwache,
hat gerade die Zeil hinaufschauend den bedrohten und
beschädigten Theil vor Augen, sie rettet ihre Hab=
seligkeiten in feuerfeste Keller, und flüchtet über die
freigelassene Mainbrücke nach Offenbach. Ihr Brief
deßhalb verdient beigelegt zu werden.

Der Churfürst von Mainz geht nach Heiligenstadt,
der Aufenthalt des Landgrafen von Darmstadt bleibt
einige Zeit unbekannt, die Frankfurter flüchten, meine
Mutter hält aus. Wir leben in einer eingeschläferten
Furchtsamkeit. In den Rhein= und Maingegenden
fortwährende Unruhen und Flucht. Frau von Couden=
hoven verweilt in Eisenach, und so durch Flüchtlinge,
Briefe, Boten, Staffetten strömt der Kriegsallarm
ein= und das anderemal bis zu uns; doch bestätigt
sich nach und nach die Hoffnung, daß wir in dem
Augenblicke nichts zu fürchten haben, und wir halten
uns für geborgen.

Der König von Preußen, bei einiger Veranlassung,
schreibt von Pyrmont an den Herzog, mit diplomatischer
Gewandtheit den Beitritt zur Neutralität vorbereitend
und den Schritt erleichternd. Furcht, Sorge, Ver=
wirrung dauert fort, endlich erklärt sich Chursachsen

5*

zur Neutralität, erst vorläufig, dann entschieden, die
Verhandlungen deßhalb mit Preußen werden auch
uns bekannt.

Doch kaum scheinen wir durch solche Sicherheit
beruhigt, so gewinnen die Österreicher abermals die ₅
Oberhand. Moreau zieht sich zurück, alle königisch
Gesinnte bedauern die Übereilung zu der man sich
hatte hinreißen lassen, die Gerüchte vermehren sich
zum Nachtheil der Franzosen, Moreau wird zur Seite
verfolgt und beobachtet, schon sagt man ihn einge= ₁₀
schlossen; auch Jourdan zieht sich zurück, und man
ist in Verzweiflung daß man sich allzufrühzeitig ge=
rettet habe.

Eine Gesellschaft hochgebildeter Männer, welche
sich jeden Freitag bei mir versammelten, bestätigte ₁₅
sich mehr und mehr. Ich las einen Gesang der Ilias
von Voß, erwarb mir Beifall, dem Gedicht hohen
Antheil, rühmliches Anerkennen dem Übersetzer. Ein
jedes Mitglied gab von seinen Geschäften, Arbeiten,
Liebhabereien, beliebige Kenntniß, mit freimüthigem ₂₀
Antheil aufgenommen. Dr. Bucholz fuhr fort die
neusten physisch=chemischen Erfahrungen mit Gewandt=
heit und Glück vorzulegen. Nichts war ausgeschlossen,
und das Gefühl der Theilhaber, welches Fremde sogar
in sich aufnahmen, hielt von selbst alles ab, was ₂₅
einigermaßen hätte lästig sein können. Akademische
Lehrer gesellten sich hinzu, und wie fruchtbar diese
Anstalt selbst für die Universität geworden, geht aus

dem einzigen Beispiel schon genugsam hervor, daß der
Herzog, der in einer solchen Sitzung eine Vorlesung
des Doctor Christian Wilhelm Huseland angehört, sogleich beschloß ihm eine Professur in Jena zu ertheilen,
5 wo derselbe sich durch mannichfache Thätigkeit zu
einem immer zunehmenden Wirkungskreise vorzubereiten wußte.

Diese Societät war in dem Grade regulirt, daß
meine Abwesenheit zu keiner Störung Anlaß gab,
10 vielmehr übernahm Geh. Rath Voigt die Leitung, und
wir hatten uns mehrere Jahre der Folgen einer gemeinsam geregelten Thätigkeit zu erfreuen.

Und so sahen wir denn auch unsern trefflichen
Batsch dieses Jahr in thätiger Zufriedenheit. Der
15 edle, reine, aus sich selbst arbeitende Mann bedurfte,
gleich einer saftigen Pflanze, weder vieles Erdreich noch
starke Bewässerung, da er die Fähigkeit besaß aus der
Atmosphäre sich die besten Nahrungsstoffe zuzueignen.

Von diesem schönen stillen Wirken zeugen noch heut
20 seine Schreiben und Berichte, wie er sich an seinem
mäßigen Glashause begnügt und durch das allgemeine
Zutrauen gleichzeitiger Naturforscher die Achtung seiner
Societät wachsen und ihren Besitz sich erweitern sieht;
wie er denn auch bei solchen Gelegenheiten seine Vor-
25 sätze vertraulich mittheilte, nicht weniger seine Hoffnungen mit bescheidener Zuversicht vortrug.

1797.

Zu Ende des vorigen Jahrs machte ich eine Reise
meinen gnädigsten Herrn nach Leipzig zu begleiten;
besuchte einen großen Ball wo uns die Herren Dyk
und Comp., und wer sich sonst durch die Xenien ver=
letzt oder erschreckt hielt, mit Apprehension, wie das
böse Princip betrachteten. In Dessau ergötzte uns die
Erinnerung früherer Zeiten; die Familie von Loën
zeigte sich als eine angenehme zutrauliche Verwandt=
schaft, und man konnte sich der frühsten Frankfurter
Tage und Stunden zusammen erinnern.

Schon in den ersten Monaten des Jahrs erfreute
sich das Theater an dem Beitritt von Karoline
Jagemann, als einer neuen Zierde. Oberon ward
gegeben, bald darauf Telemach, und manche Rollen
konnten mit mehr Auswahl besetzt werden. Äußerlich
führte man das Bühnenwesen zunächst in seinem ge=
wohnten Gange fort, innerhalb aber ward manches
Bedeutende vorbereitet. Schiller, der nunmehr ein
wirkliches Theater in der Nähe und vor Augen hatte,
dachte ernstlich darauf seine Stücke spielbarer zu machen,
und als ihm hierin die große Breite wie er Wallen=
stein schon gedacht abermals hinderlich war, entschloß
er sich den Gegenstand in mehreren Abtheilungen zu
behandeln. Dieß gab in Abwesenheit der Gesellschaft,
den ganzen Sommer über, reichliche Belehrung und
Unterhaltung. Schon war der Prolog geschrieben,
Wallensteins Lager wuchs heran.

Auch ich blieb meinerseits in vollkommener Thätig=
keit: Herrmann und Dorothea erschien als Taschen-
buch, und ein neues episch=romantisches Gedicht wurde
gleich darauf entworfen. Der Plan war in allen
seinen Theilen durchgedacht, den ich unglücklicherweise
meinen Freunden nicht verhehlte. Sie riethen mir ab,
und es betrübt mich noch daß ich ihnen Folge leistete:
denn der Dichter allein kann wissen was in einem
Gegenstande liegt, und was er für Reiz und Anmuth
bei der Ausführung daraus entwickeln könne. Ich
schrieb den Neuen Pausias und die Metamorphose
der Pflanzen in elegischer Form, Schiller wett=
eiferte, indem er seinen Taucher gab. Im eigentlichen Sinne hielten wir Tag und Nacht keine Ruhe:
Schillern besuchte der Schlaf erst gegen Morgen:
Leidenschaften aller Art waren in Bewegung: durch
die Xenien hatten wir ganz Deutschland aufgeregt,
jedermann schalt und lachte zugleich. Die Verletzten
suchten uns auch etwas Unangenehmes zu erweisen,
alle unsere Gegenwirkung bestand in unermüdet fort=
gesetzter Thätigkeit.

Die Universität Jena stand auf dem Gipfel ihres
Flors; das Zusammenwirken von talentvollen Menschen
und glücklichen Umständen wäre der treusten lebhafte=
sten Schilderung werth. Fichte gab eine neue Dar=
stellung der Wissenschaftslehre im philosophischen Journal. Woltmann hatte sich interessant gemacht und
berechtigte zu den schönsten Hoffnungen. Die Gebrüder

von Humboldt waren gegenwärtig, und alles der
Natur Angehörige kam philosophisch und wissenschaft=
lich zur Sprache. Mein osteologischer Typus von 1795
gab nun Veranlassung die öffentliche Sammlung so wie
meine eigene rationeller zu betrachten und zu benutzen.
Ich schematisirte die Metamorphose der Insecten, die
ich seit mehreren Jahren nicht aus den Augen ließ.
Die Krausischen Zeichnungen der Harzfelsen gaben
Anlaß zu geologischen Betrachtungen, galvanische Ver=
suche wurden durch Humboldt angestellt. Scherer
zeigte sich als hoffnungsvoller Chemicus. Ich fing
an die Farbentafeln in Ordnung zu bringen. Für
Schillern fuhr ich fort am Cellini zu übersetzen, und
da ich biblische Stoffe in Absicht, poetische Gegenstände
zu finden, wieder aufnahm, so ließ ich mich verführen,
die Reise der Kinder Israel durch die Wüste kritisch
zu behandeln. Der Aufsatz, mit beigefügter Karte,
sollte jenen wunderlichen vierzigjährigen Irrgang zu
einem, wo nicht vernünftigen, doch faßlichen Unter=
nehmen umbilden.

Eine unwiderstehliche Lust nach dem Land= und
Gartenleben hatte damals die Menschen ergriffen.
Schiller kaufte einen Garten bei Jena, und zog hinaus;
Wieland hatte sich in Oßmannstedt angesiedelt. Eine
Stunde davon, am rechten Ufer der Ilm, ward in
Oberroßla ein kleines Gut verkäuflich, ich hatte Ab=
sichten darauf.

Als Besuch erfreuten uns Lerse und Hirt. Der

seltsame Reisende Lord Bristol gab mir zu einer aben=
teuerlichen Erfahrung Anlaß. Ich bereite mich zu einer
Reise nach der Schweiz, meinem aus Italien zurück=
kehrenden Freunde Heinrich Meyer entgegen. Der
Weimarische Schloßbau nöthigt zur Umsicht nach einem
geistreichen Architekten und geschickten Handwerkern.
Auch die Zeichenschule erhält neue Anregung.

Vor meiner Abreise verbrenn' ich alle an mich ge=
sendeten Briefe seit 1772, aus entschiedener Abneigung
gegen Publication des stillen Gangs freundschaftlicher
Mittheilung. Schiller besucht mich noch in Weimar,
und ich reise den 30. Juli ab. Da ein geschickter
Schreiber mich begleitete, so ist alles in Acten geheftet,
wohl erhalten, was damals auffallend und bedeutend
sein konnte.

Da hieraus mit schicklicher Redaction ein ganz
unterhaltendes Bändchen sich bilden ließe, so sei von
dem ganzen Reiseverlauf nur das Allgemeinste hier
angedeutet.

Unterwegs beschäftigt mich die genaue Betrachtung
der Gegenden, hinsichtlich auf Geognosie und der darauf
gegründeten Cultur. In Frankfurt belehrt mich Söm=
merring, durch Unterhaltung, Präparate und Zeich=
nungen. Ich werde mit manchen Persönlichkeiten be=
kannt, mit Öffentlichem und Besonderem; ich beachte
das Theater und führe lebhafte Correspondenz mit
Schiller und andern Freunden. Österreichische Garni=
son, gefangene Franzosen als Gegensatz; jene von

imperturbablem Ernst, diese immer von possenhafter Heiterkeit. Französische satyrische Kupferstiche.

Den 25. ab von Frankfurt, über Heidelberg, Heilbronn, Ludwigsburg kam ich den 30. in Stuttgart an. Kaufmann Rapp, Dannecker, Scheffauer werden besucht; Bekanntschaft mit Professor Thouret, mit geschickten Arbeitern von Zierrathen, Stuckatoren, Quadratoren, die sich aus der bewegten Regierungszeit Herzog Karls herschrieben; Unterhandlungen mit denselben, sie bei dem Weimarischen Schloßbau an= zustellen.

Anfang Septembers fällt der Junggesell und der Mühlbach, den Zunsteeg sogleich componirt, sodann der Jüngling und die Zigeunerin. Den 9. September in Tübingen, bei Cotta gewohnt, die vorzüglichen dortigen Männer besprochen. Naturalien= kabinett des Professor Storr besichtigt, das, vormals Pasquay in Frankfurt am Main gehörig, mit der liebevollsten Sorgfalt nach Tübingen transportirt worden. Den 16. September von dort weg. Schaff= hausen, Rheinfall, Zürich. Den 21. in Stäfa; Zu= sammenkunft mit Meyer, mit ihm die Reise angetreten; den 28. über Marie Einsiedeln bis auf den Gotthard. Den 8. October waren wir wieder zurück. Zum drittenmale besucht' ich die kleinen Cantone, und weil die epische Form bei mir gerade das Übergewicht hatte, ersann ich einen Tell unmittelbar in der Ge= genwart der classischen Örtlichkeit. Eine solche Ab=

leitung und Zerstreuung war nöthig, da mich die traurigste Nachricht mitten in den Gebirgen erreichte. Christiane Neumann, verehlichte Becker, war von uns geschieden; ich widmete ihr die Elegie Euphrosyne. Liebreiches ehrenvolles Andenken ist alles was wir den Todten zu geben vermögen.

Auf dem St. Gotthard hatte ich schöne Mineralien gewonnen; der Hauptgewinn aber war die Unterhaltung mit meinem Freunde Meyer; er brachte mir das lebendigste Italien zurück, das uns die Kriegsläufte leider nunmehr verschlossen. Wir bereiteten uns zum Trost auf die Propyläen vor. Die Lehre von den Gegenständen und was denn eigentlich dargestellt werden soll, beschäftigte uns vor allen Dingen. Die genaue Beschreibung und kennerhafte Bemerkung der Kunstgegenstände alter und neuer Zeit verwahrten wir als Schätze für die Zukunft. Nachdem ich eine Beschreibung von Stäfa versucht, die Tagebücher revidirt und mundirt waren, gingen wir den 21. October von dort ab. Den 26. October von Zürich abreisend langten wir den 6. November in Nürnberg an. In dem freundlichen Cirkel der Kreisgesandten durchlebten wir einige frohe Tage. Den 15. November von dort ab.

In Weimar hatte die Ankunft mehrerer bedeutenden Emigrirten die Gesellschaft erweitert, angenehm und unterhaltend gemacht. Nachzutragen ist noch, daß Oberappellationsrath Körner und seine liebe und hoffnungsvolle Familie uns im abgelaufenen Sommer mit ihrer Gegenwart erfreute, und doch bleibt noch manches Besondere dieses merkwürdigen Jahres zurück.

Millins antiquarische Thätigkeit begann zu wirken, den größten Einfluß aber übten Wolfs Prolegomena.

Auf dem Theater fand ich die große Lücke; Christiane Neumann fehlte, und doch war's der Platz noch wo sie mir so viel Interesse eingeflößt hatte. Ich war durch sie an die Breter gewöhnt, und so wendete ich nun dem Ganzen zu, was ich ihr sonst fast ausschließlich gewidmet hatte.

Ihre Stelle war besetzt, wenigstens mit einer wohlgefälligen Schauspielerin. Auch Karoline Jagemann indessen bildete sich immer mehr aus und erwarb sich zugleich im Schauspiel allen Beifall. Das Theater war schon so gut bestellt, daß die currenten Stücke ohne Anstoß und Rivalität sich besetzen ließen.

Einen großen und einzigen Vortheil brachte aber dieser Unternehmung, daß die vorzüglichsten Werke Ifflands und Kotzebue's schon vom Theater gewirkt, und sich auf neuen, in Deutschland noch nicht betretenen Wegen großen Beifall erworben hatten. Beide Autoren waren noch in ihrem Vigor; ersterer als Schauspieler stand in der Epoche höchster Kunstausbildung.

Auch gereichte zu unserm größten Vortheil, daß wir nur vor einem kleinen, genugsam gebildeten Publicum zu spielen hatten, dessen Geschmack wir befriedigen und uns doch dabei unabhängig erhalten

konnten; ja wir durften manches versuchen, uns selbst und
unsere Zuschauer in einem höheren Sinne auszubilden.

Hier kam uns nun Schiller vorzüglich zu Hülfe;
er stand im Begriff sich zu beschränken, dem Rohen,
Übertriebenen, Gigantischen zu entsagen; schon gelang
ihm das wahrhaft Große und dessen natürlicher Aus=
druck. Wir verlebten keinen Tag in der Nähe, ohne
uns mündlich, keine Woche in der Nachbarschaft, ohne
uns schriftlich zu unterhalten.

1798.

So arbeiteten wir unermüdet dem Besuche Jfflands
vor, welcher uns im April durch acht seiner Vor=
stellungen anfrischen sollte. Groß war der Einfluß
seiner Gegenwart: denn jeder Mitspielende mußte sich
an ihm prüfen, indem er mit ihm wetteiferte, und die
nächste Folge davon war, daß auch dießmal unsere
Gesellschaft gar löblich ausgestattet nach Lauchstädt zog.

Kaum war sie abgegangen, als der alte Wunsch
sich regte, in Weimar ein besseres Local für die Bühne
einzurichten. Schauspieler und Publicum fühlten sich
eines anständigern Raumes würdig; die Nothwendigkeit
einer solchen Veränderung ward von jedermann an=
erkannt, und es bedurfte nur eines geistreichen Anstoßes
um die Ausführung zu bestimmen und zu beschleunigen.

Baumeister Thouret war von Stuttgart berufen
um den neuen Schloßbau weiter zu fördern; als

Nebenzweck gab er einen sogleich beifällig aufgenom=
menen erfreulichen Plan zu einer neuen Einrichtung
des vorhandenen Theaterlocals, nach welchem sich zu
richten er die größte Gewandtheit bewies. Und so
ward auch an uns die alte Bemerkung wahr, daß
Gegenwart eines Baumeisters Baulust errege. Mit
Fleiß und Hast betrieb man die Arbeit, so daß mit
dem 12. October Hof und Publicum zur Eröffnung
des neuen Hauses eingeladen werden konnten. Ein
Prolog von Schiller und Wallensteins Lager gaben
dieser Feierlichkeit Werth und Würde.

Den ganzen Sommer hatte es an Vorarbeiten
hiezu nicht gefehlt, denn der große Wallensteinische
Cyclus, zuerst nur angekündigt, beschäftigte uns
durchaus, obgleich nicht ausschließlich.

Von meinen eigenen poetischen und schriftstellerischen
Werken habe ich so viel zu sagen, daß die Weis=
sagungen des Bakis mich nur einige Zeit unter=
hielten. Zur Achilleïs hatte ich den Plan ganz im
Sinne, den ich Schillern eines Abends ausführlich
erzählte. Der Freund schalt mich aus, daß ich etwas
so klar vor mir sehen könnte, ohne solches auszubilden
durch Worte und Sylbenmaß. So angetrieben und
fleißig ermahnt schrieb ich die zwei ersten Gesänge;
auch den Plan schrieb ich auf, zu dessen Förder=
niß mir ein treuer Auszug aus der Ilias dienen
sollte.

Doch hiervon leitete mich ab die Richtung zur

bildenden Kunst, welche sich bei Meyers Zurückkunft
aus Italien ganz entschieden abermals hervorgethan
hatte. Vorzüglich waren wir beschäftigt das erste
Stück der Propyläen, welches theils vorbereitet theils
geschrieben wurde, lebhafter weiter zu fördern. Cellini's
Leben setz' ich fort, als einen Anhaltepunct der Ge=
schichte des sechzehnten Jahrhunderts. Diderot von
den Farben ward mit Anmerkungen begleitet, welche
mehr humoristisch als künstlerisch zu nennen wären,
und indem sich Meyer mit den Gegenständen in dem
Hauptpunct aller bildenden Kunst gründlich beschäf=
tigte, schrieb ich den Sammler, um manches Nachdenken
und Bedenken in die heitere freiere Welt einzuführen.

In der Naturwissenschaft fand ich manches zu
denken, zu beschauen und zu thun. Schellings
Weltseele beschäftigte unser höchstes Geistesvermögen.
Wir sahen sie nun in der ewigen Metamorphose der
Außenwelt abermals verkörpert. Alles Naturgeschicht=
liche, das sich uns lebendig näherte, betrachtete ich mit
großer Aufmerksamkeit; fremde merkwürdige Thiere,
besonders ein junger Elephant, vermehrten unsere
Erfahrungen.

Hier muß ich aber auch eines Aufsatzes gedenken,
den ich über pathologisches Elfenbein schrieb. Ich hatte
solche Stellen angeschossener und wieder verheilter Ele=
phantenzähne, die besonders den Kammmachern höchst
verdrießlich sind, wenn ihre Säge oft unvermuthet auf
sie stößt, seit mehreren Jahren gesammelt, an Zahl

mehr denn zwanzig Stücke, woran sich in gar schöner
Folge zeigen ließ, wie eine eiserne Kugel in's Innere
der Zahnmasse eindringen, wohl die organische Leben=
digkeit stören aber nicht zerstören kann, indem diese
sich hier auf eine eigene Weise wehrt und wieder her=
stellt. Ich freute mich diese Sammlung, beschrieben
und ausgelegt, dem Kabinette meines Freundes Loder,
dem ich so viel Belehrung schuldig geworden, dankbar
einzuverleiben.

In welcher Ordnung und Abtheilung die Geschichte
der Farbenlehre vorgetragen werden sollte, ward epochen=
weise durchgedacht und die einzelnen Schriftsteller
studirt, auch die Lehre selbst genau erwogen und mit
Schillern durchgesprochen. Er war es der den Zweifel
löſ'te, der mich lange Zeit aufhielt: worauf denn
eigentlich das wunderliche Schwanken beruhe, daß ge=
wisse Menschen die Farben verwechseln, wobei man
auf die Vermuthung kam, daß sie einige Farben sehen,
andere nicht sehen, da er denn zuletzt entschied, daß
ihnen die Erkenntniß des Blauen fehle. Ein junger
Gildemeister, der eben in Jena studirte, war in
solchem Falle, und bot sich freundlich zu allem Hin=
und Wiederversuchen, woraus sich denn zuletzt für uns
jenes Resultat ergab.

Ferner um das Mentale sichtlich darzustellen, ver=
fertigten wir zusammen mancherlei symbolische Sche=
mata. So zeichneten wir eine Temperamentenrose,
wie man eine Windrose hat, und entwarfen eine

tabellarische Darstellung, was der Dilettantismus
jeder Kunst Nützliches und Schädliches bringe.

Gar manche Vortheile die wir im Naturwissen=
schaftlichen gewannen, sind wir einem Besuch schuldig
geworden, den uns Herr van Marum gönnen wollte.

Damit aber auch von der andern Seite der Geist
zur unmittelbaren gemeinen Natur zurückgezogen werde,
folgte ich der damaligen landschaftlichen Grille. Der
Besitz des Freiguts zu Roßla nöthigte mich dem Grund
und Boden, der Landesart, den dörflichen Verhältnissen
näher zu treten, und verlieh gar manche Ansichten und
Mitgefühle, die mir sonst völlig fremd geblieben
wären. Hieraus entstand mir auch eine nachbarliche
Gemeinschaft mit Wielanden, welcher freilich tiefer in
die Sache gegangen war, indem er Weimar völlig
verließ und seinen Wohnort in Oßmannstedt auf=
schlug. Er hatte nicht bedacht was ihm am ersten
hätte einfallen sollen: daß er unsrer Herzogin Amalia
und sie ihm zum Lebensumgang völlig unentbehrlich
geworden. Aus jener Entfernung entstand denn ein
ganz wunderbares Hin= und Wiedersenden von reiten=
den und wandernden Boten, zugleich auch eine gewisse,
kaum zu beschwichtigende Unruhe.

Eine wunderbare Erscheinung war in diesem Som=
mer Frau von La Roche, mit der Wieland eigentlich
niemals übereingestimmt hatte, jetzt aber mit ihr im
vollkommnen Widerspruch sich befand. Freilich war
eine gutmüthige Sentimentalität, die allenfalls vor

dreißig Jahren, zur Zeit wechselseitiger Schonung,
noch ertragen werden konnte, nunmehr ganz außer
der Jahreszeit, und einem Manne wie Wieland un=
erträglich. Ihre Enkelin, Sophie Brentano, hatte sie
begleitet und spielte eine entgegengesetzte, nicht minder ⁵
wunderliche Rolle.

1799.

Den 30. Januar Aufführung von den Piccolo=
mini, den 20. April von Wallenstein. Indessen
war Schiller immer thätig. Maria Stuart und die ¹⁰
feindlichen Brüder kommen zu Sprache. Wir beriethen
uns über den Gedanken, die deutschen Stücke, die sich
erhalten ließen, theils unverändert im Druck zu
sammeln, theils aber verändert und in's Enge gezogen
der neueren Zeit und ihrem Geschmack näher zu ¹⁵
bringen. Eben dasselbe sollte mit ausländischen
Stücken geschehen, eigene Arbeit jedoch durch eine
solche Umbildung nicht verdrängt werden. Hier ist
die Absicht unverkennbar, den deutschen Theatern den
Grund zu einem soliden Repertorium zu legen, und ²⁰
der Eifer dieß zu leisten, spricht für die Überzeugung,
wie nothwendig und wichtig, wie folgereich ein solches
Unternehmen sei.

Wir waren schon gewohnt gemeinschaftlich zu
handeln, und wie wir dabei verfuhren, ist bereits im ²⁵
Morgenblatt ausführlich vorgetragen. In das gegen=

wärtige Jahr fällt die Redaction von Macbeth und
die Übersetzung von Mahomet.

Die Memoiren der Stephanie von Bourbon Conti
erregen in mir die Conception der Natürlichen
Tochter. In dem Plane bereitete ich mir ein Gefäß,
worin ich alles, was ich so manches Jahr über die
französische Revolution und deren Folgen geschrieben
und gedacht, mit geziemendem Ernste niederzulegen
hoffte. Kleinere Stücke schematisirte ich mit Schillern
gemeinschaftlich, wovon noch einiges von Schillern
eigenhändig geschrieben übrig ist.

Die Propyläen wurden fortgesetzt. Im September
hielten wir die erste Ausstellung der Preisbilder; die
Aufgabe war Paris und Helena. Hartmann in
Stuttgart erreichte den Preis.

Erwarben nun auf diese Weise die Weimarischen
Kunstfreunde sich einiges Zutrauen der Außenwelt, so
war auch Schiller angeregt, unablässig die Betrach=
tung über Natur, Kunst und Sitten gemeinschaftlich
anzustellen. Hier fühlten wir immer mehr die
Nothwendigkeit von tabellarischer und symbolischer
Behandlung. Wir zeichneten zusammen jene Tempe=
ramentenrose wiederholt, auch der nützliche und schäd=
liche Einfluß des Dilettantismus auf alle Künste
ward tabellarisch weiter ausgearbeitet, wovon die
Blätter beidhändig noch vorliegen. Überhaupt wurden
solche methodische Entwürfe durch Schillers philo=
sophischen Ordnungsgeist, zu welchem ich mich sym=

bolisirend hinneigte, zur angenehmsten Unterhaltung.
Man nahm sie von Zeit zu Zeit wieder auf, prüfte
sie, stellte sie um, und so ist denn auch das Schema
der Farbenlehre öfters bearbeitet worden.

Und so konnte das Leben nirgends stocken in den=
jenigen Zweigen der Wissenschaft und Kunst, die wir
als die unsrigen ansahen. Schelling theilte die Ein=
leitung zu seinem Entwurf der Naturphilosophie
freundlich mit; er besprach gern mancherlei Physi=
kalisches, ich verfaßte einen allgemeinen Schematismus
über Natur und Kunst.

Im August und September bezog ich meinen
Garten am Stern, um einen ganzen Mondswechsel
durch ein gutes Spiegel=Teleskop zu beobachten, und
so ward ich denn mit diesem, so lange geliebten und
bewunderten Nachbar endlich näher bekannt. Bei
allem diesem lag ein großes Naturgedicht, das
mir vor der Seele schwebte, durchaus im Hinter=
grund.

Während meines Gartenaufenthalts las ich Herders
Fragmente, ingleichen Winckelmanns Briefe und erste
Schriften, ferner Miltons verlornes Paradies, um die
mannichfaltigsten Zustände, Denk= und Dichtweisen mir
zu vergegenwärtigen. In die Stadt zurückgekehrt stu=
dirte ich zu obengemeldeten Theaterzwecken ältere eng=
lische Stücke vorzüglich des Ben Jonson, nicht weniger
andere, welche man Shakespeare'n zuschreibt. Durch
guten Rath nahm ich Antheil an den Schwestern

von Lesbos, deren Verfasserin mich früher als ein
höchst schönes Kind, später als ein vorzüglichstes
Talent angezogen hatte. Tieck las mir seine Geno=
veva vor, deren wahrhaft poetische Behandlung mir
5 sehr viel Freude machte, und den freundlichsten Beifall
abgewann. Auch die Gegenwart Wilhelm August
Schlegels war für mich gewinnreich. Kein Augen=
blick ward müßig zugebracht, und man konnte schon
auf viele Jahre hinaus ein geistiges gemeinsames
10 Interesse vorhersehen.

1800.

Dieses Jahr brachte ich halb in Weimar, halb in
Jena zu. Den 30. Januar ward Mahomet auf=
geführt zu großem Vortheil für die Bildung unserer
15 Schauspieler. Sie mußten sich aus ihrem Naturali=
siren in eine gewisse Beschränktheit zurückziehen, deren
Manierirtes aber sich gar leicht in ein Natürliches
verwandeln ließ. Wir gewannen eine Vorübung in
jedem Sinne zu den schwierigeren reicheren Stücken,
20 welche bald darauf erschienen. Von Opern will ich
nur Tarare nennen.

Späterhin am 24. October, als am Geburtstag
der Herzogin Amalia, ward im engeren Kreise
Paläophron und Neoterpe gegeben. Die Auf=
25 führung des kleinen Stücks durch junge Kunstfreunde
war musterhaft zu nennen. Fünf Figuren spielten

in Masken, der Dame allein war vergönnt, uns in
der eigensten Anmuth ihrer Gesichtszüge zu ergötzen.

Diese Darstellung bereitete jene Maskenkomödien
vor, die in der Folge eine ganz neue Unterhaltung
jahrelang gewährten.

Die Bearbeitung verschiedener Stücke, gemeinschaft=
lich mit Schiller, ward fortgesetzt und zu diesem Zweck
das Geheimniß der Mutter von Horace Walpole
studirt und behandelt, bei näherer Betrachtung jedoch
unterlassen. Die neueren kleinen Gedichte wurden an
Unger abgeliefert, die guten Frauen, ein geselliger
Scherz, geschrieben.

Nun sollte zum nächsten immer gefeierten dreißig=
sten Januar ganz am Ende des Jahrs Tancred
übersetzt werden, und so geschah es auch, ungeachtet
einer sich anmeldenden krankhaften Unbehaglichkeit.

Als wir im August dieses Jahrs die zweite Aus=
stellung vorbereiteten, fanden wir uns schon von viel=
seitiger Theilnahme begünstigt. Die Aufgabe: der
Tod des Rhesus und Hektors Abschied von Andro=
mache, hatten viele wackere Künstler gelockt. Den
ersten Preis erhielt Hoffmann zu Cöln, den zweiten
Nahl zu Cassel. Der Propyläen drittes und letztes
Stück ward, bei erschwerter Fortsetzung, aufgegeben.
Wie sich bösartige Menschen diesem Unternehmen ent=
gegengestellt, sollte wohl zum Trost unserer Enkel,
denen es auch nicht besser gehen wird, gelegentlich
näher bezeichnet werden.

Die Naturforschung verfolgte still ihren Gang.
Ein sechsfüßiger Herschel war für unsere wissenschaft=
lichen Anstalten angeschafft.   Ich beobachtete nun
einzeln mehrere Mondwechsel, und machte mich mit
⁵ den bedeutendsten Lichtgränzen bekannt, wodurch ich
denn einen guten Begriff von dem Relief der Mond=
oberfläche erhielt.   Auch war mir die Haupteintheilung
der Farbenlehre in die drei Hauptmassen, die didak=
tische, polemische und historische, zuerst ganz klar
¹⁰ geworden, und hatte sich entschieden.

Um mir im Botanischen das Jussien'sche System
recht anschaulich zu machen, brachte ich die sämmt=
lichen Kupfer mehrerer botanischen Octav=Werke in
jene Ordnung; ich erhielt dadurch eine Anschauung
¹⁵ der einzelnen Gestalt und eine Übersicht des Ganzen,
welches sonst nicht zu erlangen gewesen wäre.

1801.

Zu Anfang des Jahrs überfiel mich eine grimmige
Krankheit; die Veranlassung dazu war folgende: seit
²⁰ der Aufführung Mahomets hatte ich eine Übersetzung
des Tancred von Voltaire begonnen und mich damit
beschäftigt; nun aber ging das Jahr zu Ende, und
ich mußte das Werk ernstlich angreifen, daher begab
ich mich Hälfte Decembers nach Jena, wo ich in den
²⁵ großen Zimmern des herzoglichen Schlosses einer alt=
herkömmlichen Stimmung sogleich gebieten konnte.

Auch dießmal waren die dortigen Zustände meiner
Arbeit günstig; allein die Emsigkeit, womit ich mich
daran hielt, ließ mich den schlimmen Einfluß der
Localität dießmal wie schon öfter übersehen. Das
Gebäude liegt an dem tiefsten Puncte der Stadt, un=
mittelbar an der Mühllache; Treppe so wie Treppen=
gebäude von Gyps, als einer sehr kalten und ver=
kältenden Steinart, an die sich bei eintretendem Thau=
wetter die Feuchtigkeit häufig anwirft, machen den
Aufenthalt besonders im Winter sehr zweideutig.
Allein wer etwas unternimmt und leistet, denkt er
wohl an den Ort wo es geschieht? Genug ein heftiger
Katarrh überfiel mich, ohne daß ich deßhalb in
meinem Vorsatz irre geworden wäre.

Damals hatte das Brownische Dogma ältere und
jüngere Mediciner ergriffen; ein junger Freund, dem=
selben ergeben, wußte von der Erfahrung, daß Peru=
vianischer Balsam, verbunden mit Opium und
Myrrhen, in den höchsten Brustübeln einen augen=
blicklichen Stillstand verursache und dem gefährlichen
Verlauf sich entgegensetze. Er rieth mir zu diesem
Mittel, und in dem Augenblick war Husten, Aus=
wurf und alles verschwunden. Wohlgemuth begab
ich mich in Professor Schellings Begleitung nach
Weimar, als gleich zu Anfange des Jahrs der Katarrh
mit verstärkter Gewalt zurückkehrte und ich in einen
Zustand gerieth, der mir die Besinnung raubte. Die
Meinigen waren außer Fassung, die Ärzte tasteten

nur, der Herzog, mein gnädigster Herr, die Gefahr
überschauend, griff sogleich persönlich ein, und ließ
durch einen Eilboten den Hofrath Stark von Jena
herüberkommen. Es vergingen einige Tage, ohne daß
ich zu einem völligen Bewußtsein zurückkehrte, und
als ich nun durch die Kraft der Natur und ärztliche
Hülfe mich selbst wieder gewahr wurde, fand ich die
Umgebung des rechten Auges geschwollen, das Sehen
gehindert und mich übrigens in erbärmlichem Zu=
stande. Der Fürst ließ in seiner sorgfältigen Leitung
nicht nach, der hocherfahrne Leibarzt, im Praktischen
von sicherm Griff, bot alles auf, und so stellte Schlaf
und Transpiration mich nach und nach wieder her.

Innerlich hatte ich mich indessen schon wieder so
gestaltet, daß am 19. Januar die Langeweile des Zu=
standes mir eine mäßige Thätigkeit abforderte, und
so wendete ich mich zur Übersetzung des Theophrasti=
schen Büchleins von den Farben, die ich schon
längst im Sinne gehabt. Die nächsten Freunde,
Schiller, Herder, Voigt, Einsiedel und Loder waren
thätig, mich über fernere böse Stunden hinauszuheben.
Am 22. war schon bei mir ein Concert veranstaltet,
und Durchlaucht dem Herzog konnt' ich am 24., als
am Tage, wo er nach Berlin reis'te, für die bis zu=
letzt ununterbrochene Sorgfalt mit erheitertem Geiste
danken: denn an diesem Tage hatte sich das Auge
wieder geöffnet, und man durfte hoffen, frei und voll=
ständig abermals in die Welt zu schauen. Auch konnte

ich zunächst mit genesendem Blick die Gegenwart der durchlauchtigsten Herzogin Amalia und Ihrer freund= lich geistreichen Umgebung bei mir verehren.

Am 29. durchging ich die Rolle der Amenaide mit Demoiselle Caspers, einer sich heranbildenden Schau= spielerin. Freund Schiller leitete die Proben, und so gab er mir denn auch den 30. Abends nach der Auf= führung Nachricht von dem Gelingen. So ging ich ferner dieselbe Rolle mit Demoiselle Jagemann durch, deren Naturell und Verdienst als Schau= spielerin und Sängerin damals ein Verehrer nach unmittelbaren Eindrücken hätte schildern sollen.

Brauchbar und angenehm in manchen Rollen war Ehlers als Schauspieler und Sänger, besonders in dieser letzten Eigenschaft geselliger Unterhaltung höchst willkommen, indem er Balladen und andere Lieder der Art zur Guitarre mit genauester Präcision der Textworte, ganz unvergleichlich vortrug. Er war unermüdet im Studiren des eigentlichsten Ausdrucks, der darin besteht, daß der Sänger nach Einer Melodie die verschiedenste Bedeutung der einzelnen Strophen hervorzuheben und so die Pflicht des Lyrikers und Epikers zugleich zu erfüllen weiß. Hievon durch= drungen ließ er sich's gern gefallen, wenn ich ihm zumuthete, mehrere Abendstunden, ja bis tief in die Nacht hinein, dasselbe Lied mit allen Schattirungen auf's pünctlichste zu wiederholen: denn bei der ge= lungenen Praxis überzeugte er sich, wie verwerflich

alles sogenannte Durchcomponiren der Lieder sei, wo=
durch der allgemein lyrische Charakter ganz aufge=
hoben und eine falsche Theilnahme am Einzelnen
gefordert und erregt wird.

Schon am 7. Februar regte sich in mir die pro=
ductive Ungeduld, ich nahm den Faust wieder vor
und führte stellenweise dasjenige aus, was in Zeich=
nung und Umriß schon längst vor mir lag.

Als ich zu Ende vorigen Jahrs in Jena den
Tancred bearbeitete, ließen meine dortigen geistreichen
Freunde den Vorwurf laut werden, daß ich mich mit
französischen Stücken, welche bei der jetzigen Gesinnung
von Deutschland nicht wohl Gunst erlangen könnten,
so emsig beschäftige und nichts Eigenes vornähme,
wovon ich doch so manches hatte merken lassen. Ich
rief mir daher die Natürliche Tochter vor die Seele,
deren ganz ausgeführtes Schema schon seit einigen
Jahren unter meinen Papieren lag.

Gelegentlich dacht' ich an das Weitere; allein durch
einen auf Erfahrung gestützten Aberglauben, daß ich
ein Unternehmen nicht aussprechen dürfe, wenn es
gelingen solle, verschwieg ich selbst Schillern diese
Arbeit und erschien ihm daher als untheilnehmend,
glauben= und thatlos. Ende December find' ich be=
merkt, daß der erste Act der Natürlichen Tochter voll=
endet worden.

Doch fehlte es nicht an Ableitungen, besonders
naturwissenschaftlichen, so wie in's Philosophische

und Literarische. Ritter besuchte mich öfters, und
ob ich gleich in seine Behandlungsweise mich nicht
ganz finden konnte, so nahm ich doch gern von ihm
auf, was er von Erfahrungen überlieferte und was
er nach seinen Bestrebungen sich in's Ganze auszu=
bilden getrieben war. Zu Schelling und Schlegel
blieb ein thätiges mittheilendes Verhältniß. Tieck
hielt sich länger in Weimar auf, seine Gegenwart
war immer anmuthig fördernd. Mit Paulus blieb
ebenfalls ein immer gleiches Verbündniß; wie denn
alle diese Verhältnisse durch die Nähe von Weimar
und Jena sich immerfort lebendig erhielten und durch
meinen Aufenthalt am letztern Orte immer mehr be=
stätigt wurden.

Von Naturhistorischem berührte mich weniges;
ein krummer Elephantenzahn ward nach einem großen
Regenguß in der Gelmeröder Schlucht entdeckt. Er
lag höher als alle die bisherigen Reste dieser frühern
Geschöpfe, welche in den Tuffsteinbrüchen, eingehüllt
in dieses Gestein, wenig Fuß über der Ilm gefunden
werden; dieser aber ward unmittelbar auf dem Kalk=
flöz unter der aufgeschwemmten Erde im Gerölle ent=
deckt, über der Ilm etwa zweihundert. Er ward zu
einer Zeit gefunden, wo ich, dergleichen Gegenständen
entfremdet, daran wenig Antheil nahm. Die Finder
hielten die Materie für Meerschaum und schickten
solche Stücke nach Eisenach, nur kleine Trümmer
waren mir zugekommen, die ich auf sich beruhen ließ.

Bergrath Werner jedoch, bei einem abermaligen be=
lehrenden Besuche, wußte sogleich die Sache zu ent=
scheiden, und wir erfreuten uns der von einem Meister
des Fachs ausgesprochenen Beruhigung.

⁵ Auch die Verhältnisse, in die ich durch den Besitz
des Freiguts zu Roßla gekommen war, forderten auf=
merksame Theilnahme für einige Zeit, wobei ich jedoch
die Tage, die mir geraubt zu werden schienen, vielseitig
zu benutzen wußte. Der erste Pachter war auszuklagen,
¹⁰ ein neuer einzusetzen, und man mußte die Erfahrungen
für etwas rechnen, die man im Verfolg so fremdartiger
Dinge nach und nach gewonnen hatte.

Zu Ende März war ein ländlicher Aufenthalt
schon erquicklich genug. Ökonomen und Juristen über=
¹⁵ ließ man das Geschäft und ergötzte sich einstweilen in
freier Luft, und weil die Conclusion ergo bibamus
zu allen Prämissen paßt, so ward auch bei dieser Ge=
legenheit manches herkömmliche und willkürliche Fest
gefeiert; es fehlte nicht an Besuchen, und die Kosten
²⁰ einer wohlbesetzten Tafel vermehrten das Deficit, das
der alte Pachter zurückgelassen hatte.

Der neue war ein leidenschaftlicher Freund von
Baumzucht; seiner Neigung gab ein angenehmer Thal=
grund von dem fruchtbarsten Boden Gelegenheit zu
²⁵ solchen Anlagen. Die eine buschige Seite des Abhangs,
durch eine lebendige Quelle geschmückt, rief dagegen
meine alte Parkspielerei zu geschlängelten Wegen und
geselligen Räumen hervor; genug es fehlte nichts als

das Nützliche, und so wäre dieser kleine Besitz höchst
wünschenswerth geblieben.   Auch die Nachbarschaft
eines bedeutenden Städtchens, kleinerer Ortschaften,
durch verständige Beamte und tüchtige Pächter gesellig,
gaben dem Aufenthalt besondern Reiz; die schon entschiedene Straßenführung nach Eckartsberga, welche unmittelbar hinter dem Hausgarten abgesteckt wurde, veranlaßte bereits Gedanken und Plane, wie man ein Lust-
häuschen anlegen und von dort an den belebenden Meß-
fuhren sich ergötzen wollte: so daß man sich auf dem
Grund und Boden, der einträglich hätte werden sollen,
nur neue Gelegenheiten zu vermehrten Ausgaben und
verderblichen Zerstreuungen mit Behagen vorbereitete.

Eine fromme, für's Leben bedeutende Feierlichkeit
fiel jedoch im Innern des Hauses in diesen Tagen
vor.   Die Confirmation meines Sohnes, welche Herder
nach seiner edlen Weise verrichtete, ließ uns nicht ohne
rührende Erinnerung vergangner Verhältnisse, nicht
ohne Hoffnung künftiger freundlicher Bezüge.

Unter diesen und andern Ereignissen war der Tag
hingegangen; Ärzte sowohl als Freunde verlangten,
ich solle mich in ein Bad begeben, und ich ließ mich,
nach dem damaligen Stärkungssystem, um so mehr
für Pyrmont bestimmen, als ich mich nach einem
Aufenthalt in Göttingen schon längst gesehnt hatte.

Den 5. Juni reis'te ich ab von Weimar, und
gleich die ersten Meilen waren mir höchst erfrischend;
ich konnte wieder einen theilnehmenden Blick auf die

Welt werfen, und obgleich von keinem ästhetischen
Gefühl begleitet, wirkte er doch höchst wohlthätig auf
mein Inneres. Ich mochte gern die Folge der Gegend,
die Abwechselung der Landesart bemerken, nicht weniger
den Charakter der Städte, ihre ältere Herkunft, Erneuerung, Polizei, Arten und Unarten. Auch die
menschliche Gestalt zog mich an und ihre höchst merk-
baren Verschiedenheiten: ich fühlte, daß ich der Welt
wieder angehörte.

In Göttingen bei der Krone eingekehrt bemerkt'
ich, als eben die Dämmerung einbrach, einige Bewegung auf der Straße; Studirende kamen und gingen,
verloren sich in Seitengäßchen und traten in bewegten
Massen wieder vor. •Endlich erscholl auf einmal ein
freudiges Lebehoch! aber auch im Augenblick war alles
verschwunden. Ich vernahm, daß dergleichen Beifalls-
bezeugungen verpönt seien, und es freute mich um so
mehr, daß man es gewagt hatte mich nur im Vorbeigehen aus dem Stegreife zu begrüßen. Gleich darauf
erhielt ich ein Billet, unterzeichnet Schuhmacher
aus Holstein, der mir auf eine anständig vertrauliche
Art den Vorsatz meldet, den er und eine Gesellschaft
junger Freunde gehegt, mich zu Michaeli in Weimar
zu besuchen, und wie sie nunmehr hofften hier am
Ort ihren Wunsch befriedigt zu sehen. Ich sprach sie
mit Antheil und Vergnügen. Ein so freundlicher
Empfang wäre dem Gesunden schon wohlthätig gewesen, dem Genesenden ward er es doppelt.

Hofrath Blumenbach empfing mich nach ge=
wohnter Weise. Immer von dem Neusten und Merk=
würdigsten umgeben ist sein Willkommen jederzeit
belehrend. Ich sah bei ihm den ersten Aërolithen, an
welches Naturerzeugniß der Glaube uns erst vor kur= 5
zem in die Hand gegeben ward. Ein junger Kestner
und von Arnim, früher bekannt und verwandten
Sinnes, suchten mich auf und begleiteten mich zur
Reitbahn, wo ich den berühmten Stallmeister Ayrer
in seinem Wirkungskreise begrüßte. Eine wohlbestellte 10
Reitbahn hat immer etwas Imposantes; das Pferd
steht als Thier sehr hoch, doch seine bedeutende weit=
reichende Intelligenz wird auf eine wundersame Weise
durch gebundene Extremitäten beschränkt. Ein Geschöpf,
das bei so bedeutenden, ja großen Eigenschaften sich 15
nur im Treten, Laufen, Rennen zu äußern vermag,
ist ein seltsamer Gegenstand für die Betrachtung, ja
man überzeugt sich beinahe, daß es nur zum Organ
des Menschen geschaffen sei, um gesellt zu höherem
Sinne und Zwecke das Kräftigste wie das Anmuthigste 20
bis zum Unmöglichen auszurichten.

Warum denn auch eine Reitbahn so wohlthätig auf
den Verständigen wirkt, ist daß man hier, vielleicht
einzig in der Welt, die zweckmäßige Beschränkung der
That, die Verbannung aller Willkür, ja des Zufalls 25
mit Augen schaut und mit dem Geiste begreift. Mensch
und Thier verschmelzen hier dergestalt in Eins, daß
man nicht zu sagen wüßte, wer denn eigentlich den

andern erzieht. Dergleichen Betrachtungen wurden bis
auf's höchste gesteigert, als man die zwei Paare so=
genannter weißgeborner Pferde zu sehen bekam, welche
Fürst Sanguszko in Hannover für eine bedeutende
5 Summe gekauft hatte.

Von da zu der allerruhigsten und unsichtbarsten
Thätigkeit überzugehen, war in oberflächlicher Be=
schauung der Bibliothek gegönnt; man fühlt sich wie
in der Gegenwart eines großen Capitals, das geräusch=
10 los unberechenbare Zinsen spendet.

Hofrath Heyne zeigte mir Köpfe Homerischer
Helden von Tischbein in großem Maßstabe ausge=
führt; ich kannte die Hand des alten Freundes wieder,
und freute mich seiner fortgesetzten Bemühungen, durch
15 Studium der Antike sich der Einsicht zu nähern, wie
der bildende Künstler mit dem Dichter zu wetteifern
habe. Wie viel weiter war man nicht schon gekommen
als vor zwanzig Jahren, da der treffliche, das Echte
vorahnende Lessing vor den Irrwegen des Grafen
20 Caylus warnen, und gegen Kloß und Riedel seine
Überzeugung vertheidigen mußte, daß man nämlich
nicht nach dem Homer, sondern wie Homer, mytholo=
gisch=epische Gegenstände bildkünstlerisch zu behandeln
habe.

25 Neue und erneuerte Bekanntschaften fanden sich
wohlwollend ein. Unter Leitung Blumenbachs besah
ich abermals die Museen, und fand im Steinreiche mir
noch unbekannte außereuropäische Musterstücke.

Und wie denn jeder Ort den fremden Ankömmling
zerstreuend hin= und herzieht und unsere Fähigkeit,
das Interesse mit den Gegenständen schnell zu wechseln,
von Augenblick zu Augenblick in Anspruch nimmt, so
wußte ich die Bemühung des Professors O s i a n d e r 5
zu schätzen, der mir die wichtige Anstalt des neu= und
sonderbar erbauten Accouchirhauses, so wie die Be=
handlung des Geschäftes erklärend zeigte.

Den Lockungen, mit denen Blumenbach die Jugend
anzuziehen und sie unterhaltend zu belehren weiß, ent= 10
ging auch nicht mein zehnjähriger Sohn. Als der
Knabe vernahm, daß von den vielgestaltigen Versteine=
rungen der Hainberg wie zusammengesetzt sei, drängte
er mich zum Besuch dieser Höhe, wo denn die gewöhn=
lichen Gebilde häufig aufgepackt, die seltnern aber einer 15
spätern emsigen Forschung vorbehalten wurden.

Und so entfernte ich mich den 12. Juni von diesem
einzig bedeutenden Orte, in der angenehm beruhigen=
den Hoffnung mich zur Nachcur länger daselbst auf=
zuhalten.   20

Der Weg nach Pyrmont bot mir neue Betrach=
tungen dar: das Leinethal mit seinem milden Charakter
erschien freundlich und wöhnlich; die Stadt Einbeck,
deren hoch aufstrebende Dächer mit Sandsteinplatten
gedeckt sind, machte einen wundersamen Eindruck. Sie 25
selbst und die nächste Umgegend mit dem Sinne Zadigs
durchwandelnd, glaubt' ich zu bemerken, daß sie vor
zwanzig, dreißig Jahren einen trefflichen Burgemeister

müsse gehabt haben. Ich schloß dieß aus bedeutenden
Baumpflanzungen von ungefähr diesem Alter.

In Pyrmont bezog ich eine schöne, ruhig gegen das
Ende des Orts liegende Wohnung bei dem Brunnen-
5 cassierer, und es konnte mir nichts glücklicher begegnen
als daß Griesbachs ebendaselbst eingemiethet hatten,
und bald nach mir ankamen. Stille Nachbarn, geprüfte Freunde, so unterrichtete als wohlwollende
Personen trugen zur ergötzlichen Unterhaltung das
10 Vorzüglichste bei. Prediger Schütz aus Bückeburg,
jenen als Bruder und Schwager, und mir als
Gleichniß seiner längst bekannten Geschwister höchst
willkommen, mochte sich gern von allem was man
werth und würdig halten mag, gleichfalls unter-
15 halten.

Hofrath Richter von Göttingen, in Begleitung
des augenkranken Fürsten Sanguszko, zeigte sich immer
in den liebenswürdigsten Eigenheiten, heiter auf trockne
Weise, neckisch und neckend, bald ironisch und paradox,
20 bald gründlich und offen.

Mit solchen Personen fand ich mich gleich anfangs
zusammen; ich wüßte nicht, daß ich eine Badezeit in
besserer Gesellschaft gelebt hätte, besonders da eine
mehrjährige Bekanntschaft ein wechselseitig duldendes
25 Vertrauen eingeleitet hatte.

Auch lernte ich kennen Frau von Weinheim, ehe-
malige Generalin von Bauer, Madame Scholin und
Raleff, Verwandte von Madame Sander in Berlin.

7*

Anmuthige und liebenswürdige Freundinnen machten diesen Cirkel höchst wünschenswerth.

Leider war ein stürmisch=regnerisches Wetter einer öftern Zusammenkunft im Freien hinderlich; ich wid= mete mich zu Hause der Übersetzung des Theophrast und einer weitern Ausbildung der sich immermehr bereichernden Farbenlehre.

Die merkwürdige Dunsthöhle in der Nähe des Ortes, wo das Stickgas, welches mit Wasser ver= bunden so kräftig heilsam auf den menschlichen Körper wirkt, für sich unsichtbar eine tödtliche Atmosphäre bildet, veranlaßte manche Versuche, die zur Unter= haltung dienten. Nach ernstlicher Prüfung des Locals und des Niveaus jener Luftschicht konnte ich die auffallenden und erfreulichen Experimente mit siche= rer Kühnheit anstellen. Die auf dem unsichtbaren Elemente lustig tanzenden Seifenblasen, das plötzliche Verlöschen eines flackernden Strohwisches, das augen= blickliche Wiederentzünden, und was dergleichen sonst noch war, bereitete staunendes Ergötzen solchen Personen, die das Phänomen noch gar nicht kannten, und Be= wunderung, wenn sie es noch nicht im Großen und Freien ausgeführt gesehen hatten. Und als ich nun gar dieses geheimnißvolle Agens, in Pyrmonter Flaschen gefüllt, mit nach Hause trug und in jedem anscheinend leeren Trinkglas das Wunder des aus= löschenden Wachsstocks wiederholte, war die Gesellschaft völlig zufrieden und der ungläubige Brunnenmeister so

zur Überzeugung gelangt, daß er sich bereit zeigte, mir
einige dergleichen wasserleere Flaschen den übrigen
gefüllten mit beizupacken, deren Inhalt sich auch in
Weimar noch völlig wirksam offenbarte.

Der Fußpfad nach Lügde, zwischen abgeschränkten
Weideplätzen her, ward öfters zurückgelegt. In dem
Örtchen, das einigemal abgebrannt war, erregte eine
desperate Hausinschrift unsere Aufmerksamkeit: sie
lautet:

    Gott segne das Haus!
    Zweimal rannt' ich heraus,
    Denn zweimal ist's abgebrannt,
    Komm' ich zum drittenmal gerannt,
    Da segne Gott meinen Lauf,
    Ich bau's wahrlich nicht wieder auf.

Das Franciscaner=Kloster ward besucht und einige
dargebotene Milch genossen. Eine uralte Kirche außer=
halb des Ortes gab den ersten unschuldigen Begriff
eines solchen früheren Gotteshauses mit Schiff und
Kreuzgängen unter Einem Dach bei völlig glattem un=
verziertem Vordergiebel. Man schrieb sie den Zeiten
Karls des Großen zu; auf alle Fälle ist sie für
uralt zu achten, es sei nun der Zeit nach, oder daß
sie die uranfänglichen Bedürfnisse jener Gegend aus=
spricht.

Mich und besonders meinen Sohn überraschte
höchst angenehm das Anerbieten des Rectors Werner
uns auf den sogenannten Krystallberg hinter Lügde

zu führen, wo man bei hellem Sonnenschein die Äcker von tausend und aber tausend kleinen Bergkrystallen widerschimmern sieht. Sie haben ihren Ursprung in kleinen Höhlen eines Mergelsteins, und sind auf alle Weise merkwürdig als ein neueres Erzeugniß, wo ein Minimum der im Kalkgestein enthaltenen Kieselerde, wahrscheinlich dunstartig befreit, rein und wasserhell in Krystalle zusammentritt.

Ferner besuchten wir die hinter dem Königsberge von Quäkern angelegte wie auch betriebene Messer- fabrik, und fanden uns veranlaßt, ihrem ganz nah bei Pyrmont gehaltenen Gottesdienst mehrmals bei- zuwohnen, dessen, nach langer Erwartung, für im- provisirt gelten sollende Rhetorik kaum jemand das erstemal, geschweige denn bei wiederholtem Besuch, für inspirirt anerkennen möchte. Es ist eine traurige Sache, daß ein reiner Cultus jeder Art, sobald er an Orte beschränkt und durch die Zeit bedingt ist, eine gewisse Heuchelei niemals ganz ablehnen kann.

Die Königin von Frankreich, Gemahlin Ludwig des XVIII, unter dem Namen einer Gräfin Lille, erschien auch am Brunnen, in weniger aber abge- schlossener Umgebung.

Bedeutende Männer habe ich noch zu nennen: Consistorialrath Horstig und Hofrath Marcard, den letztern als einen Freund und Nachfolger Zimmer- manns.

Das fortdauernde üble Wetter drängte die Gesell-

schaft öfters in's Theater. Mehr dem Personal als
den Stücken wendete ich meine Aufmerksamkeit zu.
Unter meinen Papieren find' ich noch ein Verzeichniß
der sämmtlichen Namen und der geleisteten Rollen:
5 der zur Beurtheilung gelassene Platz hingegen ward
nicht ausgefüllt. Iffland und Kotzebue thaten auch
hier das Beste, und Eulalia, wenn man schon wenig
von der Rolle verstand, bewirkte doch, durch einen
sentimental = tönend weichlichen Vortrag, den größten
10 Effect; meine Nachbarinnen zerflossen in Thränen.

Was aber in Pyrmont apprehensiv wie eine böse
Schlange sich durch die Gesellschaft windet und be=
wegt, ist die Leidenschaft des Spiels und das daran
bei einem jeden, selbst wider Willen, erregte Interesse.
15 Man mag um Wind und Wetter zu entgehen in die
Säle selbst treten, oder in bessern Stunden die Allee
auf und ab wandeln, überall zischt das Ungeheuer
durch die Reihen; bald hört man, wie ängstlich eine
Gattin den Gemahl nicht weiter zu spielen anfleht,
20 bald begegnet uns ein junger Mann, der in Ver=
zweiflung über seinen Verlust die Geliebte vernach=
lässigt, die Braut vergißt; dann erschallt auf einmal
ein Ruf gränzenloser Bewunderung: die Bank sei ge=
sprengt! Es geschah dießmal wirklich in Roth und
25 Schwarz. Der vorsichtige Gewinner setzte sich als=
bald in eine Postchaise, seinen unerwartet erworbenen
Schatz bei nahen Freunden und Verwandten in Sicher=
heit zu bringen. Er kam zurück, wie es schien mit

mäßiger Börse, denn er lebte stille fort, als wäre
nichts geschehen.

Nun aber kann man in dieser Gegend nicht ver=
weilen, ohne auf jene Urgeschichten hingewiesen zu
werden, von denen uns römische Schriftsteller so ehren=
volle Nachrichten überliefern. Hier ist noch die Um=
wallung eines Berges sichtbar, dort eine Reihe von
Hügeln und Thälern, wo gewisse Heereszüge und
Schlachten sich hatten ereignen können. Da ist ein
Gebirgs=, ein Ortsname, der dorthin Winke zu geben
scheint; herkömmliche Gebräuche deuten sogar auf die
frühesten roh feiernden Zeiten, und man mag sich
wehren und wenden wie man will, man mag noch so
viel Abneigung beweisen, vor solchen aus dem Un=
gewissen in's Ungewissere verleitenden Bemühungen,
man findet sich wie in einem magischen Kreise be=
fangen, man identificirt das Vergangene mit der
Gegenwart, man beschränkt die allgemeinste Räum=
lichkeit auf die jedesmal nächste und fühlt sich zuletzt
in dem behaglichsten Zustande, weil man für einen
Augenblick wähnt, man habe sich das Unfaßlichste
zur unmittelbaren Anschauung gebracht.

Durch Unterhaltungen solcher Art, gesellt zum
Lesen von so mancherlei Heften, Büchern und Büchel=
chen, alle mehr oder weniger auf die Geschichte von
Pyrmont und die Nachbarschaft bezüglich, ward zuletzt
der Gedanke einer gewissen Darstellung in mir rege, wo=
zu ich nach meiner Weise sogleich ein Schema verfertigte.

Das Jahr 1582, wo auf einmal ein wundersamer Zug aus allen Weltgegenden nach Pyrmont hin- strömte, und die zwar bekannte aber noch nicht hoch- berühmte Quelle mit unzähligen Gästen heimsuchte,
5 welche bei völlig mangelnden Einrichtungen sich auf die kümmerlichste und wunderlichste Art behelfen mußten, ward als prägnanter Moment ergriffen und auf einen solchen Zeitpunct, einen solchen unvor- bereiteten Zustand vorwärts und rückwärts ein Mähr-
10 chen erbaut, das zur Absicht hatte, wie die Amuse- mens des eaux de Spaa, sowohl in der Ferne als der Gegenwart eine unterhaltende Belehrung zu ge- währen. Wie aber ein so löbliches Unternehmen unterbrochen und zuletzt ganz aufgegeben worden, wird
15 aus dem Nachfolgenden deutlich werden. Jedoch kann ein allgemeiner Entwurf unter andern kleinen Auf- sätzen dem Leser zunächst mitgetheilt werden.

Ich hatte die letzten Tage bei sehr unbeständigem Wetter nicht auf das angenehmste zugebracht und fing
20 an zu fürchten, mein Aufenthalt in Pyrmont würde mir nicht zum Heil gedeihen. Nach einer so hoch- entzündlichen Krankheit mich abermals im Browni- schen Sinne einem so entschieden anregenden Bade zuzuschicken, war vielleicht nicht ein Zeugniß richtig
25 beurtheilender Ärzte. Ich war auf einen Grad reizbar geworden, daß mich Nachts die heftigste Bluts- bewegung nicht schlafen ließ, bei Tage das Gleich- gültigste in einen excentrischen Zustand versetzte.

Der Herzog mein gnädigster Herr kam den 9. Juli in Pyrmont an, ich erfuhr, was sich zunächst in Weimar zugetragen und was daselbst begonnen wor= den; aber eben jener aufgeregte Zustand ließ mich einer so erwünschten Nähe nicht genießen. Das fortdauernde Regenwetter verhinderte jede Geselligkeit im Freien; ich entfernte mich am 17. Juli, wenig erbaut von den Resultaten meines Aufenthalts.

Durch Bewegung und Zerstreuung auf der Reise, auch wohl wegen unterlassenen Gebrauchs des auf= regenden Mineralwassers, gelangt' ich in glücklicher Stimmung nach Göttingen. Ich bezog eine angenehme Wohnung bei dem Instrumentenmacher Krämer an der Allee im ersten Stocke. Mein eigentlicher Zweck bei einem längern Aufenthalt daselbst war, die Lücken des historischen Theils der Farbenlehre, deren sich noch manche fühlbar machten, abschließlich auszufüllen. Ich hatte ein Verzeichniß aller Bücher und Schriften mitgebracht, deren ich bisher nicht habhaft werden können; ich übergab solches dem Herrn Professor Reuß und erfuhr von ihm so wie von allen übrigen Angestellten die entschiedenste Beihülfe. Nicht allein ward mir was ich aufgezeichnet hatte vorgelegt, son= dern auch gar manches, das mir unbekannt geblieben war, nachgewiesen. Einen großen Theil des Tags vergönnte man mir auf der Bibliothek zuzubringen, viele Werke wurden mir nach Hause gegeben, und so verbracht' ich meine Zeit mit dem größten Nutzen.

Die Gelehrtengeschichte von Göttingen, nach Pütter,
studirte ich nun am Orte selbst mit größter Auf=
merksamkeit und eigentlichster Theilnahme, ja ich ging
die Lections=Katalogen vom Ursprung der Akademie
5 sorgfältig durch, woraus man denn die Geschichte der
Wissenschaften neuerer Zeit gar wohl abnehmen konnte.
Sodann beachtete ich vorzüglich die sämmtlichen phy=
sikalischen Compendien, nach welchen gelesen worden,
in den nach und nach auf einander folgenden Aus=
10 gaben, und in solchen besonders das Capitel von Licht
und Farben.

Die übrigen Stunden verbracht' ich sodann in
großer Erheiterung. Ich müßte das ganze damals
lebende Göttingen nennen, wenn ich alles, was mir
15 an freundlichen Gesellschaften, Mittags= und Abend=
tafeln, Spaziergängen und Landfahrten zu Theil ward,
einzeln aufführen wollte. Ich gedenke nur einer an=
genehmen nach Weende mit Professor Bouterwek
zu Oberamtmann Westfeld, und einer andern von
20 Hofrath Meiners veranstalteten, wo ein ganz heiterer
Tag zuerst auf der Papiermühle, dann in Deppols=
hausen, ferner auf der Plesse, wo eine stattliche Re=
stauration bereitet war, in Gesellschaft des Professor
Fiorillo zugebracht, und am Abend auf Mariaspring
25 traulich beschlossen wurde.

Die unermüdliche durchgreifende Belehrung Hof=
rath Blumenbachs, die mir so viel neue Kenntniß
und Aufschluß verlieh, erregte die Leidenschaft meines

Sohnes für die Fossilien des Hainberges. Gar manche
Spazierwege wurden dorthin vorgenommen, die häufig
vorkommenden Exemplare gierig zusammengesucht, den
seltnern emsig nachgespürt. Hierbei ergab sich der
merkwürdige Unterschied zweier Charaktere und Ten=
denzen: indeß mein Sohn mit der Leidenschaft eines
Sammlers die Vorkommnisse aller Art zusammen=
trug, hielt Eduard, ein Sohn Blumenbachs, als ge=
borner Militär, sich bloß an die Belemniten und
verwendete solche, um einen Sandhaufen als Festung
betrachtet mit Palissaden zu umgeben.

Sehr oft besucht' ich Professor Hoffmann, und
ward den Kryptogamen, die für mich immer eine un=
zugängliche Provinz gewesen, näher bekannt. Ich sah
bei ihm mit Bewunderung die Erzeugnisse colossaler
Farrenkräuter, die das sonst nur durch Mikroskope
Sichtbare dem gewöhnlichen Tagesblick entgegenführten.
Ein gewaltsamer Regenguß überschwemmte den untern
Garten, und einige Straßen von Göttingen standen
unter Wasser. Hieraus erwuchs uns eine sonderbare
Verlegenheit. Zu einem herrlichen, bei Hofrath Mar=
tens angestellten Gastmahl sollten wir uns in Porte=
chaisen hinbringen lassen. Ich kam glücklich durch,
allein der Freund, mit meinem Sohne zugleich ein=
geschachtelt, ward den Trägern zu schwer, sie setzten
wie bei trocknem Pflaster den Kasten nieder, und die
geputzten Insitzenden waren nicht wenig verwundert,
den Strom zu ihnen hereindringen zu fühlen.

Auch Professor Seyffer zeigte mir die Instru=
mente der Sternwarte mit Gefälligkeit umständlich
vor. Mehrere bedeutende Fremde, deren man auf
frequentirten Universitäten immer als Gäste zu finden
pflegt, lernt' ich daselbst kennen, und mit jedem Tag
vermehrte sich der Reichthum meines Gewinnes über
alles Erwarten. Und so hab' ich denn auch der freund=
lichen Theilnahme des Professor Sartorius zu gedenken,
der in allem und jedem Bedürfen, dergleichen man
an fremden Orten mehr oder weniger ausgesetzt ist,
mit Rath und That fortwährend zur Hand ging, um
durch ununterbrochene Geselligkeit die sämmtlichen Er=
eignisse meines dortigen Aufenthaltes zu einem nütz=
lichen und erfreulichen Ganzen zu verflechten.

Auch hatte derselbe in Gesellschaft mit Professor
Hugo die Geneigtheit einen Vortrag von mir zu ver=
langen, und was ich denn eigentlich bei meiner Farben=
lehre beabsichtige, näher zu vernehmen. Einem solchen
Antrage durft' ich wohl, halb Scherz, halb Ernst, zu
eigner Fassung und Übung nachgeben; doch konnte
bei meiner noch nicht vollständigen Beherrschung des
Gegenstandes dieser Versuch weder mir noch ihnen zur
Befriedigung ausschlagen.

So verbracht' ich denn die Zeit so angenehm als
nützlich, und mußte noch zuletzt gewahr werden, wie
gefährlich es sei sich einer so großen Masse von Ge=
lehrsamkeit zu nähern: denn indem ich, um einzelner
in mein Geschäft einschlagender Dissertationen willen,

ganze Bände dergleichen akademischer Schriften vor
mich legte, so fand ich nebenher allseitig so viel An=
lockendes, daß ich bei meiner ohnehin leicht zu er=
regenden Bestimmbarkeit und Vorkenntniß in vielen
Fächern, hier und da hingezogen ward und meine
Collectaneen eine bunte Gestalt anzunehmen drohten.
Ich faßte mich jedoch bald wieder in's Enge und wußte
zur rechten Zeit einen Abschluß zu finden.

Indeß ich nun eine Reihe von Tagen nützlich und
angenehm, wie es wohl selten geschieht, zubrachte, so
erlitt ich dagegen zur Nachtzeit gar manche Unbilden,
die im Augenblick höchst verdrießlich und in der Folge
lächerlich erscheinen.

Meine schöne und talentvolle Freundin Dem. Jage=
mann hatte kurz vor meiner Ankunft das Publicum
auf einen hohen Grad entzückt; Ehemänner gedachten
ihrer Vorzüge mit mehr Enthusiasmus als den Frauen
lieb war, und gleicherweise sah man eine erregbare
Jugend hingerissen; aber mir hatte die Superiorität
ihrer Natur= und Kunstgaben ein großes Unheil be=
reitet. Die Tochter meines Wirthes Dem. Krämer
hatte von Natur eine recht schöne Stimme, durch
Übung eine glückliche Ausbildung derselben erlangt,
ihr aber fehlte die Anlage zum Triller, dessen An=
muth sie nun von einer fremden Virtuosin in höchster
Vollkommenheit gewahr worden; nun schien sie alles
Übrige zu vernachlässigen und nahm sich vor, diese
Zierde des Gesanges zu erringen. Wie sie es damit

die Tage über gehalten, weiß ich nicht zu sagen, aber
Nachts, eben wenn man sich zu Bette legen wollte,
erstieg ihr Eifer den Gipfel: bis Mitternacht wieder=
holte sie gewisse cadenzartige Gänge, deren Schluß
mit einem Triller gekrönt werden sollte, meistens aber
häßlich entstellt, wenigstens ohne Bedeutung, abge=
schlossen wurde.

Andern Anlaß zur Verzweiflung gaben ganz ent=
gegengesetzte Töne; eine Hundeschaar versammelte sich
um das Eckhaus, deren Gebell anhaltend unerträglich
war. Sie zu verscheuchen, griff man nach dem ersten
besten Werfbaren, und da flog denn manches Ammons=
horn des Hainberges, von meinem Sohne mühsam
herbeigetragen, gegen die unwillkommenen Ruhestörer,
und gewöhnlich umsonst. Denn wenn wir alle ver=
scheucht glaubten, bellt' es immerfort bis wir endlich
entdeckten, daß über unsern Häuptern sich ein großer
Hund des Hauses am Fenster aufrecht gestellt seine
Kameraden durch Erwiderung hervorrief.

Aber dieß war noch nicht genug; aus tiefem Schlafe
weckte mich der ungeheure Ton eines Hornes, als wenn
es mir zwischen die Bettvorhänge hineinbliese. Ein
Nachtwächter unter meinem Fenster verrichtete sein Amt
auf seinem Posten, und ich war doppelt und dreifach
unglücklich, als seine Pflichtgenossen an allen Ecken
der auf die Allee führenden Straßen antworteten, um
durch erschreckende Töne uns zu beweisen, daß sie für
die Sicherheit unserer Ruhe besorgt seien. Nun er=

wachte die krankhafte Reizbarkeit, und es blieb mir nichts übrig, als mit der Polizei in Unterhandlung zu treten, welche die besondere Gefälligkeit hatte, erst eins, dann mehrere dieser Hörner um des wunderlichen Fremden willen zum Schweigen zu bringen, der im Begriff war die Rolle des Oheims in Humphry Klinker zu spielen, dessen ungeduldige Reizbarkeit durch ein paar Waldhörner zum thätigen Wahnsinn gesteigert wurde.

Belehrt, froh und dankbar reis'te ich den 14. August von Göttingen ab, besuchte die Basaltbrüche von Dransfeld, deren problematische Erscheinung schon damals die Naturforscher beunruhigte. Ich bestieg den hohen Hahn, auf welchem das schönste Wetter die weite Umsicht begünstigte, und den Begriff der Landschaft vom Harz her deutlicher fassen ließ. Ich begab mich nach Hannövrisch=Minden, dessen merkwürdige Lage auf einer Erdzunge, durch die Vereinigung der Werra und Fulda gebildet, einen sehr erfreulichen Anblick darbot. Von da begab ich mich nach Cassel, wo ich die Meinigen mit Prof. Meyer antraf; wir besahen unter Anleitung des wackern Rahl, dessen Gegenwart uns an den frühern römischen Aufenthalt gedenken ließ, Wilhelmshöhe an dem Tage, wo die Springwasser das mannichfaltige Park= und Garten=Local verherr=lichten. Wir beachteten sorgfältig die köstlichen Ge=mählde der Bildergalerie und des Schlosses, durch=wandelten das Museum und besuchten das Theater. Erfreulich war uns das Begegnen eines alten theil=

nehmenden Freundes, Major von Truchſeß, der in
frühern Jahren durch redliche Tüchtigkeit ſich in die
Reihe der Götze von Berlichingen zu ſtellen verdient
hatte.

Den 21. Auguſt gingen wir über Hoheneichen nach
Kreuzburg; am folgenden Tage, nachdem wir die Sa=
linen beſehen, gelangten wir nach Eiſenach, begrüßten
die Wartburg und den Mädelſtein, wo ſich manche
Erinnerung von zwanzig Jahren her belebte. Die An=
lagen des Handelsmanns Röſe waren zu einem neuen
unerwarteten Gegenſtand indeſſen herangewachſen.

Darauf gelangte ich nach Gotha, wo Prinz Auguſt
mich nach altem freundſchaftlichen Verhältniß in ſei=
nem angenehmen Sommerhauſe wirthlich aufnahm und
die ganze Zeit meines Aufenthalts eine im Engen ge=
ſchloſſene Tafel hielt; wobei der Herzog und die theuren
von Frankenbergiſchen Gatten niemals fehlten.

Herr von Grimm, der vor den großen revolu=
tionären Unbilden flüchtend, kurz vor Ludwig dem
Sechzehnten, glücklicher als dieſer von Paris entwichen
war, hatte bei dem altbefreundeten Hofe eine ſichre
Freiſtatt gefunden. Als geübter Weltmann und an=
genehmer Mitgaſt konnte er doch eine innere Bitterkeit
über den großen erduldeten Verluſt nicht immer ver=
bergen. Ein Beiſpiel wie damals aller Beſitz in nichts
zerfloß, ſei folgende Geſchichte: Grimm hatte bei ſeiner
Flucht dem Geſchäftsträger einige hunderttauſend
Franken in Aſſignaten zurückgelaſſen; dieſe wurden

durch Mandate noch auf geringeren Werth reducirt,
und als nun jeder Einsichtige, die Vernichtung auch
dieser Papiere voraus fürchtend, sie in irgend eine un=
zerstörliche Waare umzusetzen trachtete, — wie man
denn z. B. Reis, Wachslichter und was dergleichen nur
noch zum Verkaufe angeboten wurde, begierlich auf=
speicherte — so zauderte Grimms Geschäftsträger wegen
großer Verantwortlichkeit, bis er zuletzt in Verzweif=
lung noch etwas zu retten glaubte, wenn er die ganze
Summe für eine Garnitur Brüsseler Manschetten und
Busenkrause hingab. Grimm zeigte sie gern der Ge=
sellschaft, indem er launig den Vorzug pries, daß wohl
niemand so kostbare Staatszierden aufzuweisen habe.

Die Erinnerung früherer Zeiten, wo man in den
achtziger Jahren in Gotha gleichfalls zusammen ge=
wesen, sich mit poetischen Vorträgen, mit ästhetisch
literarischen Mittheilungen unterhalten, stach freilich
sehr ab gegen den Augenblick, wo eine Hoffnung nach
der andern verschwand, und man sich, wie bei einer
Sündfluth kaum auf den höchsten Gipfeln, so hier
kaum in der Nähe erhabener Gönner und Freunde ge=
sichert glaubte. Indessen fehlte es nicht an unter=
haltender Heiterkeit. Meinen eintretenden Geburtstag
wollte man mit gnädiger Aufmerksamkeit bei einem
solchen geschlossenen Mahle feiern; schon an den ge=
wöhnlichen Gängen sah man einigen Unterschied; bei'm
Nachtisch aber trat nun die sämmtliche Livrée des
Prinzen in stattlich gekleidetem Zug herein, voran der

Haushofmeister; dieser trug eine große, von bunten
Wachsstöcken flammende Torte, deren in's Halbhundert
sich belaufende Anzahl einander zu schmelzen und zu
verzehren drohte, anstatt daß bei Kinderfeierlichkeiten
5 der Art noch Raum genug für nächstfolgende Lebens=
kerzen übrig bleibt.

Auch mag dieß ein Beispiel sein, mit welcher an=
ständigen Naivetät man schon seit so viel Jahren einer
wechselseitigen Neigung sich zu erfreuen gewußt, wo
10 Scherz und Aufmerksamkeit, guter Humor und Gefällig=
keit, geistreich und wohlwollend das Leben durchaus
zierlich durchzuführen sich gemeinsam beeiferten.

In der besten Stimmung kehrte ich am 30. August
nach Weimar zurück, und vergaß über den neuan=
15 dringenden Beschäftigungen, daß mir noch irgend eine
Schwachheit als Folge des erduldeten Übels und einer
gewagten Cur möchte zurückgeblieben sein. Denn
mich empfingen schon zu der nunmehrigen dritten Aus=
stellung eingesendete Concurrenzstücke. Sie ward aber=
20 mals mit Sorgfalt eingerichtet, von Freunden, Nach=
barn und Fremden besucht, und gab zu mannichfaltigen
Unterhaltungen, zu näherer Kenntniß mitlebender
Künstler und der daraus herzuleitenden Beschäftigung
derselben Anlaß. Nach geendigter Ausstellung erhielt
25 der in der römisch antiken Schule zu schöner Form
und reinlichster Ausführung gebildete Nahl die Hälfte
des Preises, wegen Achill auf Skyros, Hoffmann aus
Cöln hingegen, der farben= und lebenslustigen nieder=

ländischen Schule entsprossen, wegen Achills Kampf
mit den Flüssen, die andere Hälfte; außerdem wurden
beide Zeichnungen honorirt und zur Verzierung der
Schloßzimmer aufbewahrt.

Und hier ist wohl der rechte Ort eines Haupt-
gedankens zu erwähnen, den der umsichtige Fürst den
Weimarischen Kunstfreunden zur Überlegung und
Ausführung gab.

Die Zimmer des neueinzurichtenden Schlosses sollten
nicht allein mit anständiger fürstlicher Pracht ausgestattet werden, sie sollten auch den Talenten gleichzeitiger Künstler zum Denkmal gewidmet sein. Am
reinsten und vollständigsten ward dieser Gedanke in dem
von durchlauchtigster Herzogin bewohnten Eckzimmer
ausgeführt, wo mehrere Concurrenz- und sonstige
Stücke gleichzeitiger deutscher Künstler, meist in Sepia,
unter Glas und Rahmen auf einfachen Grund ange-
bracht wurden. Und so wechselten auch in den übrigen
Zimmern Bilder von Hoffmann aus Cöln und Rahl
aus Cassel, von Heinrich Meyer aus Stäfa und Hum-
mel aus Neapel, Statuen und Basreliefe von Tieck,
eingelegte Arbeit und Flacherhobenes von Catel, in
geschmackvoller harmonischer Folge. Daß jedoch dieser
erste Vorsatz nicht durchgreifender ausgeführt worden,
davon mag der gewöhnliche Weltgang die Schuld
tragen, wo eine löbliche Absicht oft mehr durch den
Zwiespalt der Theilnehmenden, als durch äußere Hindernisse gefährdet wird.

Meiner Büste, durch Tieck mit großer Sorgfalt
gefertigt, darf ich einschaltend an dieser Stelle wohl
gedenken.

Was den Gang des Schloßbaues in der Haupt=
sache betrifft, so konnte man demselben mit desto mehr
Beruhigung folgen, als ein paar Männer wie Gentz
und Rabe, darin völlig aufgeklärt zu wirken ange=
fangen. Ihr zuverläßiges Verdienst überhob aller
Zweifel in einigen Fällen, die man sonst mit einer
gewissen Bangigkeit sollte betrachtet haben: denn im
Grunde war es ein wunderbarer Zustand. Die Mauern
eines alten Gebäudes standen gegeben, einige neuere,
ohne genugsame Umsicht darin vorgenommene An=
ordnungen schienen überdachteren Planen hinderlich,
und das Alte so gut als das Neue höheren und freieren
Unternehmungen im Wege; weßhalb denn wirklich
das Schloßgebäude manchmal aussah wie ein Gebirg,
aus dem man, nach indischer Weise, die Architektur
heraushauen wollte. Und so leiteten dießmal das
Geschäft gerade ein paar Männer, die freilich als
geistreiche Künstler mit frischem Sinn herankamen,
und von denen man nicht abermals abzuändernde
Abänderungen, sondern eine schließliche Feststellung
des Bleibenden zu erwarten hatte.

Ich wende nunmehr meine Betrachtungen zum
Theater zurück. Am 24. October, als am Jahrstag
des ersten Maskenspieles Paläophron und Neoterpe,
wurden die Brüder nach Terenz von Einsiedel be=

arbeitet aufgeführt, und so eine neue Folge theatra=
lischer Eigenheiten eingeleitet, die eine Zeit lang gelten,
Mannichfaltigkeit in die Vorstellungen bringen und zu
Ausbildung gewisser Fertigkeiten Anlaß geben sollten.

Schiller bearbeitete Lessings Nathan, ich blieb da=
bei nicht unthätig. Den 28. November ward er zum
erstenmal aufgeführt, nicht ohne bemerklichen Einfluß
auf die deutsche Bühne.

Schiller hatte die Jungfrau von Orleans in diesem
Jahr begonnen und geendigt: wegen der Aufführung
ergaben sich manche Zweifel, die uns der Freude be=
raubten ein so wichtiges Werk zuerst auf das Theater
zu bringen. Es war der Thätigkeit Ifflands vor=
behalten, bei den reichen Mitteln, die ihm zu Gebote
standen, durch eine glänzende Darstellung dieses Meister=
stücks sich für alle Zeiten in den Theater=Annalen
einen bleibenden Ruhm zu erwerben.

Nicht geringen Einfluß auf unsre dießjährigen
Leistungen erwies Mad. Unzelmann, welche zu Ende
Septembers in Hauptrollen bei uns auftreten sollte.
Gar manches Unbequeme ja Schädliche hat die Er=
scheinung von Gästen auf dem Theater; wir lehnten
sie sonst möglich ab, wenn sie uns nicht Gelegenheit
gaben, sie als neue Anregung und Steigerung unserer
bleibenden Gesellschaft zu benutzen, dieß konnte nur
durch vorzügliche Künstler geschehen. Mad. Unzel=
mann gab acht wichtige Vorstellungen hinter einander,
bei welchen das ganze Personal in bedeutenden Rollen

auftrat und schon an und für sich, zugleich aber im
Verhältniß zu dem neuen Gaste, das Möglichste zu
leisten hatte. Dieß war von unschätzbarer Anregung.
Nichts ist trauriger als der Schlendrian, mit dem sich
der Einzelne ja eine Gesammtheit hingehen läßt; aber
auf dem Theater ist es das Allerschlimmste, weil hier
augenblickliche Wirkung verlangt wird, und nicht
etwa ein durch die Zeit selbst sich einleitender Erfolg
abzuwarten ist. Ein Schauspieler, der sich vernach=
lässigt, ist mir die widerwärtigste Creatur von der
Welt, meist ist er incorrigibel, deßhalb sind neues
Publicum und neue Rivale unentbehrliche Reizmittel:
jenes läßt ihm seine Fehler nicht hingehen, dieser
fordert ihn zu schuldiger Anstrengung auf. Und so
möge denn nun auch das auf dem deutschen Theater
unaufhaltsame Gastrollenspielen sich zum allgemeinen
Besten wirksam erweisen.

Stolbergs öffentlicher Übertritt zum katholi=
schen Cultus zerriß die schönsten früher geknüpften
Bande. Ich verlor dabei nichts, denn mein näheres
Verhältniß zu ihm hatte sich schon längst in all=
gemeines Wohlwollen aufgelös't. Ich fühlte früh für
ihn als einen wackern, liebenswürdigen, liebenden
Mann wahrhafte Neigung; aber bald hatte ich zu
bemerken, daß er sich nie auf sich selbst stützen
werde, und sodann erschien er mir als einer der
außer dem Bereich meines Bestrebens Heil und Be=
ruhigung suche.

Auch überraschte mich dieses Ereigniß keineswegs,
ich hielt ihn längst für katholisch, und er war es ja
der Gesinnung, dem Gange, der Umgebung nach, und
so konnt' ich mit Ruhe dem Tumulte zusehen, der
aus einer späten Manifestation geheimer Mißverhält= 5
nisse zuletzt entspringen mußte.

1802.

Auf einen hohen Grad von Bildung waren schon
Bühne und Zuschauer gelangt. Über alles Erwarten
glückten die Vorstellungen von Jon (Jan. 4.), Turan= 10
dot (Jan. 30.), Iphigenia (Mai 15.), Alarcos
(Mai 29.), sie wurden mit größter Sorgfalt trefflich
gegeben; letzterer konnte sich jedoch keine Gunst er=
werben. Durch diese Vorstellungen bewiesen wir daß
es Ernst sei, alles was der Aufmerksamkeit würdig 15
wäre einem freien reinen Urtheil aufzustellen; wir
hatten aber dießmal mit verdrängendem ausschließen=
dem Parteigeist zu kämpfen.

Der große Zwiespalt der sich in der deutschen
Literatur hervorthat, wirkte, besonders wegen der 20
Nähe von Jena, auf unsern Theaterkreis. Ich hielt
mich mit Schillern auf der einen Seite, wir bekannten
uns zu der neuern strebenden Philosophie und einer
daraus herzuleitenden Ästhetik, ohne viel auf Persön=
lichkeiten zu achten, die nebenher im Besondern ein 25
muthwilliges und freches Spiel trieben.

Nun hatten die Gebrüder Schlegel die Gegenpartei
am tiefsten beleidigt, deßhalb trat schon am Vor=
stellungsabend Jons, dessen Verfasser kein Geheimniß
geblieben war, ein Oppositions=Versuch unbescheiden
5 hervor; in den Zwischenacten flüsterte man von aller=
lei Tadelnswürdigem, wozu denn die freilich etwas
bedenkliche Stellung der Mutter erwünschten Anlaß
gab. Ein sowohl den Autor als die Intendanz an=
greifender Aufsatz war in das Mode=Journal pro=
10 jectirt, aber ernst und kräftig zurückgewiesen; denn
es war noch nicht Grundsatz, daß in demselbigen
Staat, in derselbigen Stadt es irgend einem Glied
erlaubt sei, das zu zerstören was andere kurz vorher
aufgebaut hatten.

15   Wir wollten ein für allemal den Klatsch des Tages
auf unserer Bühne nicht dulden, indeß der andern
Partei gerade daran gelegen war sie zum Tummel=
platz ihres Mißwollens zu entwürdigen. Deßhalb
gab es einen großen Kampf, als ich aus den Klein=
20 städtern alles ausstrich was gegen die Personen ge=
richtet war, die mit mir in der Hauptsache überein=
stimmten, wenn ich auch nicht jedes Verfahren billigen,
noch ihre sämmtlichen Productionen lobenswerth finden
konnte. Man regte sich von der Gegenseite gewaltig,
25 und behauptete, daß wenn der Autor gegenwärtig sei,
man mit ihm Rath zu pflegen habe. Es sei mit
Schillern geschehen und ein anderer könne das Gleiche
fordern. Diese wunderliche Schlußfolge konnte bei

mir aber nicht gelten; Schiller brachte nur edel Auf=
regendes, zum Höheren Strebendes auf die Bühne,
jene aber Niederziehendes, das problematisch Gute
Entstellendes und Vernichtendes herbei; und das ist
das Kunststück solcher Gesellen, daß sie jedes wahre
reine Verhältniß mißachtend ihre Schlechtigkeiten in
die lässige Nachsicht einer geselligen Convenienz ein=
zuschwärzen wissen. Genug, die bezeichneten Stellen
blieben verbannt, und ich gab mir die Mühe alle
entstandenen Lücken durch allgemeinen Scherz wieder
auszufüllen, wodurch mir eben auch gelang das Lachen
der Menge zu erregen.

Dieses alles aber waren nur Kleinigkeiten gegen
den entschiedenen Riß, der wegen eines am fünften
März zu feiernden Festes in der Weimarischen Socie=
tät sich ereignete. Die Sachen standen so, daß es
früher oder später dazu kommen mußte, warum gerade
gedachter Tag erwählt war, ist mir nicht erinnerlich,
genug an demselben sollte zu Ehren Schillers eine
große Exhibition von mancherlei auf ihn und seine
Werke bezüglichen Darstellungen in dem großen, von
der Gemeine ganz neu decorirten Stadthaussaale Platz
finden. Die Absicht war offenbar Aufsehen zu er=
regen, die Gesellschaft zu unterhalten, den Theil=
nehmenden zu schmeicheln, sich dem Theater ent=
gegen zu stellen, der öffentlichen Bühne eine ge=
schlossene entgegen zu setzen, Schillers Wohlwollen
zu erschleichen, mich durch ihn zu gewinnen, oder,

wenn das nicht gelingen sollte, ihn von mir ab=
zuziehen.

Schillern war nicht wohl zu Muthe bei der Sache:
die Rolle die man ihn spielen ließ, war immer ver=
fänglich, unerträglich für einen Mann von seiner
Art, wie für jeden Wohldenkenden, so als eine Ziel=
scheibe fratzenhafter Verehrungen in Person vor großer
Gesellschaft dazustehn. Er hatte Lust sich krank zu
melden, doch war er, geselliger als ich, durch Frauen=
und Familienverhältnisse mehr in die Societät ver=
flochten, fast genöthigt diesen bittern Kelch auszu=
schlürfen. Wir setzten voraus daß es vor sich gehen
würde, und scherzten manchen Abend darüber; er
hätte krank werden mögen, wenn er an solche Zu=
dringlichkeiten gedachte.

So viel man vernehmen konnte sollten manche
Gestalten der Schillerschen Stücke vortreten; von einer
Jungfrau von Orleans war man's gewiß. Helm
und Fahne, durch Bildschnitzer und Vergulder be=
haglich über die Straßen in ein gewisses Haus ge=
tragen, hatte großes Aufsehen erregt und das Geheim=
niß voreilig ausgesprengt. Die schönste Rolle aber
hatte sich der Chorführer selbst vorbehalten; eine ge=
mauerte Form sollte vorgebildet werden, der edle
Meister im Schurzfell daneben stehen, nach gesproch=
nem geheimnißvollen Gruße, nach geflossener glühender
Masse sollte endlich aus der zerschlagenen Form
Schillers Büste hervortreten. Wir belustigten uns

an diesem nach und nach sich verbreiteten Geheimniß,
und sahen den Handel gelassen vorwärts gehen.

Nur hielt man uns für allzugutmüthig, als man
uns selbst zur Mitwirkung aufforderte. Schillers
einzige Original=Büste, auf der Weimarischen Bi=
bliothek befindlich, eine frühere herzliche Gabe Dann=
eckers, wurde zu jenem Zwecke verlangt und aus dem
ganz natürlichen Grunde abgeschlagen, weil man noch
nie eine Gypsbüste unbeschädigt von einem Feste
zurückerhalten habe. Noch einige andere, von andern
Seiten her zufällig eintretende Verweigerungen er=
regten jene Verbündeten auf's höchste; sie bemerkten
nicht daß mit einigen diplomatisch=klugen Schritten
alles zu beseitigen sei, und so glich nichts dem Er=
staunen, dem Befremden, dem Ingrimm, als die
Zimmerleute, die mit Stollen, Latten und Brettern
angezogen kamen, um das dramatische Gerüst auf=
zuschlagen, den Saal verschlossen fanden, und die Er=
klärung vernehmen mußten: er sei erst ganz neu
eingerichtet und decorirt, man könne daher ihn zu
solchem tumultuarischen Beginnen nicht einräumen,
da sich niemand des zu befürchtenden Schadens ver=
bürgen könne.

Das erste Finale des unterbrochenen Opferfestes
macht nicht einen so entsetzlichen Spectakel als diese
Störung, ja Vernichtung des löblichsten Vorsatzes,
zuerst in der oberen Societät und sodann stufenweise
durch alle Grade der sämmtlichen Population an=

richtete. Da nun der Zufall unterschiedliche, jenem
Vorhaben in den Weg tretende Hindernisse dergestalt
geschickt combinirt hatte, daß man darin die Leitung
eines einzigen feindlichen Princips zu erkennen glaubte;
⁵ so war ich es, auf den der heftigste Grimm sich richtete,
ohne daß ich es jemand verargen mochte. Man hätte
aber bedenken sollen, daß ein Mann wie Kotzebue,
der durch vielfache Anlässe nach manchen Seiten hin
Mißwollen erregt, sich gelegentlich feindselige Wirkungen
¹⁰ schneller da= und dorther zuzieht, als einer verabredeten
Verschwörung zu veranlassen jemals gelingen würde.

War nun eine bedeutende höhere Gesellschaft auf
der Seite des Widersachers, so zeigte die mittlere
Classe sich ihm abgeneigt, und brachte alles zur
¹⁵ Sprache, was gegen dessen erste jugendliche Unfertig=
keiten zu sagen war, und so wogten die Gesinnungen
gewaltsam wider einander.

Unsere höchsten Herrschaften hatten von ihrem er=
habenen Standort, bei großartigem freiem Umblick,
²⁰ diesen Privathändeln keine Aufmerksamkeit zugewendet;
der Zufall aber, der, wie Schiller sagt, oft naiv ist,
sollte dem ganzen Ereigniß die Krone aufsetzen, indem
gerade in dem Moment der verschließende Burgemeister,
als verdienter Geschäftsmann, durch ein Decret die
²⁵ Auszeichnung als Rath erhielt. Die Weimaraner,
denen es an geistreichen, das Theater mit dem Leben
verknüpfenden Einfällen nie gefehlt hat, gaben ihm
daher den Namen des Fürsten Piccolomini, ein Prä=

dicat, daß ihm auch ziemlich lange in heiterer Gesell=
schaft verblieben ist.

Daß eine solche Erschütterung auch in der Folge
auf unsern geselligen Kreis schädlich eingewirkt habe,
läßt sich denken; was mich davon zunächst betroffen,
möge hier gleichfalls Platz finden.

Schon im Lauf des vergangenen Winters hielt
sich, ganz ohne speculative Zwecke, eine edle Gesell=
schaft zu uns, an unserm Umgang und sonstigen
Leistungen sich erfreuend. Bei Gelegenheit der Pikniks
dieser geschlossenen Vereinigung, die in meinem Hause,
unter meiner Besorgung, von Zeit zu Zeit gefeiert
wurden, entstanden mehrere nachher in's Allgemeine
verbreitete Gesänge. So war das bekannte: „Mich
ergreift ich weiß nicht wie," zu dem 22. Februar ge=
dichtet, wo der durchlauchtigste Erbprinz, nach Paris
reisend, zum letztenmal bei uns einkehrte, worauf
denn die dritte Strophe des Liedes zu deuten ist.
Eben so hatten wir schon das neue Jahr begrüßt
und im Stiftungsliede: „Was gehst du schöne Nach=
barin" konnten sich die Glieder der Gesellschaft, als
unter leichte Masken verhüllt, gar wohl erkennen.
Ferner ward ich noch andere durch Naivetät vorzüg=
lich ansprechende Gesänge dieser Vereinigung schuldig,
wo Neigung ohne Leidenschaft, Wetteifer ohne Neid,
Geschmack ohne Anmaßung, Gefälligkeit ohne Ziererei
und, zu all dem, Natürlichkeit ohne Rohheit, wechsel=
seitig in einander wirkten.

Nun hatten wir freilich den Widersacher, unge=
achtet mancher seiner anklopfenden klüglichen Versuche
nicht hereingelassen, wie er denn niemals mein Haus
betrat; weßhalb er genöthigt war sich eine eigene
Umgebung zu bilden, und dieß ward ihm nicht schwer.
Durch gefälliges, bescheiden zudringliches Weltwesen
wußte er wohl einen Kreis um sich zu versammeln;
auch Personen des unsrigen traten hinüber. Wo die
Geselligkeit Unterhaltung findet, ist sie zu Hause.
Alle freuten sich an dem Feste des fünften März
activen Theil zu nehmen, deßhalb ich denn, als ver=
meintlicher Zerstörer solches Freuden= und Ehrentages,
eine Zeit lang verwünscht wurde. Unsere kleine Ver=
sammlung trennte sich, und Gesänge jener Art ge=
langen mir nie wieder.

Alles jedoch was ich mir mit Schillern und andern
verbündeten thätigen Freunden vorgesetzt, ging un=
aufhaltsam seinen Gang; denn wir waren im
Leben schon gewohnt den Verlust hinter uns zu
lassen, und den Gewinn im Auge zu behalten. Und
hier konnte es um desto eher geschehen, als wir
von den erhabenen Gesinnungen der allerobersten
Behörden gewiß waren, welche nach einer höhern
Ansicht die Hof= und Stadt=Abenteuer als gleich=
gültig vorübergehend, sogar manchmal als unter=
haltend betrachteten.

Ein Theater das sich mit frischen jugendlichen
Subjecten von Zeit zu Zeit erneuert, muß lebendige

Fortschritte machen; hierauf nun war beständig unser
Absehn gerichtet.

Am 17. Februar betrat Dlle. Maas zum ersten=
mal unsere Bühne. Ihre niedliche Gestalt, ihr an=
muthig natürliches Wesen, ein wohltlingendes Organ,
kurz das Ganze ihrer glücklichen Individualität ge=
wann sogleich das Publicum. Nach drei Proberollen:
als Mädchen von Marienburg, als Rosine in Jurist
und Bauer, als Lottchen im Deutschen Hausvater,
ward sie engagirt, und man konnte sehr bald bei
Besetzung wichtiger Stücke auf sie rechnen. Am
29. November machten wir abermals eine hoffnungs=
volle Acquisition. Aus Achtung für Mad. Unzelmann, aus Neigung zu derselben, als einer allerliebsten
Künstlerin, nahm ich ihren zwölfjährigen Sohn auf
gut Glück nach Weimar. Zufällig prüft' ich ihn auf
eine ganz eigene Weise. Er mochte sich eingerichtet
haben mir mancherlei vorzutragen; allein ich gab ihm
ein zur Hand liegendes orientalisches Mährchenbuch,
woraus er auf der Stelle ein heiteres Geschichtchen
las, mit so viel natürlichem Humor, Charakteristik
im Ausdruck bei'm Personen= und Situationswechsel,
daß ich nun weiter keinen Zweifel an ihm hegte. Er
trat in der Rolle als Görge in den beiden Billets
mit Beifall auf, und zeigte sich besonders in natür=
lich humoristischen Rollen auf's wünschenswertheste.

Indeß nun auf unserer Bühne die Kunst in
jugendlich lebendiger Thätigkeit fortblühte, ereignete

sich ein Todesfall, dessen zu erwähnen ich für Pflicht
halte.

Corona Schröter starb, und da ich mich gerade
nicht in der Verfassung fühlte ihr ein wohlverdientes
Denkmal zu widmen, so schien es mir angenehm
wunderbar, daß ich ihr vor so viel Jahren ein An=
denken stiftete, das ich jetzt charakteristischer nicht zu
errichten gewußt hätte. Es war ebenmäßig bei einem
Todesfalle, bei dem Abscheiden Miedings des Theater=
decorateurs, daß in ernster Heiterkeit der schönen
Freundin gedacht wurde. Gar wohl erinnere ich mich
des Trauergedichts, auf schwarz gerändertem Papier
für das Tiefurter Journal reinlichst abgeschrieben.
Doch für Coronen war es keine Vorbedeutung, ihre
schöne Gestalt, ihr munterer Geist erhielten sich noch
lange Jahre; sie hätte wohl noch länger in der Nähe
einer Welt bleiben sollen, aus der sie sich zurück=
gezogen hatte.

Nachträglich zu den Theaterangelegenheiten ist noch
zu bemerken, daß wir in diesem Jahr uns gutmüthig
beigehen ließen, auf ein Intriguen=Stück einen Preis
zu setzen. Wir erhielten nach und nach ein Dutzend,
aber meist von so desperater und vertracter Art,
daß wir nicht genugsam uns wundern konnten, was
für seltsame falsche Bestrebungen im lieben Vater=
lande heimlich obwalteten, die denn bei solchem Auf=
ruf sich an das Tageslicht drängten. Wir hielten
unser Urtheil zurück, da eigentlich keins zu fällen

war, und lieferten auf Verlangen den Autoren ihre
Productionen wieder aus.

Auch ist zu bemerken, daß in diesem Jahre Calde=
ron, den wir dem Namen nach Zeit unseres Lebens
kannten, sich zu nähern anfing und uns gleich bei
den ersten Musterstücken in Erstaunen setzte.

————

Zwischen alle diese vorerzählten Arbeiten und
Sorgen schlangen sich gar manche unangenehme Be=
mühnungen, im Gefolg der Pflichten, die ich gegen die
Museen zu Jena seit mehreren Jahren übernommen
und durchgeführt hatte.

Der Tod des Hofraths Büttner, der sich in der
Mitte des Winters ereignete, legte mir ein mühevolles
und dem Geiste wenig fruchtendes Geschäft auf. Die
Eigenheiten dieses wunderlichen Mannes lassen sich
in wenige Worte fassen: unbegränzte Neigung zum
wissenschaftlichen Besitz, beschränkte Genauigkeitsliebe
und völliger Mangel an allgemein überschauendem
Ordnungsgeiste. Seine ansehnliche Bibliothek zu ver=
mehren wendete er die Pension an, die man ihm jähr=
lich für die schuldige Summe der Stammbibliothek
darreichte. Mehrere Zimmer im Seitengebäude des
Schlosses waren ihm zur Wohnung eingegeben, und
diese sämmtlich besetzt und belegt. In allen Auctio=
nen bestellte er sich Bücher, und als der alte Schloß=
voigt, sein Commissionär, ihm einstmals eröffnete:
daß ein bedeutendes Buch schon zweimal vorhanden

sei, hieß es dagegen: ein gutes Buch könne man nicht
oft genug haben.

Nach seinem Tode fand sich ein großes Zimmer,
auf dessen Boden die sämmtlichen Auctionserwerb=
niſſe, partienweis wie sie angekommen, neben ein=
ander hingelegt waren. Die Wandschränke standen
gefüllt, in dem Zimmer selbst konnte man keinen
Fuß vor den andern setzen. Auf alte gebrechliche
Stühle waren Stöße roher Bücher, wie sie von der
Messe kamen, gehäuft; die gebrechlichen Füße knickten
zusammen, und das Neue schob sich flötzweise über
das Alte hin.

In einem andern Zimmer lehnten, an den Wänden
umher gethürmt, planirte, gefalzte Bücher, wozu der
Probeband erst noch hinzugelegt werden sollte. Und
so schien dieser wackre Mann, im höchſten Alter die
Thätigkeit seiner Jugend fortzusetzen begierig, endlich
nur in Velleitäten verloren. Denke man sich andere
Kammern mit brauchbarem und unbrauchbarem physi=
kalisch=chemischem Apparat überstellt, und man wird
die Verlegenheit mitfühlen, in der ich mich befand,
als dieser Theil des Nachlasses, von dem seiner Erben
gesondert, übernommen und aus dem Quartiere, das
schon längſt zu andern Zwecken bestimmt gewesen,
tumultuarisch ausgeräumt werden mußte. Darüber
verlor ich meine Zeit, vieles kam zu Schaden, und
mehrere Jahre reichten nicht hin die Verworrenheit
zu lösen.

Wie nöthig in solchem Falle eine persönlich ent=
scheidende Gegenwart sei, überzeugt man sich leicht.
Denn da wo nicht die Rede ist das Beste zu leisten,
sondern das Schlimmere zu vermeiden, entstehen un=
auflösliche Zweifel, welche nur durch Entschluß und　5
That zu beseitigen sind.

Leider ward ich zu einem andern gleichfalls dringen=
den Geschäft abgerufen, und hatte mich glücklich zu
schätzen, solche Mitarbeiter zu hinterlassen, die in be=
sprochenem Sinne die Arbeit einige Zeit fortzuführen　10
so fähig als geneigt waren.

Schon mehrmals war im Lauf unsrer Theater=
geschichten von dem Vortheil die Rede gewesen, welche
der Lauchstädter Sommeraufenthalt der Weimarischen
Gesellschaft bringe; hier ist aber dessen ganz besonders　15
zu erwähnen. Die dortige Bühne war von Bellomo
so ökonomisch als möglich eingerichtet; ein paar auf
einem freien Platz stehende hohe Bretergiebel, von
welchen zu beiden das Pultdach bis nahe zur Erde
reichte, stellten diesen Musentempel dar; der innere　20
Raum war der Länge nach durch zwei Wände getheilt,
wovon der mittlere dem Theater und den Zuschauern
gewidmet war, die beiden niedrigen schmalen Seiten
aber den Garderoben. Nun aber, bei neuerer Be=
lebung und Steigerung unserer Anstalt, forderten so=　25
wohl die Stücke als die Schauspieler, besonders aber

auch das Hallische und Leipziger theilnehmende Publi=
cum ein würdiges Local.

Der mehrere Jahre lang erst sachte, dann leb=
hafter betriebene Schloßbau zu Weimar rief talentvolle
Baumeister heran, und wie es immer war und sein
wird: wo man bauen sieht, regt sich die Lust zum
Bauen. Wie sich's nun vor einigen Jahren auswies,
da wir, durch die Gegenwart des Herrn Thouret be=
günstigt, das Weimarische Theater würdig einrichteten,
so fand sich auch dießmal, daß die Herren Gentz und
Rabe aufgefordert wurden, einem Lauchstädter Haus=
bau die Gestalt zu verleihen.

Die Zweifel gegen ein solches Unternehmen waren
vielfach zur Sprache gekommen. In bedeutender Ent=
fernung, auf fremdem Grund und Boden, bei ganz
besondern Rücksichten der dort Angestellten, schienen
die Hindernisse kaum zu beseitigen. Der Platz des
alten Theaters war zu einem größern Gebäude nicht
geeignet, der schöne einzig schickliche Raum strittig
zwischen verschiedenen Gerichtsbarkeiten, und so trug
man Bedenken, das Haus dem strengen Sinne nach
ohne rechtlichen Grund aufzuerbauen. Doch von dem
Drang der Umstände, von unruhiger Thätigkeit, von
leidenschaftlicher Kunstliebe, von unversiegbarer Pro=
ductivität getrieben beseitigten wir endlich alles Ent=
gegenstehende; ein Plan ward entworfen, ein Modell
der eigentlichen Bühne gefertigt, und im Februar
hatte man sich schon über das was geschehen sollte,

vereinigt. Abgewiesen ward vor allen Dingen die Hüttenform, die das Ganze unter Ein Dach begreift. Eine mäßige Vorhalle für Casse und Treppen sollte angelegt werden, dahinter der höhere Raum für die Zuschauer emporsteigen, und ganz dahinter der höchste für's Theater.

Viel, ja alles kommt darauf an, wo ein Gebäude stehe. Dieß ward an Ort und Stelle mit größter Sorgfalt bedacht, und auch nach der Ausführung konnte man es nicht besser verlangen. Der Bau ging nun kräftig vor sich: im März lag das accordirte Holz freilich noch bei Saalfeld eingefroren, dessen ungeachtet aber spielten wir den 26. Juni zum erstenmal. Das ganze Unternehmen in seinem Detail, das Günstige und Ungünstige in seiner Eigenthümlichkeit, wie es unsere Thatlust drei Monate lang unterhielt, Mühe, Sorge, Verdruß brachte und durch alles hindurch persönliche Aufopferung forderte, dieß zusammen würde einen kleinen Roman geben, der als Symbol größerer Unternehmungen sich ganz gut zeigen könnte.

Nun ist das Eröffnen, Einleiten, Einweihen solcher Anstalten immer bedeutend. In solchem Falle ist die Aufmerksamkeit gereizt, die Neugierde gespannt und die Gelegenheit recht geeignet, das Verhältniß der Bühne und des Publicums zur Sprache zu bringen. Man versäumte daher diese Epoche nicht und stellte in einem Vorspiel, auf symbolische und allegorische

Weise, dasjenige vor, was in der letzten Zeit auf dem
deutschen Theater überhaupt, besonders auf dem
Weimarischen geschehen war. Das Possenspiel, das
Familiendrama, die Oper, die Tragödie, das Naive
5 so wie das Maskenspiel producirten sich nach und
nach in ihren Eigenheiten, spielten und erklärten sich
selbst, oder wurden erklärt, indem die Gestalt eines
Mercur das Ganze zusammenknüpfte, auslegte, deutete.

Die Verwandlung eines schlechten Bauernwirths-
10 hauses in einen theatralischen Palast, wobei zugleich
die meisten Personen in eine höhere Sphäre versetzt
worden, beförderte heiteres Nachdenken.

Den 6. Juni begab ich mich nach Jena, und
schrieb das Vorspiel ungefähr in acht Tagen; die letzte
15 Hand war in Lauchstädt selbst angelegt, und bis zur
letzten Stunde memorirt und geübt. Es that eine
liebliche Wirkung, und lange Jahre erinnerte sich
mancher Freund, der uns dort besuchte, jener hoch-
gesteigerten Kunstgenüsse.

20 Mein Lauchstädter Aufenthalt machte mir zur
Pflicht, auch Halle zu besuchen, da man uns von
dorther nachbarlich, um des Theaters, auch um persönlicher Verhältnisse willen, mit öfterem Zuspruch
beehrte. Ich nenne Geh. Rath Wolf, mit welchem
25 einen Tag zuzubringen ein ganzes Jahr gründlicher
Belehrung einträgt; Kanzler Niemeyer, der so
thätigen Theil unsern Bestrebungen schenkte, daß er
die Andria zu bearbeiten unternahm, wodurch wir

denn die Summe unsrer Maskenspiele zu erweitern und zu vermannichfaltigen glücklichen Anlaß fanden.

Und so war die sämmtliche gebildete Umgebung mit gleicher Freundlichkeit, mich und die Anstalt, die mir so sehr am Herzen lag, geneigt zu befördern. Die Nähe von Giebichenstein lockte zu Besuchen bei dem gastfreien Reichardt; eine würdige Frau, anmuthige schöne Töchter, sämmtlich vereint, bildeten in einem romantisch-ländlichen Aufenthalte einen höchst gefälligen Familienkreis, in welchem sich bedeutende Männer aus der Nähe und Ferne kürzere oder längere Zeit gar wohl gefielen, und glückliche Verbindungen für das Leben anknüpften.

Auch darf nicht übergangen werden, daß ich die Melodien, welche Reichardt meinen Liedern am frühsten vergönnt, von der wohlklingenden Stimme seiner ältesten Tochter gefühlvoll vortragen hörte.

Übrigens bliebe noch gar manches bei meinem Aufenthalt in Halle zu bemerken. Den botanischen Garten unter Sprengels Leitung zu betrachten, das Meckelische Kabinett, dessen Besitzer ich leider nicht mehr am Leben fand, zu meinen besondern Zwecken aufmerksam zu beschauen, war nicht geringer Gewinn; denn überall, sowohl an den Gegenständen als aus den Gesprächen, konnte ich etwas entnehmen, was mir zu mehrerer Vollständigkeit und Förderniß meiner Studien diente.

Einen gleichen Vortheil, der sich immer bei akade-

mischem Aufenthalt hervorthut, fand ich in Jena
während des Augustmonats. Mit Lodern wurden
früher angemerkte anatomische Probleme durchge=
sprochen; mit Himly gar vieles über das subjective
Sehen und die Farbenerscheinung verhandelt. Oft
verloren wir uns so tief in den Text, daß wir über
Berg und Thal bis in die tiefe Nacht herum wan=
derten. Voß war nach Jena gezogen und zeigte Lust
sich anzukaufen; seine große umsichtige Gelehrsamkeit,
wie seine herrlichen poetischen Darstellungen, die
Freundlichkeit seiner häuslichen Existenz zog mich an,
und mir war nichts angelegener, als mich von seinen
rhythmischen Grundsätzen zu überzeugen. Dadurch
ergab sich denn ein höchst angenehmes und frucht=
bares Verhältniß.

Umgeben von den Museen und von allem, was
mich früh zu den Naturwissenschaften angeregt und
gefördert hatte, ergriff ich jede Gelegenheit, auch hier
mich zu vervollständigen. Die Wolfsmilchsraupe war
dieses Jahr häufig und kräftig ausgebildet, an vielen
Exemplaren studirte ich das Wachsthum bis zu dessen
Gipfel, so wie den Übergang zur Puppe. Auch hier
ward ich mancher trivialen Vorstellungen und Be=
griffe los.

Auch die vergleichende Knochenlehre, die ich beson=
ders mit mir immer im Gedanken herumführte, hatte
großen Theil an meinen beschäftigten Stunden.

Das Abscheiden des verdienstreichen Batsch ward,

als Verlust für die Wissenschaft, für die Akademie,
für die naturforschende Gesellschaft, tief empfunden.
Leider wurde das von ihm gesammelte Museum durch
ein wunderliches Verhältniß zerstückt und zerstreut.
Ein Theil gehörte der naturforschenden Gesellschaft;
dieser folgte den Directoren, oder vielmehr einer
höhern Leitung, die mit bedeutendem Aufwande die
Schulden der Societät bezahlte und ein neues unent=
geltliches Locale für die vorhandenen Körper anwies.
Der andere Theil konnte, als Eigenthum des Ver=
storbenen, dessen Erben nicht bestritten werden. Eigent=
lich hätte man das kaum zu trennende Ganze mit
etwas mehrerem Aufwand herübernehmen und zu=
sammenhalten sollen, allein die Gründe warum es
nicht geschah, waren auch von Gewicht.

Ging nun hier etwas verloren, so war in der
späteren Jahrszeit ein neuer vorausgesehener Gewinn
beschieden. Das bedeutende Mineralienkabinett des
Fürsten Gallitzin, das er als Präsident derselben ihr
zugedacht hatte, sollte nach Jena geschafft und nach
der von ihm beliebten Ordnung aufgestellt werden.
Dieser Zuwachs gab dem ohnehin schon wohlversehenen
Museum einen neuen Glanz. Die übrigen wissen=
schaftlichen Anstalten, meiner Leitung untergeben, er=
hielten sich in einem mäßigen, von der Casse ge=
botenen Zustand.

Belebt sodann war die Akademie durch bedeutende
Studirende, die durch ihr Streben und Hoffen auch

den Lehrern gleichen jugendlichen Muth gaben. Von
bedeutenden, einige Zeit sich aufhaltenden Fremden
nenne: von Podmanitzky, der vielseitig unterrichtet
an unserm Wollen und Wirken Theil nehmen und
⁵ thätig mit eingreifen mochte.

Neben allem diesem wissenschaftlichen Bestreben
hatte die Jenaische Geselligkeit nichts von ihrem
heitern Charakter verloren. Neue heranwachsende,
hinzutretende Glieder vermehrten die Anmuth und
¹⁰ ersetzten reichlich, was mir in Weimar auf einige
Zeit entgangen war.

Wie gern hätte ich diese in jedem Sinne angeneh=
men und belehrenden Tage noch die übrige schöne
Herbstzeit genossen, allein die vorzubereitende Aus=
¹⁵ stellung trieb mich nach Weimar zurück, womit ich
denn auch den September zubrachte. Denn bis die
angekommenen Stücke sämmtlich ein= und aufgerahmt
wurden, bis man sie in schicklicher Ordnung in gün=
stigem Lichte aufgestellt und den Beschauern einen
²⁰ würdigen Anblick vorbereitet hatte, war Zeit und
Mühe nöthig, besonders da ich alles mit meinem
Freunde Meyer selbst verrichtete, und auf ein sorg=
fältiges Zurücksenden Bedacht zu nehmen hatte.

Perseus und Andromeda war der für die dieß=
²⁵ jährige vierte Ausstellung bearbeitete Gegenstand.
Auch dabei hatten wir die Absicht, auf die Herrlich=
keit der äußern menschlichen Natur in jugendlichen
Körpern beiderlei Geschlechts aufmerksam zu machen:

denn wo sollte man den Gipfel der Kunst finden, als auf der Blüthenhöhe des Geschöpfs nach Gottes Ebenbilde.

Ludwig Hummeln, geboren in Neapel, wohnhaft in Cassel, war der Preis zu erkennen; er hatte mit zartem Kunstsinn und Gefühl den Gegenstand behandelt. Andromeda stand aufrecht in der Mitte des Bildes am Felsen, ihre schon befreite linke Hand konnte durch Heranziehen einiger Falten des Mantels Bescheidenheit und Schamhaftigkeit bezeichnen; ausruhend saß Perseus auf dem Haupte des Ungeheuers zu ihrer Seite, und gegenüber lös'te ein hraneilender Genius so eben die Fesseln der rechten Hand. Seine bewegte Jünglingsgestalt erhöhte die Schönheit und Kraft des würdigen Paares.

Einer Landschaft von Rohden aus Cassel ward in diesem Fach der Preis zuerkannt. Die Jenaische allgemeine Literaturzeitung vom Jahr 1803 erhält durch einen Umriß des historischen Gemähldes das Andenken des Bildes und durch umständliche Beschreibung und Beurtheilung der eingesendeten Stücke die Erinnerung jener Thätigkeit.

Indem wir nun aber uns auf jede Weise bemühten, dasjenige in Ausübung zu bringen und zu erhalten, was der bildenden Kunst als allein gemäß und vortheilhaft schon längst anerkannt worden, vernahmen wir in unsern Sälen: daß ein neues Büchlein vorhanden sei, welches vielen Eindruck mache; es

bezog sich auf Kunst, und wollte die Frömmigkeit
als alleiniges Fundament derselben festsetzen. Von
dieser Nachricht waren wir wenig gerührt; denn wie
sollte auch eine Schlußfolge gelten, eine Schlußfolge
5 wie diese: einige Mönche waren Künstler, deßhalb
sollen alle Künstler Mönche seyn.

Doch hätte bedenklich scheinen dürfen, daß werthe
Freunde, die unsere Ausstellung theilnehmend be=
suchten, auch unser Verfahren billigten, sich doch an
10 diesen, wie man wohl merkte, schmeichelhaften, die
Schwäche begünstigenden Einflüsterungen zu ergötzen
schienen, und sich davon eine glückliche Wirkung ver=
sprachen.

Die im October fleißig besuchte Ausstellung gab
15 Gelegenheit, sich mit einheimischen und auswärtigen
Kunstfreunden zu unterhalten, auch fehlte es, der
Jahrszeit gemäß, nicht an willkommenen Besuchen
aus der Ferne. Hofrath Blumenbach gönnte seinen
Weimarisch= und Jenaischen Freunden einige Tage,
20 und auch dießmal wie immer verlieh seine Gegen=
wart den heitersten Unterricht.

Und wie ein Gutes immer ein anderes zur Folge
hat, so stellte sich das reine Vernehmen in der inner=
sten Gesellschaft nach und nach wieder her.

25 Eine bedeutende Correspondenz ließ mich unmittel=
bare Blicke selbst in die Ferne richten. Friedrich
Schlegel, der bei seiner Durchreise mit unsern Be=
mühungen um seinen Alarcos wohl zufrieden gewesen,

gab mir von Pariser Zuständen hinreichende Nach=
richt. Hofrath Sartorius, der gleichfalls zu einem
Besuch das lange bestandene gute Verhältniß aber=
mals aufgefrischt und eben jetzt mit den Studien der
Hansestädte beschäftigt war, ließ mich an diesem wich=
tigen Unternehmen auch aus der Ferne Theil nehmen.

Hofrath Rochlitz, der unser Theater mit zu=
nehmendem Interesse betrachtete, gab solches durch
mehrere Briefe, die sich noch vorfinden, zu erkennen.

Gar manches andere von erfreulichen Verhält=
nissen find' ich noch angemerkt; drei junge Männer:
Klaproth, Bode, Hain, hielten sich in Weimar
auf, und benutzten mit Vergünstigung den Büttneri=
schen polyglottischen Nachlaß.

Wenn ich nun dieses Jahr in immerwährender
Bewegung gehalten wurde, und bald in Weimar
bald in Jena und Lauchstädt meine Geschäfte wie sie
vorkamen versah; so gab auch der Besitz des kleinen
Freiguts Roßla Veranlassung zu manchen Hin= und
Herfahrten. Zwar hatte sich schon deutlich genug
hervorgethan, daß wer von einem so kleinen Eigen=
thum wirklich Vortheil ziehen will, es selbst bebauen,
besorgen und, als sein eigner Pachter und Verwalter,
den unmittelbaren Lebensunterhalt daraus ziehen
müsse, da sich denn eine ganz artige Existenz darauf
gründen lasse, nur nicht für einen verwöhnten Welt=
bürger. Indessen hat das sogenannte Ländliche, in
einem angenehmen Thale, an einem kleinen baum=

und buschbegränzten Flusse, in der Nähe von frucht=
reichen Höhen, unfern eines volkreichen und nahr=
haften Städtchens, doch immer etwas das mich Tage
lang unterhielt, und sogar zu kleinen poetischen Pro=
ductionen eine heitere Stimmung verlieh. Frauen
und Kinder sind hier in ihrem Elemente, und die in
Städten unerträgliche Gevatterei ist hier wenigstens
an ihrem einfachsten Ursprung; selbst Abneigung und
Mißwollen scheinen reiner, weil sie aus den unmittel=
baren Bedürfnissen der Menschheit hervorspringen.

Höchst angenehm war die Nachbarschaft von Oß=
mannstedt, in demselbigen Thale aufwärts nur auf
der linken Seite des Wassers. Auch Wielanden fing
dieser Naturzustand an bedenklich zu werden; einmal
setzte er sehr humoristisch auseinander, welches Um=
schweifes es bedürfe, um der Natur nur etwas Genieß=
bares abzugewinnen. Er wußte die Umständlichkeiten
des Erzeugnisses der Futterkräuter gründlich und
heiter darzustellen: erst brachte er den sorgsam
gebauten Klee mühsam durch eine theuer zu ernäh=
rende Magd zusammen, und ließ ihn von der Kuh
verzehren, um nur zuletzt etwas Weißes zum Kaffee
zu haben.

Wieland hatte sich in jenen Theater= und Fest=
händeln sehr wacker benommen, wie er denn, immer
redlich, nur manchmal, wie es einem jeden geschieht,
in augenblicklicher Leidenschaft, bei eingeflößtem Vor=
urtheil, in Abneigungen, die nicht ganz zu schelten

waren, eine launige Unbilligkeit zu äußern verführt
ward. Wir besuchten ihn oft nach Tische und waren
zeitig genug über die Wiesen wieder zu Hause.

In meinen Weimarischen häuslichen Verhältnissen
ereignete sich eine bedeutende Veränderung. Freund
Meyer, der seit 1792, einige Jahre Abwesenheit aus=
genommen, als Haus= und Tischgenosse, mich durch
belehrende, unterrichtende, berathende Gegenwart er=
freute, verließ mein Haus in Gefolg einer eingegange=
nen ehlichen Verbindung. Jedoch die Nothwendigkeit
sich ununterbrochen mitzutheilen, überwand bald die
geringe Entfernung, ein wechselseitiges Einwirken blieb
lebendig, so daß weder Hinderniß noch Pause jemals
empfunden ward.

Unter allen Tumulten dieses Jahres ließ ich doch
nicht ab meinen Liebling Eugenien im Stillen zu
hegen. Da mir das Ganze vollkommen gegenwärtig
war, so arbeitete ich am Einzelnen wie ich ging und
stand; daher denn auch die große Ausführlichkeit zu
erklären ist, indem ich mich auf den jedesmaligen
einzelnen Punct concentrirte, der unmittelbar in die
Anschauung treten sollte.

Cellini gehörte schon mehr einer wilden zer=
streuten Welt an; auch diesen wußt' ich, jedoch nicht
ohne Anstrengung, zu fördern: denn im Grunde war
die unternommene Arbeit mehr von Belang, als ich
anfangs denken mochte.

Reinecke Fuchs durfte nun auch in jedem leiden=

schaftlich-leichtfertigen Momente hervortreten, so war
er wohl empfangen und für gewisse Zeit ebenfalls
gepflegt.

1803.

⁵   Zum neuen Jahre gaben wir Paläophron und
Neoterpe auf dem öffentlichen Theater. Schon war
durch die Vorstellung der Terenzischen Brüder das
Publicum an Masken gewöhnt, und nun konnte das
eigentliche erste Musterstück seine gute Wirkung nicht
¹⁰ verfehlen. Der frühere an die Herzogin Amalie ge-
richtete Schluß ward in's Allgemeinere gewendet, und
die gute Aufnahme dieser Darstellung bereitete den
besten Humor zu ernsteren Unternehmungen.

Die Aufführung der Braut von Messina
¹⁵ (19. März) machte viel Vorarbeit, durchgreifende Lese-
und Theaterproben nöthig. Der bald darauf folgenden Natürlichen Tochter erster Theil (2. April),
sodann die Jungfrau von Orleans verlangten
die volle Zeit; wir hatten uns vielleicht nie so leb-
²⁰ haft, so zweckmäßig und zu allgemeiner Zufriedenheit
bemüht.

Daß wir aber alles Mißwollende, Verneinende,
Herabziehende durchaus ablehnten und entfernten, davon sei Nachstehendes ein Zeugniß. Zu Anfang des
²⁵ Jahrs war mir durch einen werthen Freund ein
kleines Lustspiel zugekommen mit dem Titel: der
Schädelkenner, die respectablen Bemühungen eines

Mannes wie Gall lächerlich und verächtlich machend.
Ich schickte solches zurück mit einer aufrichtigen all=
gemeinen Erklärung, welche als in's Ganze greifend
hier gar wohl einen Platz verdient.

„Indem ich das kleine artige Stück, als bei uns
nicht aufführbar, zurücksende, halte ich es, nach un=
serm alten freundschaftlichen Verhältnisse, für Pflicht
die näheren Ursachen anzugeben.

Wir vermeiden auf unserm Theater, so viel mög=
lich, alles was wissenschaftliche Untersuchungen vor
der Menge herabsetzen könnte, theils aus eigenen
Grundsätzen, theils weil unsere Akademie in der Nähe
ist, und es unfreundlich scheinen würde, wenn wir
das, womit sich dort mancher sehr ernstlich beschäftigt,
hier leicht und lächerlich nehmen wollten.

Gar mancher wissenschaftliche Versuch, der Natur
irgend ein Geheimniß abgewinnen zu wollen, kann
für sich, theils auch durch Charlatanerie der Unter=
nehmer, eine lächerliche Seite bieten, und man darf
dem Komiker nicht verargen, wenn er im Vorbeigehen
sich einen kleinen Seitenhieb erlaubt. Darin sind
wir auch keineswegs pedantisch; aber wir haben
sorgfältig alles was sich in einiger Breite auf philo=
sophische oder literarische Händel, auf die neue Theorie
der Heilkunde u. s. w. bezog, vermieden. Aus eben
der Ursache möchten wir nicht gern die Gallische
wunderliche Lehre, der es denn doch, so wenig als der
Lavaterischen, an einem Fundament fehlen möchte,

dem Gelächter Preis geben, besonders da wir fürchten
müßten manchen unserer achtungswerthen Zuhörer dadurch verdrießlich zu machen.

Weimar am 24. Januar 1803."

5 Mit einem schon früher auslangenden und nun
frisch bereicherten Repertorium kamen wir wohl ausgestattet nach Lauchstädt. Das neue Haus, die wichtigen Stücke, die sorgfältigste Behandlung erregten
allgemeine Theilnahme. Die Andria des Terenz,
10 von Herrn Niemeyer bearbeitet, ward ebenmäßig wie
die Brüder mit Annäherung an's Antike aufgeführt.
Auch von Leipzig fanden sich Zuschauer, sie sowohl
als die von Halle wurden mit unsern ernsten Bemühungen immermehr bekannt, welches uns zu großem
15 Vortheil gedieh. Ich verweilte dießmal nicht länger
daselbst als nöthig, um mit Hofrath Kirms, meinem
Mitcommissarius, die Bedürfnisse der Baulichkeiten und
einiges Wünschenswerthe der Umgebung anzuordnen.

In Halle, Giebichenstein, Merseburg, Naumburg
20 erneuerte ich gar manche werthe Verbindung. Professor Wolf, Geh. Rath Schmalz, Jakob, Reil,
Lafontaine, Niemeyer entgegneten mir mit gewohnter Freundlichkeit. Ich besah von Leysers Mine-
ralien-Kabinett, bestieg den Petersberg, um frische
25 Porphyr-Stücke zu holen. Ehe ich abreis'te sah ich
noch mit Freuden, daß unser theatralisches Ganzes
sich schon von selbst bewegte und im Einzelnen nichts

nachzuhelfen war, wobei freilich die große Thätigkeit des Regisseurs Genast gerühmt werden mußte. Ich nahm meinen Rückweg über Merseburg, das gute Verhältniß mit den dortigen oberen Behörden zu befestigen, sodann meinen Geschäften in Weimar und Jena weiter obzuliegen.

Als ich mir nun für diese Zeit das Theaterwesen ziemlich aus dem Sinne geschlagen hatte, ward ich im Geiste mehr als jemals dahin zurückgeführt. Es meldeten sich, mit entschiedener Neigung für die Bühne, zwei junge Männer, die sich Wolff und Grüner nannten, von Augsburg kommend, jener bisher zum Handelsstande, dieser zum Militär zu rechnen. Nach einiger Prüfung fand ich bald, daß beide dem Theater zur besondern Zierde gereichen würden und daß, bei unserer schon wohlbestellten Bühne, ein paar frische Subjecte von diesem Werth sich schnell heranbilden würden. Ich beschloß sie fest zu halten, und weil ich eben Zeit hatte, auch einer heitern Ruhe genoß, begann ich mit ihnen gründliche Didaskalien, indem ich auch mir die Kunst aus ihren einfachsten Elementen entwickelte und an den Fortschritten beider Lehrlinge mich nach und nach emporstudirte, so daß ich selbst klärer über ein Geschäft ward, dem ich mich bisher instinctmäßig hingegeben hatte. Die Grammatik, die ich mir ausbildete, verfolgte ich nachher mit mehreren jungen Schauspielern, einiges davon ist schriftlich übrig geblieben.

Nach jenen genannten beiden fügte sich's, daß noch
ein hübscher junger Mann, Namens Grimmer, mit
gleichmäßigem Antrag bei uns vortrat. Auch von
ihm ließ sich nach Gestalt und Wesen das Beste
hoffen, besonders war er Schillern willkommen, der
seinen personenreichen Tell im Sinne hatte und auf
schickliche Besetzung der sämmtlichen Rollen sein Augen=
merk richtete. Wir hielten daher auch ihn fest, und
fanden ihn bald an seinem Platze brauchbar.

Der erste Theil von Eugenie war geschrieben,
gespielt und gedruckt, das Schema des Ganzen lag
Scene nach Scene vor mir, und ich kann wohl sagen,
meine mehrjährige Neigung zu diesem Erzeugniß hatte
keineswegs abgenommen.

Der zweite Theil sollte auf dem Landgut, dem
Aufenthalt Eugeniens, vorgehen, der dritte in der
Hauptstadt, wo mitten in der größten Verwirrung
das wiedergefundene Sonett freilich kein Heil, aber
doch einen schönen Augenblick würde hervorgebracht
haben. Doch ich darf nicht weiter gehen, weil ich
sonst das Ganze umständlich vortragen müßte.

Ich hatte mich der freundlichsten Aufnahme von
vielen Seiten her zu erfreuen, wovon ich die wohl=
thätigsten Zeugnisse gesammelt habe, die ich dem
Öffentlichen mitzutheilen vielleicht Gelegenheit finde.
Man empfand, man dachte, man folgerte was ich nur
wünschen konnte; allein ich hatte den großen unver=
zeihlichen Fehler begangen, mit dem ersten Theil her=

vorzutreten, eh' das Ganze vollendet war.   Ich nenne
den Fehler unverzeihlich, weil er gegen meinen alten
geprüften Aberglauben begangen wurde, einen Aber=
glauben, der sich indeß wohl ganz vernünftig er=
klären läßt.

Einen sehr tiefen Sinn hat jener Wahn, daß man,
um einen Schatz wirklich zu heben und zu ergreifen,
stillschweigend verfahren müsse, kein Wort sprechen
dürfe, wie viel Schreckliches und Ergötzendes auch von
allen Seiten erscheinen möge.   Eben so bedeutsam ist
das Mährchen, man müsse, bei wunderhafter Wagefahrt
nach einem kostbaren Talisman, in entlegensten Berg=
wildnissen, unaufhaltsam vorschreiten, sich ja nicht
umsehen, wenn auf schroffem Pfade fürchterlich drohende
oder lieblich lockende Stimmen ganz nahe hinter uns
vernommen werden.

Indessen war's geschehen, und die geliebten Scenen
der Folge besuchten mich nur manchmal wie unstäte
Geister, die wiederkehrend flehentlich nach Erlösung
seufzen.

So wie schon einige Jahre machte der Zustand
von Jena uns auch dießmal gar manche Sorge.   Seit
der französischen Revolution war eine Unruhe in die
Menschen gekommen, dergestalt daß sie entweder an
ihrem Zustand zu ändern, oder ihren Zustand wenig=
stens dem Ort nach zu verändern gedachten.   Hierzu
konnten besonders die Lehrer an Hochschulen ihrer
Stellung nach am meisten verlockt werden, und da

eben zu dieser Zeit dergleichen Anstalten neu errichtet
und vorzüglich begünstigt wurden, so fehlte es nicht
an Reiz und Einladung dorthin, wo man ein besseres
Einkommen, höheren Rang, mehr Einfluß in einem
5 weitern Kreise sich versprechen konnte.

Diese großweltischen Ereignisse muß man im Auge
behalten, wenn man sich im Allgemeinen einen Begriff
machen will von dem was um diese Zeit in dem kleinen
Kreise der Jenaischen Akademie sich ereignete.

10 Der im ärztlichen Fache so umsichtige und mit
mannichfachem Talent der Behandlung und Dar=
stellung begabte Christian Wilhelm Hufeland war
nach Berlin berufen, führte dort den Titel eines
Geheimen Raths, welcher in einem großen Reiche
15 schon zum bloßen Ehrentitel geworden war, indessen
er in kleineren Staaten noch immer die ursprüngliche
active Würde bezeichnete und ohne dieselbe nicht leicht
verliehen werden konnte. Eine solche Rangerhöhung
aber blieb auf die Zurückgelassenen nicht ohne Einfluß.

20 Fichte hatte in seinem philosophischen Journal
über Gott und göttliche Dinge auf eine Weise sich zu
äußern gewagt, welche den hergebrachten Ausdrücken
über solche Geheimnisse zu widersprechen schien; er
ward in Anspruch genommen, seine Vertheidigung
25 besserte die Sache nicht, weil er leidenschaftlich zu
Werke ging, ohne Ahnung wie gut man dießseits für
ihn gesinnt sei, wiewohl man seine Gedanken, seine
Worte auszulegen wisse; welches man freilich ihm

nicht gerade mit dürren Worten zu erkennen geben
konnte, und eben so wenig die Art und Weise, wie
man ihm auf das gelindeste herauszuhelfen gedachte.
Das Hin- und Widerreden, das Vermuthen und Be-
haupten, das Bestärken und Entschließen wogte in
vielfachen unsichern Reden auf der Akademie durch-
einander, man sprach von einem ministeriellen Vor-
halt, von nichts Geringerem als einer Art Verweis,
dessen Fichte sich zu gewärtigen hätte. Hierüber ganz
außer Fassung, hielt er sich für berechtigt ein heftiges
Schreiben bei'm Ministerium einzureichen, worin er
jene Maßregel als gewiß voraussetzend, mit Ungestüm
und Trotz erklärte, er werde dergleichen niemals dulden,
er werde lieber ohne weiteres von der Akademie abziehen, und in solchem Falle nicht allein, indem
mehrere bedeutende Lehrer mit ihm einstimmig den
Ort gleichzeitig zu verlassen gedächten.

Hiedurch war nun auf einmal aller gegen ihn
gehegte gute Wille gehemmt, ja paralysirt: hier
blieb kein Ausweg, keine Vermittelung übrig, und
das Gelindeste war, ihm ohne weiteres seine Ent-
lassung zu ertheilen. Nun erst, nachdem die Sache
sich nicht mehr ändern ließ, vernahm er die Wendung, die man ihr zu geben im Sinne gehabt, und
er mußte seinen übereilten Schritt bereuen, wie wir
ihn bedauerten.

Zu einer Verabredung jedoch mit ihm die Akademie zu verlassen, wollte sich niemand bekennen, alles

blieb für den Augenblick an seiner Stelle; doch hatte
sich ein heimlicher Unmuth aller Geister so bemächtigt,
daß man in der Stille sich nach außen umthat, und
zuletzt Hufeland der Jurist nach Ingolstadt, Paulus
5 und Schelling aber nach Würzburg wanderten.

Nach allem diesem vernahmen wir im August die
so hochgeschätzte Literaturzeitung solle auch von Jena
weg und nach Halle gebracht werden. Der Plan war
klug genug angelegt, man wollte ganz im gewohnten
10 Gange das laufende Jahr durchführen und schließen,
sodann, als geschähe weiter nichts, ein neues anfangen,
zu Ostern aber gleichsam nur den Druckort verändern
und durch solches Manoeuvre, mit Anstand und Be=
quemlichkeit, diese wichtige Anstalt für ewig von Jena
15 wegspielen.

Die Sache war von der größten Bedeutsamkeit und
es ist nicht zu viel gesagt: diese stille Einleitung be=
drohte die Akademie für den Augenblick mit völliger
Auflösung. Man war dießseits wirklich in Verlegen=
20 heit: denn ob man gleich das Recht hatte die Unter=
nehmer zu fragen, ob dieses allgemeine Gerücht einen
Grund habe, so wollte man doch in einer solchen ge=
hässigen Sache nicht übereilt noch hart erscheinen; daher
anfänglich ein Zaudern, das aber von Tag zu Tag
25 gefährlicher ward. Die erste Hälfte des Augusts war
verstrichen, und alles kam darauf an, was in den
sechs Wochen bis Michael zu einer Gegenwirkung vor=
genommen werden könnte.

Auf einmal kommt Hülfe, woher sie nicht zu er=
warten war. Kotzebue, der sich seit den Scenen
des vorigen Jahrs als Todfeind aller Weimarischen
Thätigkeit erwiesen hatte, kann seinen Triumph nicht
im Stillen feiern, er gibt in dem Freimüthigen über= 5
müthig an den Tag: mit der Akademie Jena, welche
bisher schon großen Verlust an tüchtigen Professoren
erlitten, sei es nun völlig zu Ende, indem die allge=
meine Literaturzeitung, in Gefolg großer dem Re=
dacteur verwilligter Begünstigungen, von da hinweg 10
und nach Halle verlegt werde.

Von unserer Seite hörte nun alles Bedenken auf;
wir hatten volle Ursache die Unternehmer zu fragen,
ob dieß ihre Absicht sei? Und da solche nun nicht
geläugnet werden konnte, so erklärte man ihren Vor= 15
satz, die Anstalt bis Ostern in Jena hinzuhalten,
für nichtig, und versicherte zugleich, man werde mit
dem neuen Jahre in Jena die allgemeine Literatur=
zeitung selbst fortsetzen.

Diese Erklärung war kühn genug, denn wir hatten 20
kaum die Möglichkeit in der Ferne zu sehen geglaubt;
doch rechtfertigte der Erfolg den wackern Entschluß.
Die Actenstücke jener Tage sind in der größten Ord=
nung verwahrt, vielleicht ergötzen sich unsere Nach=
kommen an dem Hergang dieser für uns wenigstens 25
höchst bedeutenden Begebenheit.

Nachdem also die Anstalt der Literaturzeitung in
ihrem ganzen Gewichte gesichert war, hatte man sich

nach Männern umzusehen, die erledigten Lehrfächer
wieder zu besetzen. Von mehreren in Vorschlag ge=
brachten Anatomen wurde Ackermann berufen,
welcher den Grund zu einem längst beabsichtigten
₅ stehenden anatomischen Museum legte, das der Aka=
demie verbleiben sollte. Auch Schelver ward heran=
gezogen und der botanischen Anstalt vorgesetzt. Man
hatte von seiner Persönlichkeit, als eines zugleich
höchst zarten und tiefsinnigen Wesens, die besten
₁₀ Hoffnungen für die Naturwissenschaft.

Die von Lenz gegründete mineralogische Societät
erweckte das größte Vertrauen; alle Freunde dieses
Wissens wünschten als Mitglieder aufgenommen zu
werden, und sehr viele beeiferten sich mit bedeutenden
₁₅ Geschenken das angelegte Kabinett zu vermehren.

Unter solchen zeichnete sich Fürst Gallitzin aus,
welcher die Ehre der ihm übertragenen Präsidenten=
stelle durch das Geschenk seines ansehnlichen Kabinetts
anzuerkennen suchte, und da durch diesen wie durch
₂₀ andern Zuwachs die Anstalt höchst bedeutend gewor=
den, so bestätigte der Herzog gegen Ende des Jahrs
die Statuten der Gesellschaft, und gab ihr dadurch
unter den öffentlichen Anstalten einen entschiedenen
Rang.

₂₅ Nach dem Verlust so mancher bedeutenden Per=
sonen hatten wir uns jedoch neumitwirkender Männer
zu erfreuen. Fernow kam von Rom, um künftig
in Deutschland zu verbleiben, wir hielten ihn fest.

Herzogin Amalie gab ihm die seit Jagemanns Tode
unbesetzte Bibliothekarstelle ihrer besondern Bücher=
sammlung; seine gründliche Kenntniß der italiänischen
Literatur, eine ausgesuchte Bibliothek dieses Faches
und seine angenehmen geselligen Eigenschaften machten
diesen Erwerb höchst schätzbar. Daneben führte er
einen bedeutenden Schatz mit sich, die hinterlassenen
Zeichnungen seines Freundes Carstens, dem er in
seiner künstlerischen Laufbahn bis an sein frühzeitiges
Ende mit Rath und That, mit Urtheil und Nachhülfe
treulichst beigestanden hatte.

Dr. Riemer, der mit Herrn von Humboldt nach
Italien gegangen war, und dort einige Zeit in dessen
Familienkreis mitgewirkt hatte, war in Fernows
Gesellschaft herausgereis't, und als gewandter Kenner
der alten Sprachen uns gleichfalls höchlich will=
kommen. Er gesellte sich zu meiner Familie, nahm
Wohnung bei mir und wendete seine Sorgfalt meinem
Sohne zu.

Auch mit Zelter ergab sich ein näheres Verhält=
niß; bei seinem vierzehntägigen Aufenthalt war man
wechselseitig in künstlerischem und sittlichem Sinne
um vieles näher gekommen. Er befand sich in dem
seltsamsten Drange zwischen einem ererbten, von
Jugend auf geübten, bis zur Meisterschaft durch=
geführten Handwerk, das ihm eine bürgerliche Existenz
ökonomisch versicherte, und zwischen einem eingebor=
nen, kräftigen, unwiderstehlichen Kunsttriebe, der aus

seinem Individuum den ganzen Reichthum der Ton=
welt entwickelte. Jenes treibend, von diesem getrieben,
von jenem eine erworbene Fertigkeit besitzend, in
diesem nach einer zu erwerbenden Gewandtheit bestrebt,
stand er nicht etwa wie Hercules am Scheidewege
zwischen dem was zu ergreifen oder zu meiden sein
möchte, sondern er ward von zwei gleich werthen
Musen hin und hergezogen, deren eine sich seiner be=
mächtigt, deren andere dagegen er sich anzueignen
wünschte. Bei seinem redlichen, tüchtig bürgerlichen
Ernst war es ihm eben so sehr um sittliche Bildung
zu thun, als diese mit der ästhetischen so nah ver=
wandt, ja ihr verkörpert ist, und eine ohne die an=
dere zu wechselseitiger Vollkommenheit nicht gedacht
werden kann.

Und so konnte ein doppelt wechselseitiges Bestreben
nicht außen bleiben, da die Weimarischen Kunst=
freunde sich fast in demselben Falle befanden; wozu
sie nicht geschaffen waren, hatten sie zu leisten, und
was sie Angebornes zu leisten wünschten, schien
immerfort unversucht zu bleiben.

Die Angebäude der Bibliothek, nach dem Schlosse
zu, wurden der freieren Aussicht wegen abgebrochen,
nun machte sich statt ihrer ein neuer Gelaß nöthig,
wozu die Herren Genz und Rabe gleichfalls die
Risse zu liefern gefällig übernahmen. Was sonst in
jenem Platz gefunden hatte, stattliche Treppe, gerän=
mige Expeditions= und Gesellschaftszimmer wurden

gewonnen, ferner im zweiten Stock nicht allein Stand
für mehrere Bücherrepositorien, sondern auch einige
Räume für Alterthümer, Kunstsachen und was dem
anhängt; nicht weniger wurde das Münzkabinett,
vollständig an sächsischen Medaillen, Thalern und
kleineren Geldsorten, nebenher auch mit Denkmünzen,
ingleichen römischen und griechischen versehen, beson=
ders aufbewahrt.

Da ich mich in meinem Leben vor nichts so sehr
als vor leeren Worten gehütet, und mir eine Phrase,
wobei nichts gedacht oder empfunden war, an andern
unerträglich, an mir unmöglich schien, so litt ich bei
der Übersetzung des Cellini, wozu durchaus unmittel=
bare Ansicht gefordert wird, wirkliche Pein. Ich be=
dauerte herzlich, daß ich meine erste Durchreise, meinen
zweiten Aufenthalt zu Florenz nicht besser genutzt,
mir von der Kunst neuerer Zeit nicht ein eindring=
licheres Anschauen verschafft hatte. Freund Meyer,
der in den Jahren 1796 und 1797 sich daselbst die
gründlichsten Kenntnisse erworben hatte, half mir
möglichst aus, doch sehnt' ich mich immer nach dem
eigenen, nicht mehr gegönnten Anblick.

Ich kam daher auf den Gedanken, ob nicht wenig=
stens Cellinische Münzen, auf die er sich so viel zu
Gute thut, noch zu finden sein möchten, ob nicht an=
deres was mich in jene Zeiten versetzen könnte noch
zu haben wäre.

Glücklicherweise vernahm ich von einer Nürn=

bergiſchen Auction, in welcher Kupfermünzen des
fünfzehnten und ſechzehnten, ja des ſiebzehnten und
achtzehnten Jahrhunderts feil geboten wurden, und
es gelang die ganze Maſſe zu erhalten. Die Original=
5 folge von Päpſten, ſeit Martin dem V bis auf
Clemens XI, alſo bis zum erſten Viertel des acht=
zehnten Jahrhunderts, wurde mir nicht allein zu eigen,
ſondern auch dazwiſchen Cardinäle und Prieſter,
Philoſophen, Gelehrte, Künſtler, merkwürdige Frauen,
10 in ſcharfen unbeſchädigten Exemplaren, theils gegoſſen,
theils geprägt, aber verwunderſam und bedauerlich:
unter ſo manchen Hunderten kein Cellini. Aufgeregt
war man nun auch hier das Geſchichtliche zu ſtudiren;
man forſchte nach Bonanni, Mazzucchelli und andern,
15 und legte ſo den Grund zu ganz neuer Belehrung.

Das ältere Schießhaus vor dem Frauenthor war
ſchon längſt von den Parkanlagen überflügelt, der
Raum den es einnahm bereits zwiſchen Gärten und
Spaziergängen eingeſchloſſen, die Übungen nach der
20 Scheibe, beſonders aber das eigentliche Vogelſchießen,
nach und nach unbequem und gefährlich.

Zum Tauſch nahm der Stadtrath mit mehrfachem
Gewinn einen großen ſchön gelegenen Bezirk vor dem
Kegelthor, die weit verbreiteten Äcker ſollten in Gär=
25 ten, Gartenländer verwendet und an dem ſchicklichſten
Platz ein neues Schießhaus gebaut werden.

Die eigentliche Lage eines Gebäudes, ſobald dem
Architekten Freiheit gegeben iſt, bleibt immer deſſelben

Hauptaugenmerk: ein ländliches Gebäude soll die
Gegend zieren und wird von ihr geziert; und so war
die sorgfältigste Berathung zwischen den Berliner
Architekten und den Weimarischen Kunstfreunden nicht
weniger dem Stadtrath und der Schützengesellschaft 5
eine geraume Zeit im Schwange.

Bei einem neuen Lustgebäude mit seinen Um=
gebungen, zur Aufnahme einer großen Menge be=
stimmt, ist das Haupterforderniß Schatten, welcher
nicht sogleich herbeigebannt werden kann. Hier war 10
also ein angenehmes Hölzchen der nothwendige Punct
einen Flügel daran zu lehnen, für die Hauptrichtung
entschied sodann eine oberhalb jenes Buschwerks her=
gehende uralte vierfache Lindenallee; man mußte den
Flügel und also das ganze Gebäude rechtwinkelig 15
darauf richten.

Ein mäßiger Plan, den Bedürfnissen allenfalls
hinreichend, erweiterte sich nach und nach; die Schützen=
gesellschaft, das Publicum, als die Tanzenden, die
Genießenden, alle wollten bedacht sein, alle verlangten 20
ein schickliches und bequemes Local. Nun aber for=
derte die nahebei doch gesondert anzulegende Wirth=
schaft ebenfalls ihre mannichfaltigen Bedürfnisse, und
so dehnte sich der Plan immer mehr aus. Zwar gab
die Ungleichheit des Terrains, die man zu überwinden 25
hatte, die schönste Gelegenheit aus der nothwendigen
Bedingtheit des Locals die Forderungen des Zweckes
zu entwickeln, am Ende aber konnte man sich nicht

läugnen, bei ökonomischer Ausdehnung und nach
ästhetischen Rückfichten, über die Gränze des Bedürf=
niffes hinausgegangen zu fein.

Doch ein Gebäude gehört unter die Dinge, welche
nach erfüllten inneren Zwecken auch zu Befriedigung
der Augen aufgeftellt werden, fo daß man, wenn es
fertig ift, niemals fragt, wie viel Erfindungskraft,
Anftrengung, Zeit und Geld dazu erforderlich gewefen:
die Totalwirkung bleibt immer das Dämonifche, dem
wir huldigen.

Gegen Ende des Jahrs erlebte ich das Glück mein
Verhältniß zu den Erdfchollen von Roßla völlig auf=
gehoben zu fehen. War der vorige Pachter ein Lebe=
mann und in feinem Gefchäft leichtfinnig und nach=
läffig, fo hatte der neue als bisheriger Bürger einer
Landftadt, eine gewiffe eigene kleinliche Rechtlichkeit,
wovon die Behandlung jener bekannten Quelle ein
Symbol fein mag. Der gute Mann, in feinen
Gartenbegriffen einen Springbrunnen als das Höchfte
befindend, leitete das dort mäßig abfließende Waffer
in engen Blechröhren an die niedrigfte Stelle, wo es
denn wieder einige Fuß in die Höhe fprang, aber
ftatt des Wafferfpiegels einen Sumpf bildete. Das
idyllifche Naturwefen jenes Spaziergangs war um
feine Einfalt verkümmert, fo wie denn auch andere
ähnliche Anftalten ein gewiffes erftes Gefallen nicht
mehr zuließen.

Zwifchen allem diefem war der häusliche Mann

doch auch klar geworden, daß die Besitzung für den
der sie persönlich benutze ganz einträglich sei, und in
dem Maße wie mir der Besitz verleidete, mußte er
ihm wünschenswürdig erscheinen, und so ereignete
sich's, daß ich nach sechs Jahren das Gut ihm ab= 5
trat, ohne irgend einen Verlust als der Zeit und
allenfalls des Aufwandes auf ländliche Feste, deren
Vergnügen man aber doch auch für etwas rechnen
mußte. Konnte man ferner die klare Anschauung
dieser Zustände auch nicht zu Geld anschlagen, so 10
war doch viel gewonnen und nebenbei mancher heitere
Tag im Freien gesellig zugebracht.

Frau von Stael kam Anfangs December in
Weimar an, als ich noch in Jena mit dem Pro=
gramm beschäftigt war. Was mir Schiller über sie 15
am 21. December schrieb, diente auf einmal über das
wechselseitige aus ihrer Gegenwart sich entwickelnde
Verhältniß aufzuklären.

„Frau von Stael wird Ihnen völlig so er=
scheinen, wie Sie sie sich a priori schon construirt 20
haben werden; es ist alles aus Einem Stück und
kein fremder, falscher und pathologischer Zug in ihr.
Dieß macht daß man sich, trotz des immensen Ab=
stands der Naturen und Denkweisen, vollkommen
wohl bei ihr befindet, daß man alles von ihr hören, 25
ihr alles sagen mag. Die französische Geistesbildung
stellt sie rein und in einem höchst interessanten Lichte
dar. In allem was wir Philosophie nennen, folglich

in allen letzten und höchsten Instanzen, ist man mit
ihr im Streit und bleibt es, trotz alles Redens. Aber
ihr Naturell und Gefühl ist besser als ihre Meta=
physik, und ihr schöner Verstand erhebt sich zu einem
genialischen Vermögen. Sie will alles erklären, ein=
sehen, ausmessen, sie statuirt nichts Dunkles, Unzu=
gängliches, und wohin sie nicht mit ihrer Fackel
leuchten kann, da ist nichts für sie vorhanden. Darum
hat sie eine horrible Scheu vor der Idealphilosophie,
welche nach ihrer Meinung zur Mystik und zum
Aberglauben führt, und das ist die Stickluft wo sie
umkommt. Für das was wir Poesie nennen, ist
kein Sinn in ihr, sie kann sich von solchen Werken
nur das Leidenschaftliche, Rednerische und Allgemeine
zueignen, aber sie wird nichts Falsches schätzen, nur
das Rechte nicht immer erkennen. Sie ersehen aus
diesen paar Worten, daß die Klarheit, Entschiedenheit
und geistreiche Lebhaftigkeit ihrer Natur nicht anders
als wohlthätig wirken können. Das einzige Lästige
ist die ganz ungewöhnliche Fertigkeit ihrer Zunge,
man muß sich ganz in ein Gehörorgan verwandeln,
um ihr folgen zu können. Da sogar ich, bei meiner
wenigen Fertigkeit im Französischreden, ganz leidlich
mit ihr fortkomme, so werden Sie, bei Ihrer größern
Übung, eine sehr leichte Communication mit ihr
haben."

Da ich mich von Jena ohne mein Geschäft abge=
schlossen zu haben nicht entfernen konnte, so gelangten

noch gar mancherlei Schilderungen und Nachrichten
zu mir, wie Frau von Stael sich benehme und ge=
nommen werde, und ich konnte mir ziemlich die Rolle
vorschreiben, welche ich zu spielen hätte. Doch sollte
das alles ganz anders werden, wie in dem nächsten
Jahr, wohin wir hinüber gehen, zu melden ist.

Wie unbequem aber ein so bedeutender Besuch mir
gerade zu der Zeit sein mußte, wird derjenige mit=
empfinden, der die Wichtigkeit des Geschäfts bedenkt,
das mich damals in Jena festhielt. Der weltberühmten
Allgemeinen Literaturzeitung mit Aufkündigung des
Dienstes zuvorzukommen, und indem sie sich an einen
andern Ort bewegte, sie an derselben Stelle fortsetzen
zu wollen war ein kühnes Unternehmen. Man be=
denkt nicht immer, daß ein kühn Unternommenes in
der Ausführung gleichfalls Kühnheit erfordert, weil
bei dem Ungemeinen durch gemeine Mittel nicht wohl
auszulangen sein möchte. Mehr als Ein Verständiger,
Einsichtiger gab mir das Erstaunen zu erkennen, wie
man sich in ein solch unmögliches Unternehmen habe
einlassen dürfen. Freilich aber war die Sache da=
durch möglich geworden, daß ein Mann von dem
Verdienste des Herrn Hofr. Eichstädt sich zu Fort=
setzung des Geschäfts entschloß, an dem er bisher so
bedeutenden Theil genommen hatte.

Die Weimarischen Kunstfreunde hielten es nun=
mehr für Pflicht, das was an ihrem Einfluß ge=
wichtig sein konnte, auch auf die Schale zu legen.

Preisaufgaben für bildende Künstler, Recensionen der
eingesendeten Blätter, Preisertheilung, sonstig ver=
wandte Ausführungen, Ausschreiben einer neuen Preis=
aufgabe: dieser Complex von ineinander greifenden
Operationen, welcher bisher den Propyläen angehört
hatte, sollte nunmehr der Allgemeinen Literaturzeitung
zu Theil werden. Das Programm hiezu beschäftigte
mich in meiner dießmaligen Absonderung, indem ich
mit dem Freund und eifrigen Mitarbeiter Heinrich
Meyer in fortwährender Communication blieb.

Wer Gelegenheit hat den ersten Jahrgang der
Neuen oder Jenaischen Allgemeinen Literaturzeitung
anzusehen, der wird gern bekennen, daß es keine
geringe Arbeit gewesen. Die Preisaufgabe von 1803
war auf verschiedene Weise gelös't, auch Professor
Hoffmann aus Stuttgart der Preis zuerkannt,
nachdem vorher die verschiedenen Verdienste der Mit=
werber gewürdigt sowohl als von freiwillig Ein=
gesendetem Rechenschaft gegeben worden. Alsdann
hatte man einen Versuch gemacht Polygnots Ge=
mählde in der Lesche zu Delphi zu restauriren und
sich in Gedanken der Kunst dieses Urvaters, wie es
sich thun ließe, zu nähern.

Die Weimarischen Kunstfreunde hatten diese fünf
Jahre her, während welcher sie diese Anstalt durch=
geführt, gar wohl bemerken können, daß eine allzu
eng bestimmte Aufgabe dem Künstler nicht durchaus
zusage, und daß man dem freien Geist einigen Spiel=

raum laſſen müſſe, um nach eignem Sinn und Ver=
mögen eine Wahl anſtellen zu können. Die dieß=
jährige Aufgabe war daher: das Menſchengeſchlecht
vom Elemente des Waſſers bedrängt, wovon wir eine
ganz beſondere Mannichfaltigkeit hoffen konnten.　　　5

Aus jenem Programm füge zum Schluß noch eine
Stelle hier ein, die Gelegenheit gibt ein anmuthiges
Ereigniß zu beſprechen. „Unter den Schätzen der Galerie
zu Caſſel verdient die Charitas, von Leonardo da
Vinci, die Aufmerkſamkeit der Künſtler und Lieb= 10
haber im höchſten Grad. Herr Riepenhauſen hatte
den ſchönen Kopf dieſer Figur, in Aquarellfarben,
trefflich copirt, zur Ausſtellung eingeſandt. Die ſüße
Traurigkeit des Mundes, das Schmachtende der Augen,
die ſanfte, gleichſam bittende Neigung des Hauptes, 15
ſelbſt der gedämpfte Farbenton des Originalbildes
waren durchaus rein und gut nachgeahmt. Die größte
Zahl derer, welche die Ausſtellung beſuchten, haben
dieſen Kopf mit vielem Vergnügen geſehen; ja derſelbe
muß einen Kunſtliebhaber im höchſten Grade angezogen 20
haben, indem wir die unverkennbaren Spuren eines
herzlichen Kuſſes von angenehmen Lippen, auf dem
Glaſe, da wo es den Mund bedeckt, aufgedrückt fanden.“

Wie liebenswürdig aber das Facſimile eines ſolchen
Kuſſes geweſen, wird man nur erſt ganz empfinden, 25
erfährt man die Umſtände, unter welchen ſolches mög=
lich geworden. Unſere Ausſtellung kam dieſes Jahr
ſpäter zu Stande; bei dem Antheil welchen das Publi=

cum zeigte, ließen wir es länger als gewöhnlich stehen,
die Zimmer wurden kälter und nur gegen die Stun=
den des eröffneten Einlasses geheizt. Eine geringe
Abgabe für die einmalige Entrée zum Besten der An=
stalt war genehmigt, besonders von Fremden; für
Einheimische war ein Abonnement eingerichtet, welches
nach Belieben auch außer der bestimmten Zeit den
Eintritt gewährte. Indem wir also, nach Gewahr=
werden dieser liebevollen Theilnahme an einem vorzüg=
lichen Kunstwerk, uns in stiller Heiterkeit den Urheber
zu entdecken bemühten, wurde Folgendes erst festgesetzt.
Jung war der Küssende, das hätte man voraussetzen
können, aber die auf dem Glas fixirten Züge sprechen
es aus; er muß allein gewesen sein, vor vielen hätte
man dergleichen nicht wagen dürfen. Dieß Ereigniß
geschah früh bei ungeheizten Zimmern: der Sehn=
süchtige hauchte das kalte Glas an, drückte den Kuß
in seinen eignen Hauch, der alsdann erstarrend sich
consolidirte. Nur wenige wurden mit dieser An=
gelegenheit bekannt, aber es war leicht auszumachen
wer bei Zeiten in den ungeheizten Zimmern allein
sich eingefunden, und da traf sich's denn auch recht
gut: die bis zur Gewißheit gesteigerte Vermuthung
blieb auf einem jungen Menschen ruhen, dessen wirk=
lich küßliche Lippen wir Eingeweihten nachher mehr
als einmal freundlich zu begrüßen Gelegenheit hatten.

    So viel wir wissen ist das Bild nach Dorpat
gekommen.

1804.

Der Winter hatte sich mit aller Gewalt einge=
funden, die Wege waren verschneit, auf der Schnecke
kein Fortkommen. Frau von Stael kündigte sich
immer dringender an, mein Geschäft war vollendet, 5
und ich entschloß mich in mancherlei Betracht nach
Weimar zu gehen. Aber auch dießmal fühlt' ich die
Schädlichkeit des Winteraufenthaltes im Schlosse. Die
so theure Erfahrung von 1801 hatte mich nicht auf=
merksam, nicht klüger gemacht, ich kehrte mit einem 10
starken Katarrh zurück, der ohne gefährlich zu sein
mich einige Tage im Bette und sodann Wochen lang
in der Stube hielt. Dadurch ward mir nun ein
Theil des Aufenthalts dieser seltenen Frau historisch,
indem ich was in der Gesellschaft vorging, von 15
Freunden berichtlich vernahm, und so mußte denn
auch die Unterhaltung erst durch Billette, dann durch
Zwiegespräche, später in dem kleinsten Cirkel statt
finden: vielleicht die günstigste Weise, wie ich sie
kennen lernen und mich ihr, in so fern dieß möglich 20
war, auch mittheilen konnte.

Mit entschiedenem Andrang verfolgte sie ihre Ab=
sicht, unsere Zustände kennen zu lernen, sie ihren
Begriffen ein= und unterzuordnen, sich nach dem Ein=
zelnen so viel als möglich zu erkundigen, als Welt= 25
frau sich die geselligen Verhältnisse klar zu machen,
in ihrer geistreichen Weiblichkeit die allgemeineren

Vorstellungsarten und was man Philosophie nennt,
zu durchdringen und zu durchschauen. Ob ich nun
gleich gar keine Ursache hatte mich gegen sie zu ver=
stellen, wiewohl ich, auch wenn ich mich gehen lasse,
doch immer von den Leuten nicht recht gefaßt werde;
so trat doch hier ein äußerer Umstand ein, der mich
für den Augenblick scheu machte. Ich erhielt so eben
ein erst herausgekommenes französisches Buch, die
Correspondenz von ein paar Frauenzimmern mit
Rousseau enthaltend. Sie hatten den unzugänglichen
scheuen Mann ganz eigentlich mystificirt, indem sie
ihn erst durch kleine Angelegenheiten zu interessiren,
zu einem Briefwechsel mit ihnen anzulocken gewußt,
den sie, nachdem sie den Scherz genug hatten, zu=
sammenstellen und drucken ließen.

Hierüber gab ich mein Mißfallen an Frau von
Stael zu erkennen, welche die Sache leicht nahm, so=
gar zu billigen schien und nicht undeutlich zu ver=
stehen gab: sie denke ungefähr gleicherweise mit uns
zu verfahren. Weiter bedurft' es nichts, um mich
aufmerksam und vorsichtig zu machen, mich einiger=
maßen zu verschließen.

Die großen Vorzüge dieser hochdenkenden und
empfindenden Schriftstellerin liegen jedermann vor
Augen, und die Resultate ihrer Reise durch Deutsch=
land zeigen genugsam, wie wohl sie ihre Zeit an=
gewendet.

Ihre Zwecke waren vielfach: sie wollte das sitt=

liche, gesellige, literarische Weimar kennen lernen und
sich über alles genau unterrichten; dann aber wollte
auch sie gekannt sein, und suchte daher ihre Ansichten
eben so geltend zu machen, als es ihr darum zu
thun schien, unsre Denkweise zu erforschen. Allein
dabei konnte sie es nicht lassen; auch wirken wollte
sie auf die Sinne, auf's Gefühl, auf den Geist, sie
wollte zu einer gewissen Thätigkeit aufregen, deren
Mangel sie uns vorwarf.

Da sie keinen Begriff hatte von dem was Pflicht
heißt, und zu welcher stillen gefaßten Lage sich der=
jenige, der sie übernimmt, entschließen muß, so sollte
immerfort eingegriffen, augenblicklich gewirkt, so wie
in der Gesellschaft immer gesprochen und verhandelt
werden.

Die Weimaraner sind gewiß eines Enthusiasmus
fähig, vielleicht gelegentlich auch eines falschen, aber
das französische Auflodern ließ sich nicht von ihnen
erwarten, am wenigsten zu einer Zeit, wo die fran=
zösische Übergewalt so allseitig drohte und stillkluge
Menschen das unausweichliche Unheil voraussahen,
das uns im nächsten Jahre an den Rand der Ver=
nichtung führen sollte.

Auch vorlesend und declamirend wollte Frau von
Stael sich Kränze erwerben. Ich entschuldigte mich
von einem Abend, wo sie Phädra vortrug und wo
ihr der mäßige deutsche Beifall keineswegs genug that.

Philosophiren in der Gesellschaft heißt sich über

unauflösliche Probleme lebhaft unterhalten. Dieß
war ihre eigentliche Lust und Leidenschaft. Natür=
licherweise trieb sie es in Reden und Wechselreden
gewöhnlich bis zu denen Angelegenheiten des Denkens
und Empfindens, die eigentlich nur zwischen Gott
und dem Einzelnen zur Sprache kommen sollten.
Dabei hatte sie, als Frau und Französin, immer die
Art, auf Hauptstellen positiv zu verharren, und
eigentlich nicht genau zu hören, was der andere sagte.
Durch alles dieses war der böse Genius in mir
aufgeregt, daß ich nicht anders als widersprechend
dialektisch und problematisch alles Vorkommende be=
handelte, und sie durch hartnäckige Gegensätze oft zur
Verzweiflung brachte, wo sie aber erst recht liebens=
würdig war, und ihre Gewandtheit im Denken und
Erwidern auf die glänzendste Weise darthat.
Noch hatte ich mehrmals unter vier Augen folge=
rechte Gespräche mit ihr, wobei sie jedoch auch nach
ihrer Weise lästig war, indem sie über die bedeutend=
sten Vorkommenheiten nicht einen Augenblick stilles
Nachdenken erlaubte, sondern leidenschaftlich verlangte,
man solle bei dringenden Angelegenheiten, bei den
wichtigsten Gegenständen eben so schnell bei der Hand
sein, als wenn man einen Federball aufzufangen hätte.
Ein Geschichtchen statt vieler möge hier Platz
nehmen: Frau von Stael trat einen Abend vor der
Hofzeit bei mir ein und sagte gleich zum Willkom=
men, mit heftiger Lebhaftigkeit: „Ich habe Euch eine

wichtige Nachricht anzukündigen: Moreau ist arretirt
mit einigen andern, und des Verraths gegen den
Tyrannen angeklagt." -- Ich hatte seit langer Zeit,
wie jedermann, an der Persönlichkeit des Edlen Theil
genommen, und war seinem Thun und Handeln ge=
folgt: ich rief im Stillen mir das Vergangene zurück,
um, nach meiner Art, daran das Gegenwärtige zu
prüfen und das Künftige daraus zu schließen, oder
doch wenigstens zu ahnen. Die Dame veränderte das
Gespräch, dasselbe wie gewöhnlich auf mannichfach
gleichgültige Dinge führend, und als ich in meinem
Grübeln verharrend ihr nicht sogleich gesprächig zu
erwidern wußte, erneuerte sie die schon oft vernom=
menen Vorwürfe: ich sei diesen Abend wieder einmal,
gewohnter Weise, maussade und keine heitere Unter=
haltung bei mir zu finden. — Ich ward wirklich im
Ernste böse, versicherte, sie sei keines wahren Antheils
fähig: sie falle mit der Thür in's Haus, betäube
mich mit einem derben Schlag, und verlange sodann,
man solle alsobald sein Liedchen pfeifen und von
einem Gegenstand zum andern hüpfen.

Dergleichen Äußerungen waren recht in ihrem
Sinn, sie wollte Leidenschaft erregen, gleichviel welche.
Um mich zu versöhnen, sprach sie die Momente des
gedachten wichtigen Unfalls gründlich durch und bewies
dabei große Einsicht in die Lage der Dinge, wie in
die Charaktere.

Ein anderes Geschichtchen bezeugt gleichfalls, wie

heiter und leicht mit ihr zu leben war, wenn man
es auf ihre Weise nahm. An einem personenreichen
Abendessen bei Herzogin Amalie saß ich weit von ihr,
und war eben auch für dießmal still und mehr nach=
5 denklich. Meine Nachbarschaft verwies es mir, und
es gab eine kleine Bewegung, deren Ursache endlich
bis zu den höhern Personen hinaufreichte. Frau
von Stael vernahm die Anklage meines Schweigens,
äußerte sich darüber wie gewöhnlich, und fügte hinzu:
10 „Überhaupt mag ich Goethe nicht, wenn er nicht eine
Bouteille Champagner getrunken hat." Ich sagte
darauf halb laut, so daß es nur meine Nächsten
vernehmen konnten: da müssen wir uns denn doch
schon manchmal zusammen bespitzt haben. Ein
15 mäßiges Gelächter entstand darauf; sie wollte den
Anlaß erfahren, niemand konnte und mochte meine
Worte im eigentlichsten Sinne französisch wieder
geben; bis endlich Benjamin Constant, auch ein
Nahsitzender, auf ihr anhaltendes Fordern und
20 Drängen um die Sache abzuschließen, es unternahm,
ihr mit einer euphemistischen Phrase genug zu thun.

Was man jedoch von solchen Verhältnissen hinter=
her denken und sagen mag, so ist immer zu bekennen,
daß sie von großer Bedeutung und Einfluß auf die
25 Folge gewesen. Jenes Werk über Deutschland, wel=
ches seinen Ursprung dergleichen geselligen Unterhal=
tungen verdankte, ist als ein mächtiges Rüstzeug an=
zusehen, das in die chinesische Mauer antiquirter

Vorurtheile, die uns von Frankreich trennte, sogleich
eine breite Lücke durchbrach), so daß man über dem
Rhein und, in Gefolg dessen, über dem Canal, endlich
von uns nähere Kenntniß nahm, wodurch wir nicht
anders als lebendigen Einfluß auf den fernern
Westen zu gewinnen hatten. Segnen wollen wir
also jenes Unbequeme und den Conflict nationeller
Eigenthümlichkeiten, die uns damals ungelegen kamen
und keineswegs förderlich erscheinen wollten.

Eben so hätten wir dankbar der Gegenwart Herrn
Benjamin Constant zu gedenken.

Gegen Ende Juni begab ich mich nach Jena und
ward gleich an demselbigen Abend durch lebhafte
Johannisfeuer munter genug empfangen. Es ist keine
Frage: daß sich diese Lustflammen auf den Bergen,
sowohl in der Nähe der Stadt, als wenn man das
Thal auf= und abwärts fährt, überraschend freundlich
ausnehmen.

Nach Verschiedenheit der vorhandenen Materialien,
ihrer Menge, mehr oder weniger Schnelligkeit der
Verwendung, züngeln sie bald obeliskenn= bald pyra=
midenartig in die Höhe, scheinen glühend zu verlöschen
und leben auf einmal ermuntert wieder auf. Und
so sieht man ein solches feuriges Wechselspiel thalauf
thalab, auf die mannichfaltigste Weise belebend fort=
setzen.

Unter allen diesen Erscheinungen that sich eine
zwar nur auf kürzere Zeit, aber bedeutend und auf=

fallend hervor. Auf der Spitze des Hausberges, wel=
cher, von seiner Vorderseite angesehen, kegelartig in
die Höhe steigt, flammte gleichmäßig ein bedeutendes
Feuer empor, doch hatte es einen beweglichern und
unruhigern Charakter; auch verlief nur kurze Zeit,
als es sich in zwei Bächen an den Seiten des Kegels
herunterfließend sehen ließ; diese in der Mitte durch
eine feurige Querlinie verbunden zeigten ein colossales
leuchtendes A, auf dessen Gipfel eine starke Flamme
gleichsam als Krone sich hervorthat und auf den
Namen unserer verehrten Herzogin Mutter hindeutete.
Diese Erscheinung ward mit allgemeinem Beifall auf=
genommen; fremde Gäste fragten verwundert über
die Mittel, wodurch ein so bedeutendes und Festlich=
keit krönendes Feuergebilde habe veranstaltet werden
können.

Sie erfuhren jedoch gar bald, daß dieses das
Werk einer vereinigten Menge war und einer solchen,
von der man es am wenigsten erwartet hätte.

Die Universitätsstadt Jena, deren unterste ärmste
Classe sich so fruchtbar erweis't, wie es in den größten
Städten sich zu ereignen pflegt, wimmelt von Knaben
verschiedenen Alters, welche man gar füglich den
Lazzaroni's vergleichen kann. Ohne eigentlich zu bet=
teln, nehmen sie durch Vielthätigkeit das Wohlthun
der Einwohner, besonders aber der Studirenden in
Anspruch. Bei vorzüglicher Frequenz der Akademie
hatte sich diese Erwerbsclasse besonders vermehrt: sie

standen am Markte und an den Straßenecken überall
bereit, trugen Botschaften hin und wieder, bestellten
Pferde und Wagen, trugen die Stammbücher hin und
her und sollicitirten das Einschreiben, alles gegen
geringe Retributionen, welche denn doch ihnen und
ihren Familien bedeutend zu Gute kamen. Man
nannte sie Mohren, wahrscheinlich weil sie von der
Sonne verbrannt, sich durch eine dunklere Gesichts=
farbe auszeichneten.

Diese hatten sich schon lange her das Recht an=
gemaßt, das Feuer auf der Spitze des Hausbergs an=
zuzünden und zu unterhalten, welches anzufachen und
zu ernähren sie sich folgender Mittel bedienten. Eben
so den weiblichen Dienstboten der bürgerlichen Häuser
als den Studirenden willfährig, wußten sie jene durch
manche Gefälligkeit zu verpflichten, dergestalt daß
ihnen die Besenstumpfen das Jahr über aufbewahrt
und zu dieser Festlichkeit abgeliefert wurden. Um
diese regelmäßig in Empfang zu nehmen, theilten sie
sich in die Quartiere der Stadt und gelangten am
Abend des Johannistags schaarenweis zusammen auf
der Spitze des Hausberges an, wo sie dann ihre Reis=
fackeln so schnell als möglich entzündeten, und sodann
mit ihnen mancherlei Bewegungen machten, welche
sich dießmal zu einem großen A gestalteten, da sie
denn still hielten und jeder an seinem Platze die
Flamme so lange als möglich zu erhalten suchten.

Diese lebhafte Erscheinung, bei einem heitern

Abendgelag von versammelten Freunden gewahrt und
bewundert, eignete sich auf alle Fälle, einigen Enthu=
siasmus zu erregen. Man stieß auf das Wohl der
verehrten Fürstin an, und, da schon seit einiger Zeit
5 eine immer ernstere Polizei dergleichen feurige Lust=
barkeiten zu verbieten Anstalten machte, so bedauerte
man, daß eine solche Seelenfreude künftig nicht mehr
genossen werden sollte, und äußerte den Wunsch für
die Dauer einer solchen Gewohnheit in dem heitern
10 Toast:

> Johannisfeuer sei unverwehrt,
> Die Freude nie verloren!
> Besen werden immer stumpf gekehrt
> Und Jungens immer geboren.

15 Einer gründlichern Heiterkeit genoß man bei Unter=
suchung der dortigen wissenschaftlichen Anstalten; be=
sonders hatte die Sammlung der mineralogischen
Gesellschaft an Reichthum und Ordnung merklich zu=
genommen. Die Blitzsinter, welche zu der Zeit erst
20 lebhaft zur Sprache gekommen, gaben, wie es mit
allem bedeutenden Neuen geschieht, dem Studium ein
frisches Interesse. Geognostische Erfahrungen, geolo=
gische Gedanken in ein folgerechtes Anschauen einzu=
leiten, gedachte man an ein Modell, das bei'm ersten
25 Anblick eine anmuthige Landschaft vorstellen, deren
Unebenheiten bei dem Auseinanderziehen des Ganzen
durch die innerlich angedeuteten verschiedenen Gebirgs=
arten rationell werden sollten. Eine Anlage im

Kleinen ward gemacht, anfänglich nicht ohne Erfolg, nachher aber durch andere Interessen beseitigt und durch streitige Vorstellungsarten über dergleichen problematische Dinge der Vergessenheit übergeben.

Die von Hofrath Büttner hinterlassene Bibliothek gab noch immer manches zu thun, und das Binden der Bücher, das nachherige Einordnen manche Beschäftigung.

Höchst erfreulich aber bei allem diesem war der Besuch meines gnädigsten Herrn, welcher mit Geh. Rath von Voigt, einem in diesen Geschäften eifrig mitwirkenden Staatsmanne, herüberkam. Wie belohnend war es für einen solchen Fürsten zu wirken, welcher immer neue Aussichten dem Handeln und Thun eröffnete, sodann die Ausführung mit Vertrauen seinen Dienern überließ, immer von Zeit zu Zeit wieder einmal hereinsah und ganz richtig beurtheilte, inwiefern man den Absichten gemäß gehandelt hatte; da man ihn denn wohl ein und das andere Mal durch die Resultate schnellerer Fortschritte zu überraschen wußte.

Bei seiner dießmaligen Anwesenheit wurde der Beschluß reif, ein anatomisches Museum einzurichten, welches bei Abgang eines Professors der Anatomie der wissenschaftlichen Anstalt verbleiben müsse. Es ward dieses um so nöthiger, als bei Entfernung des bedeutenden Loderischen Kabinetts eine große Lücke in diesem Fach empfunden wurde. Professor Ackermann, von

Heidelberg berufen, machte sich's zur Pflicht, sogleich
in diesem Sinne zu arbeiten und zu sammeln, und
unter seiner Anleitung gedieh gar bald das Unter=
nehmen zuerst im didaktischen Sinne, welcher durchaus
ein anderer ist als der wissenschaftliche, der zugleich
auf Neues, Seltenes, ja Curioses Aufmerksamkeit und
Bemühung richtet, und nur in Gefolg des ersten aller=
dings Platz finden kann und muß.

Je weiter ich in meinen chromatischen Studien
vorrückte, desto wichtiger und liebwerther wollte mir
die Geschichte der Naturwissenschaften überhaupt er=
scheinen. Wer dem Gange einer höhern Erkenntniß
und Einsicht getreulich folgt, wird zu bemerken haben,
daß Erfahrung und Wissen fortschreiten und sich
bereichern können, daß jedoch das Denken und die
eigentlichste Einsicht keineswegs in gleicher Maße
vollkommener wird, und zwar aus der ganz natür=
lichen Ursache, weil das Wissen unendlich und jedem
neugierig Umherstehenden zugänglich, das Überlegen,
Denken und Verknüpfen aber innerhalb eines ge=
wissen Kreises der menschlichen Fähigkeiten einge=
schlossen ist; dergestalt, daß das Erkennen der vor=
liegenden Weltgegenstände, vom Fixstern bis zum
kleinsten lebendigen Lebepunct, immer deutlicher und
ausführlicher werden kann, die wahre Einsicht in die
Natur dieser Dinge jedoch in sich selbst gehindert ist
und dieses in dem Grade, daß nicht allein die In=
dividuen, sondern ganze Jahrhunderte vom Irrthum

zur Wahrheit, von der Wahrheit zum Irrthum sich
in einem stetigen Kreise bewegen.

In diesem Jahre war ich bis zu der wichtigen Zeit
gelangt, wo die nachher königlich genannte englische
Gesellschaft sich erst in Oxford, dann in London zusammen that, durch mannichfaltige wichtige Hindernisse aufgehalten, sodann durch den großen Brand in
London in ihrer Thätigkeit unterbrochen, zuletzt aber
immer mehr eingerichtet, geordnet und gegründet war.

Die Geschichte dieser Societät von Thomas Sprat
las ich mit großem Beifall, und bedeutender Belehrung, was auch strengere Forderer gegen diesen
freilich etwas flüchtigen Mann mögen einzuwenden
haben. Geistreich ist er immer, und läßt uns in die
Zustände recht eigentlich hineinblicken.

Die Protokolle dieser Gesellschaft, herausgegeben
von Birch, sind dagegen unbestritten ganz unschätzbar.
Die Anfänge einer so großen Anstalt geben uns genug
zu denken. Ich widmete diesem Werke jede ruhige
Stunde, und habe von dem was ich mir davon zugeeignet, in meiner Geschichte der Farbenlehre kurze
Rechenschaft gegeben.

Hier darf ich aber nicht verschweigen, daß diese
Werke von der Göttinger Bibliothek, durch die Gunst
des edlen Heyne mir zugekommen, dessen nachsichtige
Geneigtheit durch viele Jahre mir ununterbrochen zu
Theil ward, wenn er gleich öfters wegen verspäteter
Zurücksendung mancher bedeutenden Werke einen klei-

nen Unwillen nicht ganz verbarg. Freilich war meine
desultorische Lebens= und Studienweise meistens Schuld,
daß ich an tüchtige Werke nur einen Anlauf nehmen
und sie wegen äußerer Zudringlichkeiten bei Seite
5 legen mußte, in Hoffnung eines günstigern Augen=
blicks, der sich denn wohl auf eine lange Zeitstrecke
verzögerte.

Winckelmanns frühere Briefe an Hofr. Berendis
waren schon längst in meinen Händen, und ich hatte
10 mich zu ihrer Ausgabe vorbereitet. Um das was
zu Schilderung des außerordentlichen Mannes auf
mannichfaltige Weise dienen könnte, zusammenzustellen,
zog ich die werthen Freunde, Wolf in Halle, Meyer
in Weimar, Fernow in Jena, mit in's Interesse,
15 und so bildete sich nach und nach der Octavband, wie
er sodann in die Hände des Publicums gelangte.

Ein französisches Manuscript, Diderot's Neffe,
ward mir von Schillern eingehändigt, mit dem
Wunsche, ich möchte solches übersetzen. Ich war von
20 jeher, zwar nicht für Diderot's Gesinnungen und
Denkweise, aber für seine Art der Darstellung als
Autor ganz besonders eingenommen, und ich fand das
mir vorliegende kleine Heft von der größten auf=
regenden Trefflichkeit. Frecher und gehaltener, geist=
25 reicher und verwegener, unsittlich=sittlicher war mir
kaum etwas vorgekommen; ich entschloß mich daher
sehr gern zur Übersetzung; rief zu eignem und fremdem
Verständniß das früher Eingesehene aus den Schätzen

der Literatur hervor, und so entstand, was ich unter
der Form von Noten in alphabetischer Ordnung dem
Werk hinzufügte, und es endlich bei Göschen heraus=
gab. Die deutsche Übersetzung sollte vorausgehen, und
das Original bald nachher abgedruckt werden. Hievon
überzeugt versäumte ich eine Abschrift des Originals
zu nehmen, woraus, wie später zu erzählen sein wird,
gar wunderliche Verhältnisse sich hervorthaten.

Die neue Allgemeine Literaturzeitung bewegte sich
mit jedem Monat lebendiger vorwärts, nicht ohne
mancherlei Anfechtungen, doch ohne eigentliches Hinder=
niß. Alles Für und Wider, was hier durchgefochten
werden mußte, im Zusammenhang zu erzählen, würde
keine unangenehme Aufgabe sein, und der Gang eines
wichtigen literarischen Unternehmens wäre jedenfalls
belehrend. Hier können wir uns jedoch nur durch ein
Gleichniß ausdrücken. Der Irrthum jenseits bestand
darin: Man hatte nicht bedacht, daß man von
einem militärisch=günstigen Posten wohl eine Batterie
wegführen und an einen andern bedeutenden versetzen
kann, daß aber dadurch der Widersacher nicht ver=
hindert wird, an der verlassenen Stelle sein Geschütz
aufzufahren, um für sich gleiche Vortheile daraus zu
gewinnen. An der Leitung des Geschäftes nahm ich
fortwährenden lebhaften Antheil: von Recensionen,
die ich lieferte, will ich nur die der Vossischen Gedichte
nennen und bezeichnen.

Im Jahre 1797 hatte ich, mit dem aus Italien

zurückkehrenden Freunde Meyer, eine Wanderung nach
den kleinen Cantonen, wohin mich nun schon zum
drittenmale eine unglaubliche Sehnsucht anregte, heiter
vollbracht. Der Vierwaldstädter See, die Schwyzer
5 Hocken, Flüelen und Altdorf, auf dem Hin= und Her=
wege nur wieder mit freiem offenem Auge beschaut,
nöthigten meine Einbildungskraft, diese Localitäten
als eine ungeheure Landschaft mit Personen zu be=
völkern, und welche stellten sich schneller dar als Tell
10 und seine wackern Zeitgenossen? Ich ersann hier an
Ort und Stelle ein episches Gedicht, dem ich um so
lieber nachhing als ich wünschte, wieder eine größere
Arbeit in Hexametern zu unternehmen, in dieser
schönen Dichtart, in die sich nach und nach unsre
15 Sprache zu finden wußte, wobei die Absicht war, mich
immer mehr durch Übung und Beachtung mit Freun=
den darin zu vervollkommnen.

Von meinen Absichten melde nur mit wenigem,
daß ich in dem Tell eine Art von Demos darzustellen
20 vorhatte und ihn deßhalb als einen colossal kräftigen
Lastträger bildete, die rohen Thierselle und sonstige
Waaren durch's Gebirg herüber und hinüber zu tragen
sein Lebenlang beschäftigt, und, ohne sich weiter um
Herrschaft noch Knechtschaft zu bekümmern, sein Ge=
25 werbe treibend und die unmittelbarsten persönlichen
Übel abzuwehren fähig und entschlossen. In diesem
Sinne war er den reichern und höhern Landsleuten
bekannt, und harmlos übrigens auch unter den frem=

den Bedrängern. Diese seine Stellung erleichterte
mir eine allgemeine in Handlung gesetzte Exposition,
wodurch der eigentliche Zustand des Augenblicks an=
schaulich ward.

Mein Landvoigt war einer von den behaglichen
Tyrannen, welche herz= und rücksichtlos auf ihre
Zwecke hindringen, übrigens aber sich gern bequem
finden, deßhalb auch leben und leben lassen, dabei
auch humoristisch gelegentlich dieß oder jenes verüben,
was entweder gleichgültig wirken oder auch wohl
Nutzen und Schaden zur Folge haben kann. Man
sieht aus beiden Schilderungen, daß die Anlage meines
Gedichtes von beiden Seiten etwas Läßliches hatte
und einen gemessenen Gang erlaubte, welcher dem
epischen Gedichte so wohl ansteht. Die älteren Schwei=
zer und deren treue Repräsentanten, an Besitzung,
Ehre, Leib und Ansehn verletzt, sollten das sittlich
Leidenschaftliche zur inneren Gährung, Bewegung und
endlichem Ausbruch treiben, indeß jene beiden Figuren
persönlich gegen einander zu stehen und unmittelbar
auf einander zu wirken hatten.

Diese Gedanken und Einbildungen, so sehr sie
mich auch beschäftigt und sich zu einem reifen Ganzen
gebildet hatten, gefielen mir ohne daß ich zur Aus=
führung mich hätte bewegt gefunden. Die deutsche
Prosodie, insofern sie die alten Sylbenmaße nach=
bildete, ward, anstatt sich zu regeln, immer proble=
matischer; die anerkannten Meister solcher Künste und

Künstlichkeiten lagen bis zur Feindschaft in Wider=
streit. Hierdurch ward das Zweifelhafte noch unge=
wisser; mir aber, wenn ich etwas vorhatte, war es
unmöglich über die Mittel erst zu denken, wodurch
5 der Zweck zu erreichen wäre; jene mußten mir schon
bei der Hand sein, wenn ich diesen nicht alsobald
aufgeben sollte.

Über dieses innere Bilden und äußere Unterlassen
waren wir in das neue Jahrhundert eingetreten. Ich
10 hatte mit Schiller diese Angelegenheit oft besprochen
und ihn mit meiner lebhaften Schilderung jener Fels=
wände und gedrängten Zustände oft genug unter=
halten, dergestalt daß sich bei ihm dieses Thema nach
seiner Weise zurechtstellen und formen mußte. Auch
15 er machte mich mit seinen Ansichten bekannt, und ich
entbehrte nichts an einem Stoff der bei mir den
Reiz der Neuheit und des unmittelbaren Anschauens
verloren hatte, und überließ ihm daher denselben gerne
und förmlich, wie ich schon früher mit den Kranichen
20 des Ibycus und manchem andern Thema gethan hatte;
da sich denn aus jener obigen Darstellung, verglichen
mit dem Schillerischen Drama, deutlich ergibt, daß
ihm alles vollkommen angehört, und daß er mir nichts
als die Anregung und eine lebendigere Anschauung
25 schuldig sein mag, als ihm die einfache Legende hätte
gewähren können.

Eine Bearbeitung dieses Gegenstandes ward immer=
fort, wie gewöhnlich, unter uns besprochen, die Rollen

zuletzt nach seiner Überzeugung ausgetheilt, die Proben
gemeinschaftlich vielfach und mit Sorgfalt behandelt;
auch suchten wir in Costüm und Decoration nur
mäßig, wiewohl schicklich und charakteristisch, zu ver=
fahren, wobei, wie immer, mit unsern ökonomischen
Kräften die Überzeugung zusammentraf, daß man mit
allem Äußern mäßig verfahren, hingegen das Innere,
Geistige so hoch als möglich steigern müsse. Überwiegt
jenes, so erdrückt der einer jeden Sinnlichkeit am Ende
doch nicht genugthuende Stoff alles das eigentlich
höher Geformte, dessentwegen das Schauspiel eigentlich
nur zulässig ist. Den 17. März war die Aufführung
und durch diese erste wie durch die folgenden Vor=
stellungen, nicht weniger durch das Glück, welches
dieses Werk durchaus machte, die darauf gewendete
Sorgfalt und Mühe vollkommen gerechtfertigt und
belohnt.

Der Verabredung mit Schiller gemäß ein Reperto=
rium unsers deutschen Theaters nach und nach zu
bilden, versuchte ich mich an Götz von Berlichingen
ohne dem Zweck genug thun zu können. Das Stück
blieb immer zu lang, in zwei Theile getheilt war es
unbequem, und der fließende historische Gang hinderte
durchaus ein stationäres Interesse der Scenen, wie es
auf dem Theater gefordert wird. Indessen war die
Arbeit angefangen und vollendet, nicht ohne Zeit=
verlust und sonstige Unbilden.

In diesen Zeiten meldete sich auch bei mir Graf

Zenobio, um die fünfzig Carolin wieder zu empfan=
gen, die er vor einigen Jahren bei mir niedergelegt
hatte; sie waren als Preis ausgesetzt für die beste
Auflösung einer von ihm gestellten Frage, die ich
gegenwärtig nicht mehr zu articuliren wüßte, die aber
auf eine wunderliche Weise da hinausging: wie es
eigentlich von jeher mit der Bildung der Menschen
und menschlicher Gesellschaft zugegangen sei. Man
hätte sagen mögen, die Antwort sei in Herders
Ideen und sonstigen Schriften der Art schon enthalten
gewesen; auch hätte Herder in seinem früheren
Vigor um diesen Preis zu gewinnen wohl noch ein=
mal zu einen faßlichen Résumé seine Feder walten
lassen.

Der gute wohldenkende Fremde, der sich's um die
Aufklärung der Menschen etwas wollte kosten lassen,
hatte sich von der Universität Jena eine Vorstellung
gemacht, als wenn es eine Akademie der Wissenschaften
wäre. Von ihr sollten die eingekommenen Arbeiten
durchgesehen und beurtheilt werden. Wie sonderbar
eine solche Forderung zu unsern Zuständen paßte, ist
bald übersehen. Indessen besprach ich die Sache mit
Schillern weitläufig, sodann auch mit Griesbach.
Beide fanden die Aufgabe allzuweit umgreisend und
doch gewissermaßen unbestimmt. Ju wessen Namen
sollte sie ausgeschrieben, von wem sollte sie beurtheilt
werden, und welcher Behörde durfte man zumuthen,
die eingehenden Schriften, welche nicht anders als

umfänglich sein konnten, selbst von dem besten Kopfe ausgearbeitet, durchzuprüfen? Der Conflict zwischen den Anatoliern und Ökumeniern war damals leb= hafter als jetzt; man fing an sich zu überzeugen, daß das Menschengeschlecht überall unter gewissen Natur= bedingungen habe entstehen können, und daß jede so entstehende Menschenrace sich ihre Sprache nach orga= nischen Gesetzen habe erfinden müssen. Jene Frage nöthigte nun auf diese Anfänge hinzudringen. Ent= schied man sich für eine Seite, so konnte der Auf= satz keinen allgemeinen Beifall erwarten; schwanken zwischen beiden war nicht ein Leichtes. Genug, nach vielen Hin= und Widerreden ließ ich Preis und Frage ruhen, und vielleicht hatte unser Mäcen in der Zwischenzeit andere Gedanken gefaßt, und glaubte sein Geld besser anwenden zu können, welches aus meiner Verwahrung und Verantwortung los zu wer= den für mich ein angenehmes Ereigniß war.

1805.

Also ward auch dieses Jahr mit den besten Vor= sätzen und Hoffnungen angefangen, und zumal De= metrius umständlich öfters besprochen. Weil wir aber beide durch körperliche Gebrechen öfters in den Hauptarbeiten gestört wurden, so setzte Schiller die Übertragung der Phädra, ich die des Rameau fort, wobei nicht eigne Production verlangt, sondern unser Talent durch fremde, schon vollendete Werke aufgeheitert und angeregt wurde.

Ich ward bei meiner Arbeit aufgemuntert, ja genöthigt die französische Literatur wieder vorzunehmen, und zu Verständniß des seltsamen frechen Büchleins manche, für uns Deutsche wenigstens, völlig verschollene Namen in charakteristischen Bildern abermals zu beleben. Musikalische Betrachtungen rief ich auch wieder hervor, obgleich diese mir früher so angenehme Beschäftigung lange geschwiegen hatte. Und so benutzte ich manche Stunde, die mir sonst in Leiden und Ungeduld verloren gegangen wäre. Durch einen sonderbar glücklichen Zufall traf zu gleicher Zeit ein Franzose hier ein, Namens Texier, welcher sein Talent, französische Komödien mit abwechselnder Stimme, wie ihre Schauspieler sie vortragen, munter und geistreich vorzulesen, bei Hofe mehrere Abende hindurch zu bewundern gab; mir besonders zu Genuß und Nutzen, da ich Moliéren, den ich höchlich schätzte, dem ich jährlich einige Zeit widmete, um eine wohl empfundene Verehrung immer wieder zu prüfen und zu erneuen, nunmehr in lebendiger Stimme von einem Landsmann vernahm, der gleichfalls von einem so großen Talente durchdrungen, mit mir in Hochschätzung desselben darstellend wetteiferte.

Schiller, durch den dreißigsten Januar gedrängt, arbeitete fleißig an Phädra, die auch wirklich am be=

stimmten Tage aufgeführt ward, und hier am Orte
wie nachher auswärts bedeutenden Schauspielerinnen
Gelegenheit gab sich hervorzuthun und ihr Talent
zu steigern.

Indessen war ich durch zwei schreckhafte Vorfälle, 5
durch zwei Brände welche in wenigen Abenden und
Nächten hinter einander entstanden, und wobei ich
jedesmal persönlich bedroht war, in mein Übel, aus
dem ich mich zu retten strebte, zurückgeworfen. Schiller
fühlte sich von gleichen Banden umschlungen. Unsere 10
persönlichen Zusammenkünfte waren unterbrochen; wir
wechselten fliegende Blätter. Einige im Februar und
März von ihm geschriebene zeugen noch von seinen
Leiden, von Thätigkeit, Ergebung und immer mehr
schwindender Hoffnung. Anfangs Mai wagt' ich mich 15
aus, ich fand ihn im Begriff in's Schauspiel zu
gehen, wovon ich ihn nicht abhalten wollte: ein Miß=
behagen hinderte mich ihn zu begleiten, und so schieden
wir vor seiner Hausthüre um uns niemals wieder
zu sehen. Bei dem Zustande meines Körpers und 20
Geistes, die nun aufrecht zu bleiben aller eigenen
Kraft bedurften, wagte niemand die Nachricht von
seinem Scheiden in meine Einsamkeit zu bringen. Er
war am Neunten verschieden, und ich nun von allen
meinen Übeln doppelt und dreifach angefallen.   25

Als ich mich ermannt hatte, blickt' ich nach einer
entschiedenen großen Thätigkeit umher; mein erster
Gedanke war den Demetrius zu vollenden. Von

dem Vorsatz an bis in die letzte Zeit hatten wir den
Plan öfters durchgesprochen: Schiller mochte gern
unter dem Arbeiten mit sich selbst und andern für
und wider streiten, wie es zu machen wäre; er ward
5 eben so wenig müde fremde Meinungen zu vernehmen
wie seine eigenen hin und her zu wenden. Und so
hatte ich alle seine Stücke, vom Wallenstein an, zur
Seite begleitet, meistentheils friedlich und freundlich,
ob ich gleich manchmal, zuletzt wenn es zur Aufführung
10 kam, gewisse Dinge mit Heftigkeit bestritt, wobei denn
endlich einer oder der andere nachzugeben für gut
fand. So hatte sein aus= und aufstrebender Geist
auch die Darstellung des Demetrius in viel zu großer
Breite gedacht; ich war Zeuge wie er die Exposition
15 in einem Vorspiel bald dem Wallensteinischen, bald
dem Orleanischen ähnlich ausbilden wollte, wie er
nach und nach sich in's Engere zog, die Hauptmomente
zusammenfaßte, und hie und da zu arbeiten anfing.
Indem ihn ein Ereigniß vor dem andern anzog, hatte
20 ich beiräthig und mitthätig eingewirkt, das Stück
war mir so lebendig als ihm. Nun brannt' ich vor
Begierde unsere Unterhaltung, dem Tode zu Trutz,
fortzusetzen, seine Gedanken, Ansichten und Absichten
bis in's Einzelne zu bewahren, und ein herkömmliches
25 Zusammenarbeiten bei Redaction eigener und fremder
Stücke hier zum letztenmal auf ihrem höchsten Gipfel
zu zeigen. Sein Verlust schien mir ersetzt, indem ich
sein Dasein fortsetzte. Unsere gemeinsamen Freunde

hofft' ich zu verbinden; das deutsche Theater, für
welches wir bisher gemeinschaftlich, er dichtend und
bestimmend, ich belehrend, übend und ausführend
gearbeitet hatten, sollte, bis zur Herankunft eines
frischen ähnlichen Geistes, durch seinen Abschied nicht
ganz verwais't sein. Genug, aller Enthusiasmus den
die Verzweiflung bei einem großen Verlust in uns
aufregt, hatte mich ergriffen. Frei war ich von aller
Arbeit, in wenigen Monaten hätte ich das Stück
vollendet. Es auf allen Theatern zugleich gespielt zu
sehen, wäre die herrlichste Todtenfeier gewesen, die er
selbst sich und den Freunden bereitet hätte. Ich schien
mir gesund, ich schien mir getröstet. Nun aber setzten
sich der Ausführung mancherlei Hindernisse entgegen,
mit einiger Besonnenheit und Klugheit vielleicht zu
beseitigen, die ich aber durch leidenschaftlichen Sturm
und Verworrenheit nur noch vermehrte; eigensinnig
und übereilt gab ich den Vorsatz auf, und ich darf
noch jetzt nicht an den Zustand denken, in welchen
ich mich versetzt fühlte. Nun war mir Schiller eigent=
lich erst entrissen, sein Umgang erst versagt. Meiner
künstlerischen Einbildungskraft war verboten sich mit
dem Katafalk zu beschäftigen, den ich ihm aufzurichten
gedachte, der länger als jener zu Messina, das Be=
gräbniß überdauern sollte; sie wendete sich nun und
folgte dem Leichnam in die Gruft, die ihn gepränglos
eingeschlossen hatte. Nun fing er mir erst an zu ver=
wesen; unleidlicher Schmerz ergriff mich, und da mich

körperliche Leiden von jeglicher Geſellſchaft trennten,
ſo war ich in traurigſter Einſamkeit befangen. Meine
Tagebücher melden nichts von jener Zeit; die weißen
Blätter deuten auf den hohlen Zuſtand, und was
ſonſt noch an Nachrichten ſich findet, zeugt nur, daß
ich den laufenden Geſchäften ohne weitern Antheil
zur Seite ging und mich von ihnen leiten ließ, an=
ſtatt ſie zu leiten. Wie oft mußt' ich nachher im
Laufe der Zeit ſtill bei mir lächeln, wenn theil=
nehmende Freunde Schillers Monument in Weimar
vermißten; mich wollte fort und fort bedünken, als
hätt' ich ihm und unſerm Zuſammenſein das er=
freulichſte ſtiften können.

Die Überſetzung von Rameau's Neffen war noch
durch Schillern nach Leipzig geſandt. Einige ge=
ſchriebene Hefte der Farbenlehre erhielt ich nach ſeinem
Tode zurück. Was er bei angeſtrichenen Stellen ein=
zuwenden gehabt, konnt' ich mir in ſeinem Sinne
deuten, und ſo wirkte ſeine Freundſchaft vom Todten=
reiche aus noch fort, als die meinige unter die Leben=
digen ſich gebannt ſah.

Die einſame Thätigkeit mußt' ich nun auf einen
andern Gegenſtand werfen. Winckelmanns Briefe,
die mir zugekommen waren, veranlaßten mich über
dieſen herrlichen, längſt vermißten Mann zu denken,
und was ich über ihn ſeit ſo viel Jahren im Geiſt
und Gemüth herumgetragen in's Enge zu bringen.
Manche Freunde waren ſchon früher zu Beiträgen

aufgefordert, ja Schiller hatte versprochen nach seiner
Weise Theil zu nehmen.

Nun aber darf ich es wohl als die Fürsorge eines
gutgesinnten Genius preisen, daß ein vorzüglich ge=
schätzter und verehrter Mann, mit dem ich früher nur 5
in den allgemeinen Verhältnissen eines gelegentlichen
Briefwechsels und Umgangs gestanden, sich mir näher
anzuschließen Veranlassung fühlte. Professor Wolf
aus Halle bewährte seine Theilnahme an Winckelmann
und dem was ich für sein Andenken zu thun gedachte, 10
durch Übersendung eines Aufsatzes, der mir höchlich
willkommen war, ob er ihn gleich für unbefriedigend
erklärte. Schon im März des Jahres hatte er sich
bei uns angekündigt, die sämmtlichen Weimarischen
Freunde freuten sich ihn abermals in ihrem Kreise 15
zu besitzen, den er leider um ein edles Mitglied ver=
mindert, und uns alle in tiefer Herzenstrauer fand,
als er am 30. Mai in Weimar anlangte, begleitet von
seiner jüngeren Tochter, die in allen Reizen der frischen
Jugend mit dem Frühling wetteiferte. Ich konnte 20
den werthen Mann gastfreundlich aufnehmen und so
mit ihm höchst erfreulich belehrende Stunden zubringen.
Da nun in so vertraulichem Verhältniß jeder offen
von demjenigen sprach, was ihm zunächst am Herzen
lag, so that sich sehr bald die Differenz entschieden 25
hervor, die zwischen uns beiden obwaltete. Hier war
sie von anderer Art als diejenige, welche mich mit
Schiller anstatt zu entzweien innigst vereinigte. Schil=

lers ideeller Tendenz konnte sich meine reelle gar wohl
nähern, und weil beide vereinzelt doch nicht zu ihrem
Ziele gelangen, so traten beide zuletzt in einem
lebendigen Sinne zusammen.

Wolf dagegen hatte sein ganzes Leben den schrift=
lichen Überlieferungen des Alterthums gewidmet, sie,
insofern es möglich war, in Handschriften, oder sonst
in Ausgaben, genau untersucht und verglichen. Sein
durchdringender Geist hatte sich der Eigenheit der
verschiedenen Autoren, wie sie sich nach Orten und
Zeiten ausspricht, dergestalt bemächtigt, sein Urtheil
auf den höchsten Grad geschärft, daß er in dem Unter=
schied der Sprache und des Stils zugleich den Unter=
schied des Geistes und des Sinnes zu entdecken wußte,
und dieß vom Buchstaben, von der Sylbe hinauf bis
zum rhythmischen und prosaischen Wohlklang, von
der einfachen Wortfügung bis zur mannichfaltigen
Verflechtung der Sätze.

War es daher ein Wunder, daß ein so großes
Talent, das mit solcher Sicherheit in diesem Elemente
sich erging, mit einer fast magischen Gewandtheit
Tugenden und Mängel zu erkennen und einem jeden
seine Stelle nach Ländern und Jahren anzuweisen
verstand, und so im höchsten Grade die Vergangenheit
sich vergegenwärtigen konnte! — War es also ein
Wunder, daß ein solcher Mann dergleichen durch=
greifende Bemühungen auf das höchste schätzen und
die daraus entspringenden Resultate für einzig halten

mußte! Genug, aus seinen Unterhaltungen ging her=
vor: er achte das nur einzig für geschichtlich, für
wahrhaft glaubwürdig, was durch geprüfte und zu
prüfende Schrift aus der Vorzeit zu uns herüber=
gekommen sei.

Dagegen hatten die Weimarischen Freunde mit
denselben Überzeugungen einen andern Weg einge=
schlagen; bei leidenschaftlicher Neigung für bildende
Kunst mußten sie gar bald gewahr werden, daß auch
hier das Geschichtliche sowohl der Grund eines jeden
Urtheils als einer praktischen Nacheiferung werden
könne. Sie hatten daher sowohl alte als neuere Kunst
auf ihrem Lebenswege immer geschichtlich zu betrachten
sich gewöhnt, und glaubten auch von ihrer Seite sich
gar manches Merkmals bemächtigt zu haben, woran
sich Zeit und Ort, Meister und Schüler, Ursprüng=
liches und Nachgeahmtes, Vorgänger und Nachfolger
füglich unterscheiden ließen.

Wenn nun im lebhaftesten Gespräche beide Arten
die Vergangenheit sich zu vergegenwärtigen zur Sprache
kamen, so durften die Weimarischen Kunstfreunde
sich wohl gegen den trefflichen Mann im Vortheil
dünken, da sie seinen Studien und Talenten volle
Gerechtigkeit widerfahren ließen, ihren Geschmack an
dem seinigen schärften, mit ihrem geistigen Vermögen
seinem Geiste nachzudringen suchten und sich also im
höheren Sinne auferbaulich bereicherten. Dagegen
läugnete er hartnäckig die Zulässigkeit ihres Verfahrens,

und es fand sich kein Weg ihn vom Gegentheil zu über=
zeugen: denn es ist schwer, ja unmöglich demjenigen der
nicht aus Liebe und Leidenschaft sich irgend einer Be=
trachtung gewidmet hat und dadurch auch nach und
nach zur genauern Kenntniß und zur Vergleichungs=
fähigkeit gelangt ist, auch nur eine Ahnung des zu
unterscheidenden aufzuregen, weil denn doch immer
zuletzt in solchem Falle an Glauben, an Zutrauen
Anspruch gemacht werden muß. Wenn wir ihm nun
sehr willig zugaben, daß einige Reden Cicero's, vor
denen wir den größten Respect hatten, weil sie zu
unserm wenigen Latein uns behülflich gewesen waren,
für später untergeschobenes Machwerk und keineswegs
für sonderliche Redemuster zu achten seien, so wollte
er uns dagegen keineswegs zugeben, daß man auch die
überbliebenen Bildwerke nach einer gewissen Zeitfolge
zuversichtlich ordnen könne.

Ob wir nun gleich gern einräumten, daß auch
hier manches problematisch möchte liegen bleiben: wie
denn ja auch der Schriftforscher weder sich selbst noch
andere jederzeit völlig befriedigen werde: so konnten
wir doch niemals von ihm erlangen, daß er unseren
Documenten gleiche Gültigkeit mit den seinigen, unse=
rer durch Übung erworbenen Sagacität gleichen Werth
wie der seinigen zugestanden hätte. Aber eben aus
diesem hartnäckigen Conflict ging für uns der be=
deutende Vortheil hervor, daß alle die Argumente für
und wider auf das entschiedenste zur Sprache kamen,

und es denn nicht fehlen konnte, daß jeder, indem er
den andern zu erleuchten trachtete, bei sich selbst auch
heller und klarer zu werden bestrebt sein mußte.

Da nun allen diesen Bestrebungen Wohlwollen,
Neigung, Freundschaft, wechselseitiges Bedürfniß zum
Grunde lag, weil beide Theile währender Unterhaltung
noch immer ein Unendliches von Kenntniß und Be=
streben vor sich sahen, so herrschte in der ganzen Zeit
eines längeren Zusammenseins eine aufgeregte Munter=
keit, eine heftige Heiterkeit, die kein Stillstehen duldete,
und innerhalb desselben Kreises immer neue Unter=
haltung fand.

Nun aber mußte, indem von der ältern Kunst=
geschichte die Rede war, der Name Phidias oft genug
erwähnt werden, der so gut der Welt= als der Kunst=
geschichte angehört: denn was wäre die Welt ohne
Kunst? und so ergab sich's ganz natürlich, daß der
beiden Colossal=Köpfe der Dioskuren von Monte
Cavallo als in Rudolstadt befindlich gedacht wurde.
Der ungläubige Freund nahm hievon Gelegenheit
zu einer Spazierfahrt, als Beweis des guten Willens
sich uns zu nähern, allein, wie voraus zu sehen war,
ohne sonderlichen Erfolg: denn er fand leider die beiden
Riesenköpfe, für welche man bis jetzt keinen schicklichen
Raum finden können, an der Erde stehen; da denn
nur dem liebevollsten Kenner ihre Trefflichkeit hätte
entgegen leuchten mögen, indem jedes faßliche An=
schauen ihrer Vorzüge versagt war. Wohl aufge=

nommen von dem dortigen Hofe vergnügte er sich in
den bedeutend schönen Umgebungen, und so kam er,
nach einem Besuch in Schwarzburg, mit seinem Be=
gleiter, Freund Meyer, vergnügt und behaglich, aber
5 nicht überzeugt zurück.

Die Weimarischen Kunstfreunde hatten sich bei
dem Aufenthalt dieses höchst werthen Mannes so viel
Fremdes zugeeignet, so viel Eigenes aufgeklärt und
geordnet, daß sie in mehr als Einem Sinne sich ge=
10 fördert finden mußten, und da nun ihr Gast noch
außerdem lebenslustig als theilnehmender Gesellschafter
sich erwies, so war durch ihn der ganze Kreis auf
das schönste belebt, und auch er kehrte mit heiterem
Sinne und mit dringender Einladung zu einem bal=
15 digen Gegenbesuch in Halle, wohlgemuth nach Hause
zurück.

Ich hatte daher die schönste Veranlassung abermals
nach Lauchstädt zu gehen, obgleich das Theater mich
eigentlich nicht hinforderte. Das Repertorium enthielt
20 so manches dort noch nicht gesehene Gute und Treff=
liche, so daß wir mit dem anlockenden Worte zum
erstenmale gar manchen unserer Anschläge zieren
konnten. Möge hier den Freunden der Theatergeschichte
zu Liebe die damaligen Constellation vorgeführt wer=
25 den, womit wir in jener Sphäre zu glänzen suchten.
Als meistens neu, oder doch sehr beliebt, erschienen
an Trauer= und Heldenspielen: Othello, Regulus,
Wallenstein, Nathan der Weise, Götz von

Berlichingen, Jungfrau von Orleans, Johanna
von Montfaucon. Ebenmäßig führte man an Lust=
und Gefühlspielen folgende vor: Lorenz Stark,
Beschämte Eifersucht, Mitschuldige, Laune
des Verliebten, die beiden Klingsberge, Huf= 5
siten und Pagenstreiche. An Singspielen wurden
vorgetragen: Saalnixe, Cosa Rara, Fanchon,
Unterbrochenes Opferfest, Schatzgräber, Soli=
man der Zweite: zum Schlusse sodann das Lied
von der Glocke, als ein werthes und würdiges An= 10
denken des verehrten Schiller, da einer beabsichtigten
eigentlichen Feier sich mancherlei Hindernisse entgegen=
stellten.

Bei einem kurzen Aufenthalt in Lauchstädt suchte
ich daher vorzüglich dasjenige zu besorgen was an 15
Baulichkeiten und sonstigen Localitäten, nicht weniger
was mit dortigen Beamten zu verabreden und fest=
zustellen war, und begab mich darauf nach Halle, wo
ich in dem Hause meines Freundes die gastlichste
Aufnahme fand. Die vor kurzem abgebrochene Unter= 20
haltung ward lebhaft fortgesetzt, und nach vielen Sei=
ten hin erweitert: denn da ich hier den unablässig
arbeitenden Mann, mitten in seiner täglichen, be=
stimmten, manchmal aufgenöthigten Thätigkeit fand;
so gab es tausend Gelegenheiten, einen neuen Gegen= 25
stand, eine verwandte Materie, irgend eine in's Leben
eingreifende Handlung zum Text geistreicher Gespräche
aufzufassen, wobei denn der Tag und halbe Nächte

ſchnell vorüber gingen, aber bedeutenden Reichthum
zurückließen.

Hatte ich nun an ihm die Gegenwart eines un=
geheuren Wiſſens zu bewundern, ſo war ich doch auch
neugierig zu vernehmen, wie er das Einzelne an die
Jugend methodiſch und eingänglich überliefere. Ich
hörte daher, durch ſeine liebenswürdige Tochter geleitet,
hinter einer Tapetenthüre ſeinem Vortrag mehrmals zu,
wo ich denn alles was ich von ihm erwarten konnte
in Thätigkeit fand: eine aus der Fülle der Kenntniß
hervortretende freie Überlieferung, aus gründlichſtem
Wiſſen mit Freiheit, Geiſt und Geſchmack ſich über
die Zuhörer verbreitende Mittheilung.

Was ich unter ſolchen Verhältniſſen und Zuſtänden
gewonnen, läßt ſich nicht überſehen; wie einflußreich
dieſe wenigen Monate auf mein Leben geweſen, wird
aber der Verſtändige im Allgemeinen mitempfinden
können.

Hierauf nun erwartete mich in einem andern Fache
eine höchſt durchgreifende Belehrung. Doctor Gall
begann ſeine Vorleſungen in den erſten Tagen des
Auguſt, und ich geſellte mich zu den vielen ſich an
ihn herandrängenden Zuhörern. Seine Lehre mußte
gleich ſo wie ſie bekannt zu werden anfing, mir dem
erſten Anblicke nach zuſagen. Ich war gewohnt das
Gehirn von der vergleichenden Anatomie her zu be=
trachten, wo ſchon dem Auge kein Geheimniß bleibt,
daß die verſchiedenen Sinne als Zweige des Rücken=

marks ausfließen und erst einfach, einzeln zu erkennen,
nach und nach aber schwerer zu beobachten sind, bis
allmählich die angeschwollene Masse Unterschied und
Ursprung völlig verbirgt. Da nun eben diese orga=
nische Operation sich in allen Systemen des Thiers
von unten auf wiederholt und sich vom Greiflichen
bis zum Unbemerkbaren steigert; so war mir der
Hauptbegriff keineswegs fremd, und sollte Gall, wie
man vernahm, auch durch seinen Scharfblick verleitet
zu sehr in's Specifische gehen, so hing es ja nur von
uns ab, ein scheinbar paradoxes Absondern in ein
faßlicher Allgemeines hinüber zu heben. Man konnte
den Mord=, Raub= und Diebsinn so gut als die
Kinder=, Freundes= und Menschenliebe unter allge=
meinere Rubriken begreifen und also gar wohl gewisse
Tendenzen mit dem Vorwalten gewisser Organe in
Bezug setzen.

Wer jedoch das Allgemeine zum Grund legt, wird
sich nicht leicht einer Anzahl wünschenswerther Schüler
zu erfreuen haben; das Besondere hingegen zieht die
Menschen an und mit Recht: denn das Leben ist auf's
Besondere angewiesen, und gar viele Menschen können
im Einzelnen ihr Leben fortsetzen ohne daß sie nöthig
hätten weiter zu gehen als bis dahin, wo der Menschen=
verstand noch ihren fünf Sinnen zu Hülfe kommt.

Bei'm Anfang seiner Vorträge brachte er einiges
die Metamorphose der Pflanze Berührendes zur Sprache,
so daß der neben mir sitzende Freund Loder mich mit

einiger Verwunderung ansah; aber eigentlich zu ver=
wundern war es, daß er, ob er gleich diese Analogie
gefühlt haben mußte, in der Folge nicht wieder darauf
zurück kam, da doch diese Idee gar wohl durch sein
5 ganzes Geschäft hätte walten können.

Außer diesen öffentlichen, vorzüglich craniologischen
Belehrungen entfaltete er privatim das Gehirn selbst
vor unsern Augen, wodurch denn meine Theilnahme
sich steigerte. Denn das Gehirn bleibt immer der
10 Grund und daher das Hauptaugenmerk, da es sich
nicht nach der Hirnschale, sondern diese nach jenem
zu richten hat, und zwar dergestalt, daß die innere
Diploe der Hirnschale vom Gehirn festgehalten und
an ihre organische Beschränkung gefesselt wird; da=
15 gegen denn, bei genugsamem Vorrath von Knochen=
masse, die äußere Lamina sich bis in's Monstrose zu
erweitern und innerhalb so viele Kammern und Fächer
auszubilden das Recht behauptet.

Galls Vortrag durfte man wohl als den Gipfel
20 vergleichender Anatomie anerkennen, denn ob er gleich
seine Lehre von dorther nicht ableitete und mehr von
außen nach innen verfuhr, auch sich mehr eine Be=
lehrung als eine Ableitung zum Zweck vorzusetzen
schien: so stand doch alles mit dem Rückenmark in
25 solchem Bezug, daß dem Geist vollkommene Freiheit
blieb sich nach seiner Art diese Geheimnisse auszulegen.
Auf alle Weise war die Gallische Entfaltung des
Gehirns in einem höheren Sinne als jene in der

Schule hergebrachte, wo man etagen= oder segment=
weise von oben herein, durch bestimmten Messerschnitt
von gewissen unter einander folgenden Theilen Anblick
und Namen erhielt, ohne daß auf irgend etwas weiter
daraus wäre zu folgern gewesen. Selbst die Basis
des Gehirns, die Ursprünge der Nerven, blieben Local=
kenntnisse, denen ich, so ernst mir es auch war, nichts
abgewinnen konnte; weßhalb auch noch vor kurzem
die schönen Abbildungen von Vicq d'Azyr mich völlig
in Verzweiflung gesetzt hatten.

Doctor Gall war in der Gesellschaft, die mich so
freundlich aufgenommen hatte, gleichfalls mit einge=
schlossen, und so sahen wir uns täglich, fast stündlich,
und das Gespräch hielt sich immer in dem Kreise
seiner bewundernswürdigen Beobachtung; er scherzte
über uns alle und behauptete, meinem Stirnbau zu=
folge: ich könne den Mund nicht aufthun, ohne einen
Tropus auszusprechen; worauf er mich denn freilich
jeden Augenblick ertappen konnte. Mein ganzes Wesen
betrachtet, versicherte er ganz ernstlich, daß ich eigentlich
zum Volksredner geboren sei. Dergleichen gab nun
zu allerlei scherzhaften Bezügen Gelegenheit, und ich
mußte es gelten lassen, daß man mich mit Chrysostomus
in Eine Reihe zu setzen beliebte.

Nun mochte freilich solche geistige Anstrengung,
verflochten in geselliges Wohlleben, meinen körperlichen
Zuständen nicht eben zusagen; es überfiel mich ganz
unversehens der Paroxysmus eines herkömmlichen

Übels, das von den Nieren ausgehend sich von Zeit
zu Zeit durch krankhafte Symptome schmerzlich an=
kündigte. Es brachte mir dießmal den Vortheil einer
größern Annäherung an Bergrath Reil, welcher als
5 Arzt mich behandelnd mir zugleich als Praktiker, als
denkender, wohlgesinnter und anschauender Mann be=
kannt wurde. Wie sehr er sich meinen Zustand
angelegen sein ließ, davon gibt ein eigenhändiges
Gutachten Zeugniß, welches vom 17. Septbr. dieses
10 Jahrs unter meinen Papieren noch mit Achtung ver=
wahrt wird.

Doctor Galls ferneren Unterricht sollte ich denn
auch nicht vermissen: er hatte die Gefälligkeit, den
Apparat jeder Vorlesung auf mein Zimmer zu schaffen
15 und mir, der ich durch mein Übel an höherer Be=
schauung und Betrachtung nicht gehindert war, sehr
auslangende Kenntniß und Übersicht seiner Über=
zeugungen mitzutheilen.

Doctor Gall war abgegangen und besuchte Göttin=
20 gen, wir aber wurden durch die Aussicht eines eigenen
Abenteuers angezogen. Der wunderliche, in manchem
Sinne viele Jahre durch schon bekannte problematische
Mann, Hofrath Beireis in Helmstädt, war mir
schon so oft genannt, seine Umgebung, sein merk=
25 würdiger Besitz, sein sonderbares Betragen, so wie
das Geheimniß, das über allem diesem waltete, hatte
schon längst auf mich und meine Freunde beunruhigend
gewirkt, und man mußte sich schelten, daß man eine

so einzig merkwürdige Persönlichkeit, die auf eine
frühere vorübergehende Epoche hindeutete, nicht mit
Augen gesehen, nicht im Umgang einigermaßen erforscht
habe. Professor Wolf war in demselbigen Falle,
und wir beschlossen, da wir den Mann zu Hause 5
wußten, eine Fahrt nach ihm, der wie ein geheimniß=
voller Greif über außerordentlichen und kaum denk=
baren Schätzen waltete. Mein humoristischer Reise=
gefährte erlaubte gern, daß mein vierzehnjähriger Sohn
August Theil an dieser Fahrt nehmen durfte, und 10
dieses gerieth zur besten geselligen Erheiterung; denn
indem der tüchtige gelehrte Mann den Knaben unaus=
gesetzt zu necken sich zum Geschäft machte, so durfte
dieser des Rechts der Nothwehr, welche denn auch,
wenn sie gelingen soll, offensiv verfahren muß, sich 15
zu bedienen, und wie der Angreifende auch wohl
manchmal die Gränze überschreiten zu können glauben;
wobei sich denn wohl mitunter die wörtlichen Neckereien
in Kitzeln und Balgen zu allgemeiner Heiterkeit, ob=
gleich im Wagen etwas unbequem, zu steigern pflegten. 20
Nun machten wir Halt in Bernburg, wo der würdige
Freund gewisse Eigenheiten in Kauf und Tausch nicht
unterließ, welche der junge lose Vogel, auf alle Hand=
lungen seines Gegners gespannt, zu bemerken, hervor=
zuheben und zu bescherzen nicht ermangelte. 25

Der eben so treffliche als wunderliche Mann hatte
auf alle Zöllner einen entschiedenen Haß geworfen
und konnte sie, selbst wenn sie ruhig und mit Nach=

sicht verfuhren, ja wohl eben deßhalb, nicht ungehudelt
lassen, woraus denn unangenehme Begebenheiten bei=
nahe entstanden wären.

Da nun aber auch dergleichen Abneigungen und
Eigenheiten uns in Magdeburg vom Besuch einiger ver=
dienten Männer abhielten, so beschäftigte ich mich
vorzüglich mit den Alterthümern des Doms, betrachtete
die plastischen Monumente, vorzüglich die Grabmäler.
Ich spreche nur von drei bronzenen derselben, welche
für drei Erzbischöfe von Magdeburg errichtet waren.
Adelbert II. nach 1403 steif und starr, aber sorgfältig
und einigermaßen natürlich, unter Lebensgröße. Fried=
rich nach 1464 über Lebensgröße, natur= und kunst=
gemäßer. Ernst mit der Jahrzahl 1499, ein unschätz=
bares Denkmal von Peter Vischer, das wenigen zu
vergleichen ist. Hieran konnte ich mich nicht genug
erfreuen: denn wer einmal auf die Zunahme der Kunst,
auf deren Abnahme, Ausweichen zur Seite, Rückkehr
in den rechten Weg, Herrschaft einer Hauptepoche,
Einwirkung der Individualitäten gerichtet, Aug' und
Sinn darnach gebildet hat, der findet kein Zwie=
gespräch belehrender und unterhaltender als das
schweigsame in einer Folge von solchen Monumenten.
Ich verzeichnete meine Bemerkungen sowohl zur Übung
als Erinnerung, und finde die Blätter noch mit Ver=
gnügen unter meinen Papieren; doch wünschte ich
nichts mehr in diesen Stunden, als daß eine genaue
Nachbildung, besonders des herrlichen Vischerschen

Monuments vorhanden sein möge. (Ist späterhin
lobenswürdig mitgetheilt worden.)

Stadt, Festung und, von den Wällen aus, die
Umgegend ward mit Aufmerksamkeit und Theilnahme
betrachtet; besonders verweilte mein Blick lange auf
der großen Baumgruppe, welche nicht allzufern die
Fläche zu zieren ehrwürdig dastand. Sie beschattete
Kloster Bergen, einen Ort, der mancherlei Erinnerun=
gen aufrief. Dort hatte Wieland in allen concen=
trirten jugendlichen Zartgefühlen gewandelt, zu höherer
literarischen Bildung den Grund gelegt; dort wirkte
Abt Steinmetz in frommem Sinne, vielleicht einseitig,
doch redlich und kräftig. Und wohl bedarf die Welt,
in ihrer unfrommen Einseitigkeit, auch solcher Licht=
und Wärmequellen, um nicht durchaus im egoistischen
Irrsaale zu erfrieren und zu verdursten.

Bei wiederholten Besuchen des Doms bemerkten
wir einen lebhaften Franzosen in geistlicher Kleidung,
der von dem Küster umher geführt sich mit seinen
Gefährten sehr laut unterhielt, indessen wir als Ein=
gewohnte unsere stillen Zwecke verfolgten. Wir er=
fuhren, es sei der Abbé Gregoire, und ob ich gleich
sehr neugierig war mich ihm zu nähern und eine
Bekanntschaft anzuknüpfen, so wollte doch mein
Freund, aus Abneigung gegen den Gallier, nicht ein=
willigen, und wir begnügten uns in einiger Ferne
beschäftigt sein Betragen genauer zu bemerken und
seine Urtheile, die er laut aussprach, zu vernehmen.

Wir verfolgten unsern Weg, und da der Über=
gang aus einer Flußregion in die andere immer der
Hauptaugenmerk mein des Geognosten war, so fielen
mir die Sandsteinhöhen auf, die nun, statt nach der
5 Elbe, nach der Weser hindeuteten. Helmstädt selbst
liegt ganz freundlich, der Sand ist dort, wo ein ge=
ringes Wasser fließt, durch Gärten und sonst an=
muthige Umgebung gebändigt. Wer nicht gerade den
Begriff einer lebhaften deutschen Akademie mitbringt,
10 der wird angenehm überrascht sein, in einer solchen
Lage eine ältere beschränkte Studienanstalt zu finden,
wo auf dem Fundament eines frühern Klosterwesens
Lehrstühle späterer Art gegründet worden, wo gute
Pfründen einen behaglichen Sitz darbieten, wo alt=
15 räumliche Gebäude einem anständigen Haushalt, be=
deutenden Bibliotheken, ansehnlichen Kabinetten hin=
reichenden Platz gewähren, und eine stille Thätigkeit
desto emsiger schriftstellerisch wirken kann, als eine
geringe Versammlung von Studirenden nicht jene Hast
20 der Überlieferung fordert, die uns auf besuchten Akade=
mien nur übertäubt.

Das Personal der Lehrer war auf alle Weise
bedeutend; ich darf nur die Namen Henke, Pott,
Lichtenstein, Crell, Bruns und Bredow nennen,
25 so weiß jedermann den damaligen Cirkel zu schätzen,
in welchem die Reisenden sich befanden. Gründliche
Gelehrsamkeit, willige Mittheilungen, durch immer
nachwachsende Jugend erhaltene Heiterkeit des Um=

gangs, frohe Behaglichkeit bei ernsten und zweck=
mäßigen Beschäftigungen, das alles wirkte so schön
in einander, wozu noch die Frauen mitwirkten, ältere
durch gastfreie Häuslichkeit, jüngere Gattinnen mit
Anmuth, Töchter in aller Liebenswürdigkeit, sämmtlich ₅
nur einer allgemeinen einzigen Familie anzugehören
scheinend. Eben die großen Räume altherkömmlicher
Häuser erlaubten zahlreiche Gastmahle und die be=
suchtesten Feste.

Bei einem derselben zeigte sich auch der Unterschied ₁₀
zwischen mir und meinem Freunde. Am Ende einer
reichlichen Abendtafel hatte man uns beiden zwei
schöngeflochtene Kränze zugedacht; ich hatte dem schönen
Kinde, das mir ihn aufsetzte, mit einem lebhaft er=
widerten Kuß gedankt und mich eitel genug gefreut, ₁₅
als ich in ihren Augen das Bekenntniß zu lesen schien,
daß ich ihr so geschmückt nicht mißfalle. Indessen
sträubte sich mir gegenüber der eigensinnige Gast ge=
gen seine lebensmuthige Gönnerin gar widerspenstig,
und wenn auch der Kranz unter solchem Ziehen und ₂₀
Zerren nicht ganz entstellt wurde, so mußte doch das
liebe Kind sich einigermaßen beschämt zurückziehen, daß
sie ihn nicht losgeworden war.

Über so vieles Anmuthige hätten wir nun fast den
Zweck vergessen können, der uns eigentlich hieher ge= ₂₅
führt hatte: allein Beireis belebte durch seine heitere
Gegenwart jedes Fest. Nicht groß, wohl und beweg=
lich gebaut, konnte man eben die Legenden seiner

Fechterkünste gelten laſſen; eine unglaublich hohe und
gewölbte Stirn, ganz in Mißverhältniß der untern,
ſein zuſammengezogenen Theile, deutete auf einen
Mann von beſondern Geiſteskräften, und in ſo hohen
5 Jahren konnt' er ſich fürwahr einer beſonders muntern
und ungeheuchelten Thätigkeit erfreuen.

In Geſellſchaften, beſonders aber bei Tiſche, gab
er ſeiner Galanterie die ganz eigene Wendung, daß
er ſich als ehemaliger Verehrer der Mutter, als
10 jetziger Freier der Tochter oder Nichte ungezwungen
darzuſtellen wußte; und man ließ ſich dieſes oft
wiederholte Mährchen gern gefallen, weil zwar niemand auf den Beſitz ſeiner Hand, wohl aber mancher
gern auf einen Antheil an ſeinem Nachlaß Anſpruch
15 gemacht hätte.

Angemeldet wie wir waren, bot er uns alle Gaſt=
freundſchaft an: eine Aufnahme in ſein Haus lehnten
wir ab, dankbar aber ließen wir uns einen großen
Theil des Tags bei ihm unter ſeinen Merkwürdigkeiten
20 gefallen.

Gar manches von ſeinen früheren Beſitzungen,
das ſich dem Namen und dem Ruhme nach noch lebendig erhalten hatte, war in den jämmerlichſten
Umſtänden; die Vaucanſoniſchen Automaten fanden
25 wir durchaus paralyſirt. In einem alten Garten=
hauſe ſaß der Flötenſpieler in ſehr unſcheinbaren
Kleidern; aber er flötete nicht mehr, und Beireis zeigte
die urſprüngliche Walze vor, deren erſte einfache

Stückchen ihm nicht genügt hatten. Dagegen ließ
er eine zweite Walze sehen, die er von jahrelang
im Hause unterhaltenen Orgelkünstlern unternehmen
lassen, welche aber, da jene zu früh geschieden, nicht
vollendet noch an die Stelle gesetzt werden können, weß=
halb denn der Flötenspieler gleich anfangs verstummte.
Die Ente, unbefiedert, stand als Gerippe da, fraß den
Haber noch ganz munter, verdaute jedoch nicht mehr:
an allem dem ward er aber keineswegs irre, sondern
sprach von diesen veralteten halbzerstörten Dingen mit
solchem Behagen und so wichtigem Ausdruck, als wenn
seit jener Zeit die höhere Mechanik nichts frisches
Bedeutenderes hervorgebracht hätte.

In einem großen Saale, der Naturgeschichte ge=
widmet, wurde gleichfalls die Bemerkung rege, daß
alles was sich selbst erhält, bei ihm gut aufgehoben
sei. So zeigte er einen sehr kleinen Magnetstein vor,
der ein großes Gewicht trug, einen echten Prehniten
vom Cap von größter Schönheit, und sonstige Mine=
ralien in vorzüglichen Exemplaren.

Aber eine in der Mitte des Saals gedrängt stehende
Reihe ausgestopfter Vögel zerfielen unmittelbar durch
Mottenfraß, so daß Gewürm und Federn auf den
Gestellen selbst aufgehäuft lagen; er bemerkte dieß
auch und versicherte, es sei eine Kriegslist: denn alle
Motten des Hauses zögen sich hieher, und die übrigen
Zimmer blieben von diesem Geschmeiße rein. In ge=
ordneter Folge kamen denn nach und nach die sieben

Wunder von Helmstädt zu Tage; die Lieberkühnischen
Präparate, so wie die Hahnische Rechenmaschine. Von
jenen wurden einige wirklich bewundernswürdige Bei=
spiele vorgewiesen, an dieser complicirte Exempel
5 einiger Species durchgeführt. Das magische Orakel
jedoch war verstummt; Beireis hatte geschworen, die
gehorsame Uhr nicht wieder aufzuziehn, die auf seine,
des Entferntstehenden, Befehle bald still hielt, bald
fortging. Ein Officier, den man wegen Erzählung
10 solcher Wunder Lügen gestraft, sei im Duell erstochen
worden, und seit der Zeit habe er sich fest vorge=
nommen, seine Bewunderer nie solcher Gefahr wieder
auszusetzen, noch die Ungläubigen zu so übereilten
Gräuelthaten zu veranlassen.

15 Nach dem bisher Erzählten darf man nun wohl
sich einige Bemerkungen erlauben. Beireis im Jahre
1730 geboren fühlte sich als trefflicher Kopf eines
weit umfassenden Wissens fähig und zu vielseitiger
Ausübung geschickt. Den Anregungen seiner Zeit
20 zufolge bildete er sich zum Polyhistor, seine Thätig=
keit widmete er der Heilkunde, aber bei dem glück=
lichsten, alles festhaltenden Gedächtniß konnte er sich
anmaßen, in den sämmtlichen Facultäten zu Hause zu
sein, jeden Lehrstuhl mit Ehre zu betreten. Seine
25 Unterschrift in meines Sohnes Stammbuch lautet
folgendermaßen:

GODOFREDUS CHRISTOPHORUS BEIREIS,
Primarius Professor Medicinae, Chemiae, Chi-
rurgiae, Pharmaceutices, Physices, Botanices et
reliquae Historiae naturalis.

Helmstadii a. d. XVII Augusti MDCCCV.   5

Aus dem bisher Vorgezeigten jedoch ließ sich ein=
sehen, daß seine Sammlungen, dem naturhistorischen
Theile nach, einen eigentlichen Zweck haben konnten,
daß hingegen das, worauf er den meisten Werth legte,
eigentlich Curiositäten waren, die durch den hohen 10
Kaufpreis Aufmerksamkeit und Bewunderung erregen
sollten; wobei denn nicht vergessen wurde, daß bei
Ankauf desselben Kaiser und Könige überboten worden.

Dem sei nun wie ihm wolle, ansehnliche Summen
mußten ihm zu Gebote stehn; denn er hatte, wie 15
man wohl bemerken konnte, eben so sehr eine gelegene
Zeit zu solchen Ankäufen abgewartet, als auch mehr
denn andere vielleicht sich sogleich zahlungsfähig er=
wiesen. Obgenannte Gegenstände zeigte er zwar mit
Antheil und Behagen umständlich vor, allein die 20
Freude daran schien selbst gewissermaßen nur historisch
zu sein; wo er sich aber lebhaft, leidenschaftlich über=
redend und zudringlich bewies, war bei Vorzeigen
seiner Gemählde, seiner neuesten Liebhaberei, in die
er sich ohne die mindeste Kenntniß eingelassen hatte. 25
Bis in's Unbegreifliche ging der Grad, womit er sich
hierüber getäuscht hatte, oder uns zu täuschen suchte,
da er denn doch auch vor allen Dingen gewisse Curiosa

vorzustellen pflegte. Hier war ein Christus, bei dessen
Anblick ein Göttinger Professor in den bittersten
Thränenguß sollte ausgebrochen sein, sogleich darauf
ein von einer englischen Dogge angebelltes natürlich
genug gemahltes Brot auf dem Tische der Jünger
zu Emaus, ein anderes aus dem Feuer wunder=
würdig gerettetes Heiligenbild und was dergleichen
mehr sein mochte.

Die Art seine Bilder vorzuweisen war seltsam
genug, und schien gewissermaßen absichtlich; sie hingen
nämlich nicht etwa an den hellen breiten Wänden
seiner oberen Stockwerke wohlgenießbar neben einander,
sie standen vielmehr in seinem Schlafzimmer um das
große Thronhimmelbette an den Wänden geschichtet
über einander, von wo er, alle Hülfleistung ablehn=
nend, sie selbst herholte und dahin wieder zurück=
brachte. Einiges blieb in dem Zimmer um die Be=
schauer herumgestellt, immer enger und enger zog sich
der Kreis zusammen, so daß freilich die Ungeduld
unseres Reisegefährten allzustark erregt, plötzlich aus=
brach und sein Entfernen veranlaßte.

Es war mir wirklich angenehm, denn solche Qualen
der Unvernunft ertragen sich leichter allein als in
Gesellschaft eines einsichtigen Freundes, wo man bei
gesteigertem Unwillen jeden Augenblick einen Ausbruch
von einer oder der andern Seite befürchten muß.

Und wirklich war es auch zu stark, was Beireis
seinen Gästen zumuthete; er wußte sich nämlich damit

am meisten, daß er von den größten namhaften
Künstlern drei Stücke besitze, von der ersten, zweiten
und letzten Manier, und wie er sie vorstellte und
vortrug, war jede Art von Fassung, die dem Menschen
zu Gebot stehen soll, kaum hinreichend, denn die Scene 5
war lächerlich und ärgerlich beleidigend und wahn=
sinnig zugleich.

Die ersten Lehrlingsproben eines Rafael, Tizian,
Carracci, Correggio, Dominichin, Guido und
von wem nicht sonst waren nichts weiter als schwache, 10
von mäßigen Künstlern gefertigte, auch wohl copirte
Bilder. Hier verlangte er nun jederzeit Nachsicht
gegen dergleichen Anfänge, rühmte aber mit Be=
wunderung in den folgenden die außerordentlichsten
Fortschritte. Unter solchen der zweiten Epoche zuge= 15
schriebenen fand sich wohl manches Gute, aber von dem
Namen, dem es zugeeignet worden, sowohl dem Talent
als der Zeit nach himmelweit entfernt. Eben so ver=
hielt es sich mit den letzten, wo denn auch die leersten
Phrasen, deren anmaßliche Unkenner sich bedienen, 20
gar wohlgefällig vom Munde flossen.

Zum Beweis der Echtheit solcher und anderer
Bilder zeigte er die Auctions=Katalogen vor, und
freute sich der gedruckten Lobpreisung jeder von ihm
erstandenen Nummer. Darunter befanden sich zwar 25
echte aber stark restaurirte Originale; genug, an
irgend eine Art von Kritik war bei diesem sonst
werthen und würdigen Manne gar nicht zu denken.

Hatte man nun die meiste Zeit alle Geduld und
Zurückhaltung nöthig, so ward man denn doch mit=
unter durch den Anblick trefflicher Bilder getröstet
und belohnt.

5 Unschätzbar hielt ich Albrecht Dürers Porträt,
von ihm selbst gemahlt mit der Jahrzahl 1493, also
in seinem zwei und zwanzigsten Jahre, halbe Lebens=
größe, Bruststück, zwei Hände, Ellenbogen abgestutzt,
purpurrothes Mützchen mit kurzen schmalen Nesteln,
10 Hals bis unter die Schlüsselbeine bloß, am Hemde ge=
stickter Obersaum, die Falten der Ärmel mit pfirsich=
rothen Bändern unterbunden, blaugrauer mit gelben
Schnüren verbrämter Überwurf, wie sich ein feiner
Jüngling gar zierlich herausgeputzt hätte, in der Hand
15 bedeutsam ein blaublühendes Eryngium, im Deutschen
Mannstreue genannt, ein ernstes Jünglingsgesicht,
keimende Barthaare um Mund und Kinn, das Ganze
herrlich gezeichnet, reich und unschuldig, harmonisch
in seinen Theilen, von der höchsten Ausführung,
20 vollkommen Dürers würdig, obgleich mit sehr dünner
Farbe gemahlt, die sich an einigen Stellen zusammen=
gezogen hatte.

Dieses preiswürdige, durchaus unschätzbare Bild,
das ein wahrer Kunstfreund im goldenen Rahmen
25 eingefaßt im schönsten Schränkchen aufbewahrt hätte,
ließ er das auf ein dünnes Bret gemahlte, ohne irgend
einen Rahmen und Verwahrung. Jeden Augenblick
sich zu spalten drohend, ward es unvorsichtiger als

als jedes andere hervorgeholt, auf= und wieder bei
Seite gestellt, nicht weniger die dringende Theilnahme
des Gastes, die um Schonung und Sicherung eines
solchen Kleinods flehte, gleichgültig abgelehnt; er
schien sich wie Hofrath Büttner in einem herkömm=   5
lichen Unwesen eigensinnig zu gefallen.

Ferner gedenk' ich eines geistreich frei gemahlten
Bildes von Rubens, länglich, nicht allzugroß, wie
er sich's für solche ausgeführte Skizzen liebte. Eine
Höckenfrau sitzend in der Fülle eines wohlversorgten   10
Gemüskrams, Kohlhäupter und Salat aller Arten,
Wurzeln, Zwiebeln aller Farben und Gestalten; sie
ist eben im Handel mit einer stattlichen Bürgersfrau
begriffen, deren behagliche Würde sich gar gut aus=
nimmt neben dem ruhig anbietenden Wesen der Ver=   15
käuferin, hinter welcher ein Knabe, so eben im Begriff
einiges Obst zu stehlen, von ihrer Magd mit einem
unvorgesehenen Schlag bedroht wird. An der andern
Seite, hinter der angesehenen Bürgersfrau, sieht man
ihre Magd einen wohlgeflochtenen, mit Marktwaaren   20
schon einigermaßen versehenen Korb tragen, aber auch
sie ist nicht müßig, sie blickt nach einem Burschen
und scheint dessen Fingerzeig mit einem freundlichen
Blick zu erwidern. Besser gedacht und meisterhafter
ausgeführt war nicht leicht etwas zu schauen, und   25
hätten wir nicht unsere jährlichen Ausstellungen ab=
zuschließen festgestellt, so würden wir diesen Gegen=
stand, wie er hier beschrieben ist, als Preisaufgabe

geſetzt haben, um die Künſtler kennen zu lernen, die, von der überhandnehmenden Verirrung auf Goldgrund noch unangeſteckt, in's derbe friſche Leben Blick und Talent zu wenden geneigt wären.

5 Im kunſtgeſchichtlichen Sinne hatte denn auch Beireis, bei Aufhebung der Klöſter, mehr als Ein bedeutendes Bild gewonnen; ich betrachtete ſie mit Antheil und bemerkte manches in mein Taſchenbuch. Hier ſind' ich nun verzeichnet, daß außer dem erſten 10 vorgewieſenen, welches für echt byzantiniſch zu halten wäre, die übrigen alle in's funfzehnte, vielleicht in's ſechzehnte Jahrhundert fallen möchten. Zu einer ge=naueren Würdigung mangelte es mir an durchgrei=fender Kenntniß und bei einigem was ich allenfalls 15 noch hätte näher beſtimmen können, brachte mich Zeitrechnung und Nomenclatur unſeres wunderlichen Sammlers Schritt vor Schritt aus der Richte.

Denn er wollte nun ein= für allemal, wie perſönlich ſo auch in ſeinen Beſitzungen, einzig ſein, und wie er 20 jenes erſte byzantiniſche Stück dem vierten Jahrhun=dert zuſchrieb, ſo wies er ferner eine ununterbrochene Reihe aus dem fünften, ſechsten u. ſ. w. bis in's funfzehnte mit einer Sicherheit und Überzeugung vor, daß einem die Gedanken vergingen, wie es zu geſchehen 25 pflegt, wenn uns das handgreiflich Unwahre, als etwas das ſich von ſelbſt verſteht, zutraulich vorgeſprochen wird, wo man denn weder den Selbſtbetrug noch die Unverſchämtheit in ſolchem Grade für möglich hält.

Ein solches Beschauen und Betrachten ward sodann durch festliche Gastmahle gar angenehm unterbrochen. Hier spielte der seltsame Mann seine jugendliche Rolle mit Behagen fort, er scherzte mit den Müttern, als wenn sie ihm auch wohl früher hätten geneigt sein mögen, mit den Töchtern, als wenn er im Begriff wäre ihnen seine Hand anzubieten. Niemand erwiderte dergleichen Äußerungen und Anträge mit irgend einem Befremden, selbst die geistreichen männlichen Glieder der Gesellschaft behandelten seine Thorheiten mit einiger Achtung, und aus allem ging hervor, daß sein Haus, seine Natur= und Kunstschätze, seine Baarschaften und Capitalien, sein Reichthum, wirklich oder durch Großthun gesteigert, vielen in's Auge stach, weßhalb denn die Achtung für seine Verdienste auch seinen Seltsamkeiten das Wort zu reden schien.

Und gewiß es war niemand geschickter und gewandter Erbschleicherei zu erzeugen als er, ja es schien Maxime zu sein, sich dadurch eine neue künstliche Familie und die unfromme Pietät einer Anzahl Men= schen zu verschaffen.

In seinem Schlafzimmer hing das Bild eines jungen Mannes, von der Art wie man hunderte sieht, nicht ausgezeichnet, weder anziehend noch ab= stoßend; diesen ließ er seine Gäste gewöhnlich beschauen und bejammerte dabei das Ereigniß, daß dieser junge Mann, an den er vieles gewendet, dem er sein ganzes Vermögen zugedacht, sich gegen ihn untreu und un=

dankbar bewiesen, daß er ihn habe müssen fahren
lassen und nun vergebens nach einem zweiten sich
umsehe, mit dem er ein gleiches und glücklicheres
Verhältniß anknüpfen könne.

In diesem Vortrag war irgend etwas Schelmisches;
denn wie jeder bei Erblickung eines Lotterieplans das
große Loos auf sich bezieht, so schien auch jedem Zuhörer, wenigstens in dem Augenblick, ein Hoffnungs-
gestirn zu leuchten; ja ich habe kluge Menschen gekannt, die sich eine Zeitlang von diesem Irrlicht
nachziehen ließen.

Den größten Theil des Tages brachten wir bei
ihm zu, und Abends bewirthete er uns auf chinesischem
Porzellan und Silber mit fetter Schafmilch, die er
als höchst gesunde Nahrung pries und aufnöthigte.
Hatte man dieser ungewohnten Speise erst einigen
Geschmack abgewonnen, so ist nicht zu läugnen, daß
man sie gern genoß, und sie auch wohl als gesund
ansprechen durfte.

Und so besah man denn auch seine ältern Sammlungen, zu deren glücklichem Beischaffen historische
Kenntniß genügt, ohne Geschmack zu verlangen. Die
goldenen Münzen römischer Kaiser und ihrer Familien
hatte er auf's vollständigste zusammengebracht, welches
er durch die Katalogen des Pariser und Gothaischen
Kabinetts eifrig zu belegen und dabei zugleich sein
Übergewicht durch mehrere dort fehlende Exemplare
zu bezeugen wußte. Was jedoch an dieser Sammlung

am höchsten zu bewundern, war die Vollkommenheit
der Abdrücke, welche sämmtlich als kämen sie aus der
Münze vorlagen. Diese Bemerkung nahm er wohl
auf, und versicherte, daß er die einzelnen erst nach
und nach eingetauscht und mit schwerer Zubuße zu= 5
letzt erhalten und doch noch immer von Glück zu
sagen habe.

Brachte nun der geschäftige Besitzer aus einem
nebenstehenden Schrank neue Schieber zum Anschauen
so ward man sogleich der Zeit und dem Ort nach 10
anders wohin versetzt. Sehr schöne Silbermünzen
griechischer Städte lagen vor, die, weil sie lange genug
in feuchter verschlossener Luft aufbewahrt worden,
die wohlerhaltenen Gepräge mit einem bläulichen
Anhauch darwiesen. Eben so wenig fehlte es sodann 15
an goldenen Rosenoblen, päpstlichen älteren Münzen,
an Bracteaten, verfänglichen satyrischen Geprägen
und was man nur merkwürdig Seltsames bei einer
so zahlreichen altherkömmlichen Sammlung erwarten
konnte. 20

Nun war aber nicht zu läugnen, daß er in diesem
Fache unterrichtet und in gewissem Sinne ein Kenner
war: denn er hatte ja schon in früheren Jahren eine
kleine Abhandlung, wie echte und falsche Münzen
zu unterscheiden seien, herausgegeben. Indessen scheint 25
er auch hier wie in andern Dingen sich einige Willkür
vorbehalten zu haben, denn er behauptete, hartnäckig
und über alle Münzkenner triumphirend; die goldnen

Lyſimachen ſeien durchaus falſch, und behandelte deß=
halb einige vorliegende ſchöne Exemplare höchſt ver=
ächtlich. Auch dieſes ließen wir, wie manches andere,
hingehen und ergötzten uns mit Belehrung an dieſen
5 wirklich ſeltenen Schätzen.

Neben allen dieſen Merkwürdigkeiten, zwiſchen ſo
vieler Zeit, die uns Beireis widmete, trat immer zu=
gleich ſeine ärztliche Thätigkeit hervor; bald war er
Morgens früh ſchon vom Lande, wo er eine Bauers=
10 frau entbunden, zurückgekehrt, bald hatten ihn ver=
wickelte Conſultationen beſchäftigt und feſtgehalten.

Wie er nun aber zu ſolchen Geſchäften Tag und
Nacht bereit ſein könne, und ſie doch mit immer gleicher
äußerer Würde zu vollbringen im Stande ſei, machte
15 er auf ſeine Friſur aufmerkſam; er trug nämlich
rollenartige Locken, länglich, mit Nadeln geſteckt, feſt
gepicht über beiden Ohren. Das Vorderhaupt war
mit einem Toupee geſchmückt, alles feſt, glatt und
tüchtig gepudert. Auf dieſe Weiſe, ſagte er, laſſe er
20 ſich alle Abend friſiren, lege ſich, die Haare feſtge=
bunden, zu Bette, und welche Stunde er denn auch
zu einem Kranken gerufen werde, erſcheine er doch
ſo anſtändig, eben als wie er in jede Geſellſchaft
komme. Und es iſt wahr, man ſah ihn in ſeiner
25 hellblaugrauen vollſtändigen Kleidung, in ſchwarzen
Strümpfen und Schuhen mit großen Schnallen, über=
all ein= wie das anderemal.

Während ſolcher belebten Unterhaltung und fort=

dauernder Zerstreuung hatte er eigentlich von un=
glaublichen Dingen noch wenig vorgebracht; allein in
der Folge konnte er nicht ganz unterlaffen die Litanei
feiner Legenden nach und nach mitzutheilen. Als er
uns nun eines Tags mit einem ganz wohlbeftellten
Gaftmahle bewirthete, fo mußte man eine reichliche
Schüffel befonders großer Krebfe in einer fo bach= und
wafferarmen Gegend höchft merkwürdig finden; worauf
er denn verficherte, fein Fifchkaften dürfe niemals
ohne dergleichen Vorrath gefunden werden: er fei die=
fen Gefchöpfen fo viel fchuldig, er achte den Genuß
derfelben für fo heilfam, daß er fie nicht nur als
fchmackhaftes Gericht für werthe Gäfte, fondern als
das wirkfamfte Arzeneimittel in äußerften Fällen
immerfort bereit halte. Nun aber fchritt er zu einigen
geheimnißvollen Einleitungen, er fprach von gänzlicher
Erfchöpfung, in die er fich durch ununterbrochene
höchft wichtige, aber auch höchft gefährliche Arbeit
verfetzt gefehen, und wollte dadurch den fchwierigen
Proceß der höchften Wiffenfchaft verftanden wiffen.

In einem folchen Zuftande habe er nun ohne
Bewußtfein, in letzten Zügen, hoffnungslos dage=
legen, als ein junger, ihm herzlich verbundener Schüler
und Wärter, durch infpirationsmäßigen Inftinct
angetrieben, eine Schüffel großer gefottener Krebfe
feinem Herrn und Meifter dargebracht und davon
genugfam zu fich zu nehmen genöthigt; worauf
denn diefer wunderfam in's Leben zurückgekehrt,

und die hohe Verehrung für dieses Gericht behalten
habe.

Schalkhafte Freunde behaupteten, Beireis habe
sonst auch wohl gelegentlich zu verstehen gegeben, er
wüßte, durch das Universale, ausgesuchte Maikäfer in
junge Krebse zu verwandeln, die er denn auch nach=
her durch besondere spagirische Nahrung zu merkwür=
diger Größe heraufzufüttern verstehe. Wir hielten
dieß wie billig für eine im Geist und Geschmack des
alten Wunderthäters erfundene Legende, dergleichen
mehr auf seine Rechnung herumgehen, und die er, wie
ja wohl Taschenspieler und sonstige Thaumaturgen
auch gerathen finden, keineswegs abzuläugnen geneigt
war.

Hofrath Beireisens ärztliches Ansehen war in der
ganzen Gegend wohl gegründet, wie ihn denn auch
die gräflich Veltheimische Familie zu Harbke als
Hausarzt willkommen hieß, in die er uns daher ein=
zuführen sich sogleich geneigt erklärte. Angemeldet
traten wir dort ein, stattliche Wirthschaftsgebäude
bildeten vor dem hohen ältlichen Schlosse einen ge=
räumigen Gutshof. Der Graf hieß uns willkommen
und freute sich an mir einen alten Freund seines
Vaters kennen zu lernen, denn mit diesem hatte uns
andere durch mehrere Jahre das Studium des Berg=
wesens verbunden, nur daß er versuchte, seine Natur=
kenntnisse zu Aufklärung problematischer Stellen alter
Autoren zu benutzen. Mochte man ihn bei diesem

Geschäft auch allzugroßer Kühnheit beschuldigen, so
konnte man ihm einen geistreichen Scharfsinn nicht
absprechen.

Gegen den Garten hin war das alterthümlich auf=
geschmückte ansehnliche Schloß vorzüglich schön ge=
legen. Unmittelbar aus demselben trat man auf
ebene reinliche Flächen, woran sich sanft aufsteigende,
von Büschen und Bäumen überschattete Hügel an=
schlossen. Bequeme Wege führten sodann aufwärts
zu heiteren Aussichten gegen benachbarte Höhen, und
man ward mit dem weiten Umkreis der Herrschaft,
besonders auch mit den wohlbestandenen Wäldern,
immer mehr bekannt. Den Großvater des Grafen
hatte vor funfzig Jahren die Forstcultur ernstlich
beschäftigt, wobei er denn nordamerikanische Gewächse
der deutschen Landesart anzueignen trachtete. Nun
führte man uns in einen wohlbestandenen Wald von
Weymouths=Kiefern, ansehnlich stark und hoch ge=
wachsen, in deren stattlichem Bezirk wir uns, wie
sonst in den Forsten des Thüringer Waldes, auf
Moos gelagert an einem guten Frühstück erquickten,
und besonders an der regelmäßigen Pflanzung er=
götzten. Denn dieser großväterliche Forst zeigte noch
die Absichtlichkeit der ersten Anlage, indem die sämmt=
lichen Bäume reihenweis gestellt sich überall in's
Gevierte sehen ließen. Eben so konnte man in jeder
Forstabtheilung bei jeder Baumgattung die Absicht
des vorsorgenden Ahnherrn gar deutlich wahrnehmen.

Die junge Gräfin, so eben ihrer Entbindung nahe, blieb leider unsichtbar, da wir von ihrer gerühmten Schönheit selbst doch gern Zeugniß abgelegt hätten. Indessen wußten wir uns mit ihrer Frau Mutter, 5 einer verwittibten Frau von Lauterbach aus Frank= furt am Main, von alten reichstädtischen Familien= verhältnissen angenehm zu unterhalten.

Die beste Bewirthung, der anmuthigste Umgang, belehrendes Gespräch, worin uns nach und nach die 10 Vortheile einer so großen Besitzung im Einzelnen deutlicher wurden, besonders da hier so viel für die Unterthanen geschehen war, erregten den stillen Wunsch länger zu verweilen, dem denn eine freundlich drin= gende Einladung unverhofft entgegen kam. Aber unser 15 theurer Gefährte, der fürtreffliche Wolf, der hier für seine Neigung keine Unterhaltung fand und desto eher und heftiger von seiner gewöhnlichen Ungeduld er= griffen ward, verlangte so dringend wieder in Helm= städt zu sein, daß wir uns entschließen mußten, aus 20 einem so angenehmen Kreise zu scheiden: doch sollte sich bei unserer Trennung noch ein wechselseitiges Verhältniß entwickeln. Der freundliche Wirth ver= ehrte aus seinen fossilen Schätzen einen köstlichen Enkriniten meinem Sohn, und wir glaubten kaum 25 etwas Gleichgefälliges erwidern zu können, als ein forstmännisches Problem zur Sprache kam. Im Ettersberg nämlich bei Weimar solle, nach Ausweis eines beliebten Journals, eine Buche gefunden werden,

welche sich in Gestalt und sonstigen Eigenschaften
offenbar der Eiche nähere. Der Graf, mit angeerbter
Neigung zur Forstcultur, wünschte davon eingelegte
Zweige und was sonst noch zu genauerer Kenntniß
beitragen könne, besonders aber wo möglich einige
lebendige Pflanzen. In der Folge waren wir so
glücklich dieß Gewünschte zu verschaffen, unser Ver=
sprechen wirklich halten zu können, und hatten das
Vergnügen von dem zweideutigen Baume lebendige
Abkömmlinge zu übersenden, auch nach Jahren von
dem Gedeihen derselben erfreuliche Nachricht zu ver=
nehmen.

Auf dem Rückwege nun wie auf dem Hinwege
hatten wir denn mancherlei von des alten uns ge=
leitenden Zauberers Großthaten zu hören. Nun ver=
nahmen wir aus dessen Munde, was uns schon aus
seinen frühern Tagen durch Überlieferung zugekommen
war; doch genau besehen fand sich in der Legende
dieses Heiligen eine merkliche Monotonie. Als Knabe
jugendlich muthiger Entschluß, als Schüler rasche
Selbstvertheidigung; akademische Händel, Rappier=
fertigkeit, kunstmäßige Geschicklichkeit im Reiten, und
sonstige körperliche Vorzüge, Muth und Gewandtheit,
Kraft und Ausdauer, Beständigkeit und Thatlust;
alles dieses lag rückwärts in dunklen Zeiten; drei=
jährige Reisen blieben geheimnißvoll, und sonst noch
manches im Vortrag, gewiß aber in der Erörterung
unbestimmt.

Weil jedoch das auffallende Resultat seines Lebens=
ganges ein unübersehlicher Besitz von Kostbarkeiten,
ein unschätzbarer Geldreichthum zu sein schien; so
konnte es ihm an Gläubigen, an Verehrern gar nicht
5 fehlen. Jene beiden sind eine Art von Hausgöttern,
nach welchen die Menge andächtig und gierig die
Augen wendet. Ist nun ein solcher Besitz nicht etwa
ererbt und offenbaren Herkommens, sondern im Ge=
heimniß selbst erworben; so gibt man im Dunkeln
10 alles übrige Wunderbare zu, man läßt ihn sein
mährchenhaftes Wesen treiben: denn eine Masse ge=
münztes Gold und Silber verleiht selbst dem Un=
wahren Ansehen und Gewicht; man läßt die Lüge
gelten, indem man die Baarschaft beneidet.

15 Die möglichen oder wahrscheinlichen Mittel, wie
Beireis zu solchen Gütern gelangt, werden einstimmig
und einfach angegeben. Er solle eine Farbe erfunden
haben, die sich an die Stelle der Cochenille setzen
konnte; er solle vortheilhaftere Gährungsprocesse als
20 die damals bekannten an Fabrikherren mitgetheilt
haben. Wer in der Geschichte der Chemie bewandert
ist, wird beurtheilen, ob in der Hälfte des vorigen
Jahrhunderts dergleichen Recepte umherschleichen konn=
ten, er wird wissen, inwiefern sie in der neuern Zeit
25 offenbar und allgemein bekannt geworden. Sollte
Beireis z. B. nicht etwa zeitig auf die Veredlung
des Krapps gekommen sein?

Nach allem diesem aber ist das sittliche Element

zu bedenken, worin und worauf er gewirkt hat, ich
meine die Zeit, den eigentlichen Sinn, das Bedürfniß
derselben. Die Communication der Weltbürger ging
noch nicht so schnell wie gegenwärtig, noch konnte
jemand, der an entfernten Orten wie Swedenborg, 5
oder auf einer beschränkten Universität wie Beireis
seinen Aufenthalt nahm, immer die beste Gelegenheit
finden, sich in geheimnißvolles Dunkel zu hüllen,
Geister zu berufen, und am Stein der Weisen zu
arbeiten. Haben wir nicht in den neuern Tagen 10
Cagliostro gesehen, wie er große Räume eilig durch=
streifend, wechselsweise im Süden, Norden, Westen
seine Taschenspielereien treiben, und überall Anhänger
finden konnte? Ist es denn zu viel gesagt, daß ein
gewisser Aberglaube an dämonische Menschen niemals 15
aufhören, ja daß zu jeder Zeit sich immer ein Local
finden wird, wo das problematisch Wahre, vor dem
wir in der Theorie allein Respect haben, sich in der
Ausübung mit der Lüge auf das allerbequemste be=
gatten kann. 20

Länger als wir gedacht hatte uns die anmuthige
Gesellschaft in Helmstädt aufgehalten. Hofrath Bei=
reis betrug sich in jedem Sinne wohlwollend und
mittheilend, doch von seinem Hauptschatz, dem Dia=
manten, hatte er noch nicht gesprochen, geschweige 25
denselben vorgewiesen. Niemand der Helmstädter Aka=
demieverwandten hatte denselben gesehen, und ein oft
wiederholtes Mährchen, daß dieser unschätzbare Stein

nicht am Orte sei, diente ihm, wie wir hörten, auch
gegen Fremde zur Entschuldigung. Er pflegte näm=
lich scheinbar vertraulich zu äußern, daß er zwölf
vollkommen gleiche versiegelte Kästchen eingerichtet
habe, in deren einem der Edelstein befindlich sei.
Diese zwölf Kästchen nun vertheile er an auswärtige
Freunde, deren jeder einen Schatz zu besitzen glaube;
er aber wisse nur allein, wo er befindlich sei. Daher
mußten wir befürchten, daß er auf Anfragen dieses
Naturwunder gleichfalls verläugnen werde. Glück=
licherweise jedoch kurz vor unserm Abschiede begegnete
Folgendes.

Eines Morgens zeigte er in einem Bande der
Reise Tourneforts die Abbildung einiger natürlichen
Diamanten, die sich in Eiform mit theilweiser Ab=
weichung in's Nieren= und Zitzenförmige unter den
Schätzen der Indier gefunden hatten. Nachdem er
uns die Gestalt wohl eingeprägt, brachte er ohne
weitere Ceremonien aus der rechten Hosentasche das
bedeutende Naturerzeugniß. In der Größe eines
mäßigen Gänseies war es vollkommen klar, durch=
sichtig, doch ohne Spur, daß daran geschliffen wor=
den; an der Seite bemerkte man einen schwachen
Höcker, einen nierenförmigen Auswuchs, wodurch der
Stein jenen Abbildungen vollkommen ähnlich ward.

Mit seiner gewöhnlichen ruhigen Haltung zeigte er
darauf einige zweideutige Versuche, welche die Eigen=
schaften eines Diamanten bethätigen sollten: auf

mäßiges Reiben zog der Stein Papierschnitzchen an;
die englische Feile schien ihm nichts anzuhaben; doch
ging er eilig über diese Beweisthümer hinweg, und
erzählte die oft wiederholte Geschichte: wie er den
Stein unter einer Muffel geprüft und über das herr- 5
liche Schauspiel der sich entwickelnden Flamme das
Feuer zu mildern und auszulöschen vergessen, so daß
der Stein über eine Million Thaler an Werth in
Kurzem verloren habe. Dessen ungeachtet aber pries
er sich glücklich, daß er ein Feuerwerk gesehen, welches 10
Kaisern und Königen versagt worden.

Indessen er nun sich weitläufig darüber heraus-
ließ, hatte ich, chromatischer Prüfungen eingedenk,
das Wunderei vor die Augen genommen, um die
horizontalen Fensterstäbe dadurch zu betrachten, fand 15
aber die Farbensäume nicht breiter, als ein Bergkrystall
sie auch gegeben hätte; weßhalb ich im Stillen wohl
einige Zweifel gegen die Echtheit dieses gefeierten
Schatzes fernerhin nähren durfte. Und so war denn
unser Aufenthalt durch die größte Rodomontade unseres 20
wunderlichen Freundes ganz eigentlich gekrönt.

Bei heitern vertraulichen Unterhaltungen in Helmstädt, wo denn vorzüglich die Beireisischen Eigenheiten
zur Sprache kamen, ward auch mehrmals eines höchst
wunderlichen Edelmanns gedacht, welchen man, da 25
unser Rückweg über Halberstadt genommen werden
sollte, als unsern vom Wege wohnend, auf der Reise
gar wohl besuchen und somit die Kenntniß seltsamer

Charaktere erweitern könne. Man war zu einer
solchen Expedition desto eher geneigt, als der heitere
geistreiche Probst Henke uns dorthin zu begleiten
versprach; woraus wenigstens hervorzugehen schien,
5 daß man über die Unarten und Unschicklichkeiten
jenes berufenen Mannes noch allenfalls hinaus-
kommen werde.

So saßen wir denn zu vier im Wagen, Probst
Henke mit einer langen weißen Thonpfeife, die er,
10 weil ihn jede andere Art zu rauchen anwiderte, sogar
im Wagen, selbst, wie er versicherte, auf weiteren
Reisen, mit besonderer Vorsicht ganz und unzerstückt
zu erhalten wußte.

In so froher als belehrender Unterhaltung legten
15 wir den Weg zurück, und langten endlich an dem
Gute des Mannes an, der, unter dem Namen des
tollen Hagen, weit und breit bekannt, wie eine
Art von gefährlichem Cyclopen auf einer schönen Besitzung haus'te. Der Empfang war schon charak-
20 teristisch genug. Er machte uns aufmerksam auf das
an tüchtigem Schmiedewerk hangende Schild seines
neuerbauten Gasthofes, das den Gästen zur Lockung
dienen sollte. Wir waren jedoch nicht wenig verwundert, hier von einem nicht ungeschickten Künstler
25 ein Bild ausgeführt zu sehen, welches das Gegenstück
jenes Schildes vorstellt, an welchem der Reisende
in das südliche Frankreich sich so umständlich er-
geht und ergötzt; man sah auch hier ein Wirthshaus

mit dem bedenklichen Zeichen und umstehende Be=
trachter vorgestellt.

Ein solcher Empfang ließ uns freilich das Schlimmste
vermuthen, und ich ward aufmerksamer, indem mich
die Ahnung anflog als hätten die werthen neuen
Freunde, nach dem edlen Helmstädter Drama, uns
zu diesem Abentener beredet, um uns als Mitspieler
in einer leidigen Satyrposse verwickelt zu sehen.
Sollten sie nicht, wenn wir diesen Jocus unwillig
aufnähmen, sich mit einer stillen Schadenfreude
kitzeln?

Doch ich verscheuchte solchen Argwohn, als wir
das ganz ansehnliche Gehöfte betraten. Die Wirth=
schaftsgebäude befanden sich im besten Zustand, die
Höfe in zweckmäßiger Ordnung, obgleich ohne Spur
irgend einer ästhetischen Absicht. Des Herren gelegent=
liche Behandlung der Wirthschaftsleute mußte man
rauh und hart nennen, aber ein guter Humor der
durchblickte machte sie erträglich; auch schienen die
guten Leute an diese Weise schon so gewöhnt zu sein,
da sie ganz ruhig, als hätte man sie sanft ange=
sprochen, ihrem Geschäft weiter oblagen.

In dem großen, reinlichen, hellen Tafelzimmer
fanden wir die Hausfrau, eine schlanke wohlgebildete
Dame, die sich aber in stummer Leidensgestalt ganz
untheilnehmend erwies und uns die schwere Duldung,
die sie zu übertragen hatte, unmittelbar zu erkennen
gab. Ferner zwei Kinder, ein preußischer Fähndrich

auf Urlaub, und eine Tochter aus der Braunschweigi=
schen Pension zum Besuche da, beide noch nicht
zwanzig, stumm wie die Mutter, mit einer Art von
Verwunderung drein sehend, wenn die Blicke jener
5 ein vielfaches Leiden aussprachen.

Die Unterhaltung war sogleich einigermaßen solda=
tisch derb; der Burgunder, von Braunschweig bezogen,
ganz vortrefflich; die Hausfrau machte sich durch eine
so wohlbediente als wohlbestellte Tafel Ehre: daher
10 wäre denn bis jetzt alles ganz leidlich gegangen, nur
durfte man sich nicht weit umsehen ohne das Faunen=
ohr zu erblicken, das durch die häusliche Zucht eines
wohlhabenden Landedelmanns durchstach. In den
Ecken des Saales standen saubere Abgüsse des Apollin
15 und ähnlicher Statuen, wunderlich aber sah man sie
aufgeputzt: denn er hatte sie mit Manschetten, von
seinen abgelegten, wie mit Feigenblättern der guten
Gesellschaft zu accommodiren geglaubt. Ein solcher
Anblick gab nur um so mehr Apprehension, da man
20 versichert sein kann, daß ein Abgeschmacktes gewiß
auf ein anderes hindeutet, und so fand sich's auch.
Das Gespräch war noch immer mit einiger Mäßi=
gung, wenigstens von unserer Seite, geführt, aber
doch auf alle Fälle in Gegenwart der heranwachsenden
25 Kinder unschicklich genug. Als man sie aber während
des Nachtisches fortgeschickt hatte, stand unser wunder=
licher Wirth ganz feierlich auf, nahm die Man=
schettchen von den Statuen weg, und meinte, nun sei

es Zeit sich etwas natürlicher und freier zu benehmen.
Wir hatten indessen der bedauernswerthen Leidens=
gestalt unserer Wirthin durch einen Schwank gleich=
falls Urlaub verschafft: denn wir bemerkten worauf
unser Wirth ausgehen mochte, indem er noch schmack= 5
hafteren Burgunder vorsetzte, dem wir uns nicht ab=
hold bewiesen.   Dennoch wurden wir nicht gehindert
nach aufgehobener Tafel einen Spaziergang vorzu=
schlagen.   Dazu wollte er aber keinen Gast zulassen,
wenn er nicht vorher einen gewissen Ort besucht hätte. 10
Dieser gehörte freilich auch zum Ganzen.   Man fand
in einem reinlichen Kabinett einen gepolsterten Groß=
vatersessel, und um zu einem längeren Aufenthalt
einzuladen, eine mannichfaltige Unzahl bunter rings=
umher aufgeklebter Kupferstiche, satirischen, pasquillan= 15
tischen, unsauberen Inhalts, neckisch genug.   Diese
Beispiele genügen wohl die wunderliche Lage anzu=
deuten in der wir uns befanden.   Bei eintretender
Nacht nöthigte er seine bedrängte Hausfrau einige
Lieder nach eigener Wahl zum Flügel zu singen, wo= 20
durch sie uns bei gutem Vortrag allerdings Ver=
gnügen machte; zuletzt aber enthielt er sich nicht sein
Mißfallen an solchen faden Gesängen zu bezeugen, mit
der Anmaßung ein tüchtigeres vorzutragen, worauf
sich denn die gute Dame genöthigt sah eine höchst 25
unschickliche und absurde Strophe mit dem Flügel zu
begleiten. Nun fühlte ich, indignirt durch das Wider=
wärtige, inspirirt durch den Burgunder, es sei Zeit

meine Jugend=Pferde zu besteigen, auf denen ich mich
sonst übermüthig gerne herumgetummelt hatte.

Nachdem er auf mein Ersuchen die detestable
Strophe noch einige Male wiederholt hatte, versicherte
ich ihm das Gedicht sei vortrefflich, nur müsse er
suchen durch künstlichen Vortrag sich dem köstlichen
Inhalt gleich zu stellen, ja ihn durch den rechten
Ausdruck erst zu erhöhen. Nun war zuvörderst von
Forte und Piano die Rede, sodann aber von feineren
Abschattirungen, von Accenten, und so mußte gar
zuletzt ein Gegensatz von Lispeln und Ausschrei zur
Sprache kommen. Hinter dieser Tollheit lag jedoch
eine Art von Didaskalie verborgen, die mir denn auch
eine große Mannichfaltigkeit von Forderungen an ihn
verschaffte, woran er sich als ein geistreich barocker
Mann zu unterhalten schien. Doch suchte er diese
lästigen Zumuthungen manchmal zu unterbrechen,
indem er Burgunder einschenkte und Backwerk anbot.
Unser Wolf hatte sich, unendlich gelangweilt, schon
zurückgezogen; Abt Henke ging mit seiner langen
thönernen Pfeife auf und ab, und schüttete den ihm
aufgedrungenen Burgunder, seine Zeit ersehend, zum
Fenster hinaus, mit der größten Gemüthsruhe den
Verlauf dieses Unsinnes abzuwarten. Dieß aber war
kein Geringes: denn ich forderte immer mehr, noch
immer einen wunderlicheren Ausdruck von meinem
humoristisch gelehrigen Schüler, und verwarf zuletzt
gegen Mitternacht alles Bisherige. Das sei nur ein=

gelernt, sagte ich, und gar nichts werth. Nun müsse
er erst aus eignem Geist und Sinn das Wahre was
bisher verborgen geblieben selbst erfinden, und dadurch
mit Dichter und Musiker als Original wetteifern.

Nun war er gewandt genug um einigermaßen zu
gewahren, daß hinter diesen Tollheiten ein gewisser
Sinn verborgen sei, ja er schien sich an einem so
freventlichen Mißbrauch eigentlich respectabler Lehren
zu ergötzen; doch war er indessen selbst müde, und
so zu sagen mürbe geworden, und als ich endlich den
Schluß zog, er müsse nun erst der Ruhe pflegen und
abwarten, ob ihm nicht vielleicht im Traum eine
Aufklärung komme, gab er gerne nach und entließ
uns zu Bette.

Den andern Morgen waren wir früh wieder bei
der Hand und zur Abreise bereit. Bei'm Frühstück
ging es ganz menschlich zu, es schien als wolle er
uns nicht mit ganz ungünstigen Begriffen entlassen.
Als Landrath wußte er vom Zustand und den An=
gelegenheiten der Provinz sehr treffende, nach seiner
Art barocke Rechenschaft zu geben. Wir schieden
freundlich und konnten dem nach Helmstädt mit un=
zerbrochener langen Pfeife zurückkehrenden Freunde
für sein Geleit bei diesem bedenklichen Abenteuer
nicht genugsam Dank sagen.

Vollkommen friedlich und vernunftgemäß ward
uns dagegen ein längerer Aufenthalt in Halberstadt
beschert. Schon war vor einigen Jahren der edle

Gleim zu seinen frühsten Freunden hinübergegangen;
ein Besuch, den ich ihm vor geraumer Zeit abstattete,
hatte nur einen dunklen Eindruck zurückgelassen, in=
dem ein dazwischen rauschendes mannichfaltiges Leben
5 mir die Eigenheiten seiner Person und Umgebung
beinahe verlöschte. Auch konnte ich, damals wie in
der Folge, kein Verhältniß zu ihm gewinnen, aber
seine Thätigkeit war mir niemals fremd geworden; ich
hörte viel von ihm durch Wieland und Herder, mit
10 denen er immer in Briefwechsel und Bezug blieb.

Dießmal wurden wir in seiner Wohnung von
Herrn Körte gar freundlich empfangen, sie deutete
auf reinliche Wohlhäbigkeit, auf ein friedliches Leben
und stilles geselliges Behagen. Sein vorübergegangenes
15 Wirken feierten wir an seiner Verlassenschaft; viel
ward von ihm erzählt, manches vorgewiesen, und
Herr Körte versprach durch eine ausführliche Lebens=
beschreibung und Herausgabe seines Briefwechsels
einem jeden Anlaß genug zu verschaffen, auf seine
20 Weise ein so merkwürdiges Individuum sich wieder
hervorzurufen.

Dem allgemeinen deutschen Wesen war Gleim durch
seine Gedichte am meisten verwandt, worin er als
ein vorzüglich liebender und liebenswürdiger Mann
25 erscheint. Seine Poesie von der technischen Seite be=
sehen ist rhythmisch, nicht melodisch, weßhalb er sich
denn auch meistens freier Sylbenmaße bedient; und
so gewähren Vers und Reim, Brief und Abhandlung

durch einander verschlungen den Ausdruck eines gemüth=
lichen Menschenverstandes, innerhalb einer wohlge=
sinnten Beschränkung.

Vor allem aber war uns anziehend der Freund=
schaftstempel, eine Sammlung von Bildnissen älterer 5
und neuerer Angehörigen. Sie gab ein schönes Zeug=
niß wie er die Mitlebenden geschätzt, und uns eine
angenehme Recapitulation so vieler ausgezeichneter
Gestalten, eine Erinnerung an die bedeutenden ein=
wohnenden Geister, an die Bezüge dieser Personen 10
unter einander, und zu dem werthen Manne, der sie
meistens eine Zeitlang um sich versammelte, und
die Scheidenden, die Abwesenden wenigstens im Bilde
festzuhalten Sorge trug. Bei solchem Betrachten ward
gar manches Bedenken hervorgerufen, nur eines sprech' 15
ich aus: man sah über hundert Poeten und Literatoren,
aber unter diesen keinen einzigen Musiker und Com=
ponisten. Wie? sollte jener Greis, der, seinen Äuße=
rungen nach, nur im Singen zu leben und zu athmen
schien, keine Ahnung von dem eigentlichen Gesang 20
gehabt haben? von der Tonkunst, dem wahren Element
woher alle Dichtungen entspringen und wohin sie
zurückkehren?

Suchte man nun aber in einen Begriff zusammen
zu fassen was uns von dem edlen Manne vorschwebt, 25
so könnte man sagen: ein leidenschaftliches Wohlwollen
lag seinem Charakter zu Grunde, das er durch Wort
und That wirksam zu machen suchte. Durch Rede

und Schrift aufmunternd, ein allgemeines rein menſch=
liches Gefühl zu verbreiten bemüht zeigte er ſich, als
Freund von jedermann, hülfreich dem Darbenden, armer
Jugend aber beſonders förderlich. Ihm, als gutem
Haushalter, ſcheint Wohlthätigkeit die einzige Lieb=
haberei geweſen zu ſein, auf die er ſeinen Überſchuß
verwendet. Das Meiſte thut er aus eigenen Kräften;
ſeltener und erſt in ſpäteren Jahren bedient er ſich
ſeines Namens, ſeines Ruhms, um bei Königen und
Miniſtern einigen Einfluß zu gewinnen, ohne ſich
dadurch ſehr gefördert zu ſehen. Man behandelt ihn
ehrenvoll, duldet und belobt ſeine Thätigkeit, hilft
ihm auch wohl nach, trägt aber gewöhnlich Bedenken
in ſeine Abſichten kräftig einzugehen.

Alles jedoch zuſammengenommen, muß man ihm
den eigentlichſten Bürgerſinn in jedem Betracht zu=
geſtehen; er ruht als Menſch auf ſich ſelbſt, verwaltet
ein bedeutendes öffentliches Amt, und beweiſ't ſich
übrigens gegen Stadt und Provinz und Königreich
als Patriot, gegen deutſches Vaterland und Welt
als echten Liberalen. Alles Revolutionäre dagegen,
das in ſeinen älteren Tagen hervortritt, iſt ihm
höchlich verhaßt, ſo wie alles was früher Preußens
großem Könige und ſeinem Reiche ſich feindſelig ent•
gegenſtellt.

Da nun ferner eine jede Religion das reine ruhige
Verkehr der Menſchen unter einander befördern ſoll,
die chriſtlich evangeliſche jedoch hiezu beſonders geeignet

ist; so konnte er die Religion des rechtschaffenen
Mannes, die ihm angeboren und seiner Natur noth=
wendig war, immerfort ausübend, sich für den recht=
gläubigsten aller Menschen halten und an dem ererbten
Bekenntniß, so wie bei dem herkömmlichen einfachen 5
Cultus der protestantischen Kirche, gar wohl beruhigen.

Nach allen diesen lebhaften Vergegenwärtigungen
sollten wir noch ein Bild des Vergänglichen erblicken,
denn auf ihrem Siechbette begrüßten wir die ablebende
Nichte Gleims, die unter dem Namen Gleminde viele 10
Jahre die Zierde eines dichterischen Kreises gewesen.
Zu ihrer anmuthigen, obschon kränklichen Bildung
stimmte gar sein die große Reinlichkeit ihrer Um=
gebung, und wir unterhielten uns gern mit ihr von
vergangenen guten Tagen, die ihr mit dem Wandeln 15
und Wirken ihres trefflichen Oheims immer gegen=
wärtig geblieben waren.

Zuletzt nun unsere Wallfahrt ernst und würdig
abzuschließen, traten wir in den Garten um das
Grab des edlen Greises, dem nach vieljährigen Leiden 20
und Schmerzen, Thätigkeit und Erdulden, umgeben
von Denkmalen vergangener Freunde, an der ihm
gemüthlichen Stelle gegönnt war, auszuruhen.

Die öden feuchten Räume des Doms besuchten wir
zu wiederholten Malen; er stand, obgleich seines 25
frühern religiosen Lebens beraubt, doch noch uner=
schüttert in ursprünglicher Würde. Dergleichen Ge=
bäude haben etwas eigen Anziehendes, sie vergegen=

wärtigen uns tüchtige aber düstere Zustände, und weil
wir uns manchmal gern in's Halbdunkel der Ver=
gangenheit einhüllen, so finden wir es willkommen,
wenn eine ahnungsvolle Beschränkung uns mit ge=
⁵ wissen Schauern ergreift, körperlich, physisch, geistig
auf Gefühl, Einbildungskraft und Gemüth wirkt,
und somit sittliche, poetische und religiöse Stimmung
anregt.

Die Spiegelberge, unschuldig buschig bewachsene
¹⁰ Anhöhen, dem nachbarlichen Harze vorliegend, jetzt
durch die seltsamsten Gebilde ein Tummelplatz häßlicher
Creaturen, eben als wenn eine vermaledeite Gesellschaft,
vom Blocksberge wiederkehrend, durch Gottes uner=
gründlichen Rathschluß hier wäre versteinert worden.
¹⁵ Am Fuße des Aufstiegs dient ein ungeheures Faß
abscheulichem Zwergengeschlecht zum Hochzeitsaal; und
von da, durch alle Gänge der Anlagen, lauern Miß=
geburten jeder Art, so daß der Mißgestalten liebende
Prätorius seinen mundus anthropodemicus hier voll=
²⁰ kommen realisirt erblicken könnte.

Da fiel es denn recht auf, wie nöthig es sei in
der Erziehung die Einbildungskraft nicht zu beseitigen
sondern zu regeln, ihr durch zeitig vorgeführte edle
Bilder Lust am Schönen, Bedürfniß des Vortrefflichen
²⁵ zu geben. Was hilft es die Sinnlichkeit zu zähmen,
den Verstand zu bilden, der Vernunft ihre Herrschaft
zu sichern, die Einbildungskraft lauert als der mäch=
tigste Feind, sie hat von Natur einen unwiderstehlichen

Trieb zum Absurden, der selbst in gebildeten Menschen
mächtig wirkt und gegen alle Cultur die angestammte
Rohheit fratzenliebender Wilden mitten in der an=
ständigsten Welt wieder zum Vorschein bringt.

Von der übrigen Rückreise darf ich nur vorüber=
eilend sprechen. Wir suchten das Budethal und den
längst bekannten Hammer; von hier ging ich, nun
zum dritten Male in meinem Leben, das von Granit=
felsen eingeschlossene rauschende Wasser hinan, und
hier fiel mir wiederum auf, daß wir durch nichts so
sehr veranlaßt werden über uns selbst zu denken, als
wenn wir höchst bedeutende Gegenstände, besonders
entschiedene charakteristische Naturscenen, nach langen
Zwischenräumen endlich wiedersehen und den zurück=
gebliebenen Eindruck mit der gegenwärtigen Einwir=
kung vergleichen. Da werden wir denn im Ganzen
bemerken, daß das Object immer mehr hervortritt,
daß wenn wir uns früher an den Gegenständen em=
pfanden, Freud' und Leid, Heiterkeit und Verwirrung
auf sie übertrugen, wir nunmehr bei gebändigter
Selbstigkeit ihnen das gebührende Recht widerfahren
lassen, ihre Eigenheiten zu erkennen und ihre Eigen=
schaften, sofern wir sie durchdringen, in einem höhern
Grade zu schätzen wissen. Jene Art des Anschauens
gewährt der künstlerische Blick, diese eignet sich dem
Naturforscher, und ich mußte mich, zwar anfangs
nicht ohne Schmerzen, zuletzt doch glücklich preisen
daß, indem jener Sinn mich nach und nach zu ver=

laſſen drohte, dieſer ſich in Aug' und Geiſt deſto
kräftiger entwickelte.

1806.

Die Interims-Hoffnungen mit denen wir uns
5 philiſterhaft ſchon manche Jahre hingehalten, wurden
ſo abermals im gegenwärtigen genährt. Zwar brannte
die Welt in allen Ecken und Enden, Europa hatte
eine andere Geſtalt genommen, zu Lande und See
gingen Städte und Flotten zu Trümmern, aber das
10 mittlere, das nördliche Deutſchland genoß noch eines
gewiſſen fieberhaften Friedens, in welchem wir uns
einer problematiſchen Sicherheit hingaben. Das große
Reich in Weſten war gegründet, es trieb Wurzeln
und Zweige nach allen Seiten hin. Indeſſen ſchien
15 Preußen das Vorrecht gegönnt ſich in Norden zu be-
feſtigen. Zunächſt beſaß es Erfurt, einen ſehr wichtigen Haltepunct, und wir ließen uns in dieſem Sinne
gefallen, daß von Anfang des Jahrs preußiſche Truppen
bei uns einkehrten Dem Regiment Owſtien folgten,
20 Anfangs Februar, Füſeliere, ſodann trafen ein die
Regimenter Borcke, Arnim, Pirch; man hatte ſich
ſchon an dieſe Unruhe gewöhnt.

Der Geburtstag unſerer verehrten Herzogin, der
30. Januar, ward für dießmal zwar pomphaft genug,
25 aber doch mit unerfreulichen Vorahnungen gefeiert.
Das Regiment Owſtien rühmte ſich eines Chors

Trompeter das Seinesgleichen nicht hätte; sie traten
in einem Halbkreis zum Willkommen auf das Theater,
gaben Proben ihrer außerordentlichen Geschicklichkeit,
und begleiteten zuletzt einen Gesang, dessen allgemein
bekannte Melodie, einem Inselkönig gewidmet und noch
keineswegs von dem patriotischen Festland überboten,
ihre vollkommen herzerhebende Wirkung that.

Eine Übersetzung oder Umbildung des Cid von
Corneille ward hiernach aufgeführt, so wie auch
Stella, zum erstenmal mit tragischer Katastrophe.
Götz von Berlichingen kam wieder an die Reihe,
nicht weniger Egmont. Schillers Glocke mit allem
Apparat des Gießens und der fertigen Darstellung,
die wir als Didaskalie schon längst versucht hatten,
ward gegeben, und so daß die sämmtliche Gesellschaft
mitwirkte, indem der eigentliche dramatische Kunst=
und Handwerkstheil dem Meister und den Gesellen
anheim fiel, das übrige Lyrische aber an die männ=
lichen und weiblichen Glieder, von den ältesten bis
zu den jüngsten, vertheilt und jedem charakteristisch
angeeignet ward.

Aufmerksamkeit erregte im Ganzen der von Iffland
zur Vorstellung gebrachte Doctor Luther, ob wir
gleich zauderten, denselben gleichfalls aufzunehmen.

Bei dem verlängerten Aufenthalt in Karlsbad
gedachte man der nächsten Theaterzeit, und versuchte
Öhlenschlägers verdienstliche Tragödie Hakon Jarl
unserer Bühne anzueignen, ja es wurden sogar schon

Kleider und Decorationen aufgesucht und gefunden.
Allein späterhin schien es bedenklich, zu einer Zeit
da mit Kronen im Ernst gespielt wurde, mit dieser
heiligen Zierde sich scherzhaft zu gebärden. Im ver=
5 gangenen Frühjahr hatte man nicht mehr thun können
als das bestehende Repertorium zu erhalten und
einigermaßen zu vermehren. Im Spätjahr als der
Kriegsdrang jedes Verhältniß aufzulösen drohte, hielt
man für Pflicht die Theateranstalt, als einen öffent=
10 lichen Schatz, als ein Gemeingut der Stadt zu be=
wahren. Nur zwei Monate blieben die Vorstellungen
unterbrochen, die wissenschaftlichen Bemühungen nur
wenige Tage, und Ifflands Theaterkalender gab der
deutschen Bühne eine schwunghafte Aufmunterung.

15 Die projectirte neue Ausgabe meiner Werke nöthigte
mich sie sämmtlich wieder durchzugehen, und ich wid=
mete jeder einzelnen Production die gehörige Aufmerk=
samkeit, ob ich gleich bei meinem alten Vorsatze blieb
nichts eigentlich umzuschreiben, oder auf einen hohen
20 Grad zu verändern.

Die zwei Abtheilungen der Elegien wie sie noch
vorliegen, wurden eingerichtet und Faust in seiner
jetzigen Gestalt fragmentarisch behandelt. So ge=
langte ich dieses Jahr bis zum vierten Theil ein=
25 schließlich, aber mich beschäftigte ein wichtigeres Werk.
Der epische Tell kam wieder zur Sprache wie ich ihn
1797 in der Schweiz concipirt, und nachher dem
dramatischen Tell Schillers zu Liebe bei Seite gelegt.

Beide konnten recht gut neben einander bestehen; Schillern war mein Plan gar wohl bekannt, und ich war zufrieden, daß er den Hauptbegriff eines selbst= ständigen von den übrigen Verschwornen unabhängigen Tell benutzte; in der Ausführung aber mußte er, der Richtung seines Talents zufolge so wie nach den deutschen Theaterbedürfnissen, einen ganz anderen Weg nehmen, und mir blieb das Episch=ruhig= grandiose noch immer zu Gebot, so wie die sämmt= lichen Motive, wo sie sich auch berührten, in beiden Bearbeitungen durchaus eine andere Gestalt nahmen.

Ich hatte Lust wieder einmal Hexameter zu schrei= ben, und mein gutes Verhältniß zu Voß, Vater und Sohn, ließ mich hoffen auch in dieser herrlichen Vers= art immer sicherer vorzuschreiten. Aber die Tage und Wochen waren so ahnungsvoll, die letzten Monate so stürmisch und so wenig Hoffnung zu einem freieren Athemholen, daß ein Plan, auf dem Vierwaldstädter See und auf dem Wege nach Altorf, in der freien Natur concipirt, in dem beängstigten Deutschland nicht wohl wäre auszuführen gewesen.

Wenn wir nun auch schon unser öffentliches Verhältniß zur bildenden Kunst aufgegeben hatten, so blieb sie uns doch im Innern stets lieb und werth. Bildhauer Weisser, ein Kunstgenosse von Friedrich Tieck, bearbeitete mit Glück die Büste des hier verstorbenen Herzogs von Braunschweig, welche, in der öffentlichen Bibliothek aufgestellt, einen

schönen Beweis seines vielversprechenden Talents ab=
gibt.

Kupferstiche sind überhaupt das Kunstmittel durch
welches Kenner und Liebhaber sich am meisten und
bequemsten unterhalten, und so empfingen wir aus
Rom von Gmelin das vorzügliche Blatt, unter=
zeichnet Der Tempel der Venus, nach Claude. Es
war mir um so viel mehr werth, als das Original
erst nach meinem Abgang von Rom bekannt geworden
und ich mich also zum erstenmal von den Vorzügen
desselben aus dieser kunstreichen Nachbildung über=
zeugen sollte.

Ganz in einem andern Fache, aber heiter und
geistreich genug, erschienen die Riepenhausischen Blätter
zur Genoveba, deren Original=Zeichnungen wir schon
früher gekannt. Auch diese jungen Männer, die sich
zuvor an Polygnot geübt hatten, wandten sich nun
gegen die Romantik, welche sich durch schriftstellerische
Talente bei'm Publicum eingeschmeichelt hatte, und
so die Bemerkung wahr machte: daß mehr als man
denkt der bildende Künstler vom Dichter und Schrift=
steller abhängt.

In Karlsbad unterhielt mich belehrend eine Samm=
lung Kupfer, welche Graf Lepel mit sich führte; nicht
weniger große mit der Feder gezeichnete, aquarellirte
Blätter von Ramberg bewährten das heitere, glück=
lich auffassende, mitunter extemporirende Talent des
genannten Künstlers. Graf Corneillan besaß die=

selben und nebst eigenen Arbeiten noch sehr schöne Landschaften in Deckfarben.

Die hiesigen Sammlungen vermehrten sich durch einen Schatz von Zeichnungen im höhern Sinne. Carstens künstlerische Verlassenschaft war an seinen Freund Fernow vererbt, man traf mit diesem eine billige Übereinkunft, und so wurden mehrere Zeichnungen des verschiedensten Formats, größere Cartone und kleinere Bilder, Studien in schwarzer Kreide, in Rothstein, aquarellirte Federzeichnungen und so vieles andere, was dem Künstler das jedesmalige Studium Bedürfniß oder Laune mannichfaltig ergreifen läßt, für unser Museum erworben.

Wilhelm Tischbein, der nach seiner Entfernung von Neapel, von dem Herzog von Oldenburg begünstigt, sich in einer friedlichen glücklichen Lage befand, ließ auch gelegentlich von sich hören, und sendete dieß Frühjahr manches Angenehme.

Er theilte zuerst die Bemerkung mit, daß die flüchtigsten Bilder oft die glücklichsten Gedanken haben: eine Beobachtung, die er gemacht, als ihm viele hundert Gemählde von trefflichen Meistern, herrlich gedacht aber nicht sonderlich ausgeführt, vor die Augen gekommen; und es bewährt sich freilich, daß die ausgeführtesten Bilder der niederländischen Schule, bei allem großen Reichthum womit sie ausgestattet sind, doch manchmal etwas an geistreicher Erfindung zu wünschen übrig lassen. Es scheint als

wenn die Gewissenhaftigkeit des Künstlers, dem Lieb=
haber und Kenner etwas vollkommen Würdiges über=
liefern zu wollen, den Aufflug des Geistes einiger=
maßen beschränke; dahingegen eine geistreich gefaßte,
⁵ flüchtig hingeworfene Skizze außer aller Verant=
wortung das eigenste Talent des Künstlers offenbare.
Er sendete einige aquarellirte Copien, von welchen
uns zwei geblieben sind: Schatzgräber in einem tiefen
Stadtgraben und Casematten, bei Nachtzeit durch un=
¹⁰ zulängliche Beschwörungen sich die bösen Geister auf
den Hals ziehend, der entdeckten und schon halb=
ergriffenen Schätze verlustig. Der Anstand ist bei
dieser Gelegenheit nicht durchaus beobachtet, Vor=
gestelltes und Ausführung einem Geheimbilde an=
¹⁵ gemessen; das zweite Bild vielleicht noch mehr. Eine
gräuliche Kriegsscene, erschlagene beraubte Männer,
trostlose Weiber und Kinder, im Hintergrunde ein
Kloster in vollen Flammen, im Vordergrund miß=
handelte Mönche; gleichfalls ein Bild welches im
²⁰ Schränkchen müßte aufbewahrt werden.

Ferner sendete Tischbein an Herzogin Amalie einen
mäßigen Folioband aquarellirter Federzeichnungen.
Hierin ist nun Tischbein ganz besonders glücklich,
weil auf diese leichte Weise ein geübtes Talent Ge=
²⁵ danken, Einfälle, Grillen ohne großen Aufwand und
ohne Gefahr seine Zeit zu verlieren ausspricht. Solche
Blätter sind fertig wie gedacht.

Thiere darzustellen war immer Tischbeins Lieb=

haberei; so erinnern wir uns hier auch eines Esels, der mit großem Behagen Ananas statt Disteln fraß.

Auf einem andern Bilde blickt man über die Dächer einer großen Stadt gegen die aufgehende Sonne; ganz nah an dem Beschauer, im vordersten Vordergrunde, sitzt ein schwarzer Essenjunge unmittelbar an dem Schornstein. Was an ihm noch Farbe annehmen konnte, war von der Sonne vergüldet, und man mußte den Gedanken allerliebst finden, daß der letzte Sohn des jammervollsten Gewerbes unter viel Tausenden der Einzige sei, der eines solchen herzerhebenden Naturanblicks genösse.

Dergleichen Mittheilungen geschahen von Tischbein immer unter der Bedingung, daß man ihm eine poetische oder prosaische Auslegung seiner sittlich künstlerischen Träume möge zukommen lassen. Die kleinen Gedichte, die man ihm zur Erwiderung sendete, finden sich unter den meinigen. Herzogin Amalie und ihre Umgebung theilten sich darin nach Stand und Würden, und erwiderten so eigenhändig die Freundlichkeit des Gebers.

Auch ich war in Karlsbad angetrieben, die bedeutend abwechselnden Gegenstände mir durch Nachbildung besser einzuprägen; die vollkommnern Skizzen behielten einigen Werth für mich, und ich fing an sie zu sammeln.

Ein Medaillen=Kabinett, welches von der zweiten Hälfte des funfzehnten Jahrhunderts an, über den

Weg, den die Bildhauerkunst genommen, hinlänglichen
Aufschluß zu geben, schon reich genug war, vermehrte sich
ansehnlich und lieferte immer vollständigere Begriffe.

Eben so wurde die Sammlung von eigenhändig
geschriebenen Blättern vorzüglicher Männer beträcht=
lich vermehrt. Ein Stammbuch der Walchischen
Familie, seit etwa den Anfängen des achtzehnten
Jahrhunderts, worin Maffei vorausstecht, war höchst
schätzenswerth, und ich dankte sehr verpflichtet den
freundlichen Gebern. Ein alphabetisches Verzeichniß
des handschriftlichen Besitzes war gedruckt, ich legte
solches jedem Brief an Freunde bei, und erhielt da=
durch nach und nach fortdauernde Vermehrung.

Von Künstlern besuchte uns nun abermals Rabe
von Berlin, und empfahl sich eben so durch sein
Talent wie durch seine Gefälligkeit.

Aber betrüben mußte mich ein Brief von Hackert;
dieser treffliche Mann hatte sich von einem apoplekti=
schen Anfall nur insofern erholt, daß er einen Brief
dictiren und unterschreiben konnte. Es jammerte mich
die Hand, die soviel sichre Charakterstriche geführt,
nun zitternd und unvollständig, den eigenen, so oft
mit Freude und Vortheil unterzeichneten berühmten
Namen bloß andeuten zu sehen.

Bei den Jenaischen Museen drangen immer neue
Gegenstände zu, und man mußte deßhalb Erweiterun=
gen vornehmen und in der Anordnung eine veränderte
Methode befolgen.

Der Nachlaß von Batsch brachte neue Mühe und Unbequemlichkeit. Er hatte die naturforschende Gesell= schaft gestiftet, auch in einer Reihe von Jahren durch und für sie ein unterrichtendes Museum aller Art zusammengebracht, welches dadurch ansehnlicher und wichtiger geworden, daß er demselben seine eigene Sammlung methodisch eingeschaltet. Nach seinem Hintritt reclamirten die Directoren und anwesenden Glieder jener Gesellschaft einen Theil des Nachlasses, besonders das ihr zustehende Museum; die Erben forderten den Rest, welchen man ihnen, da eine Schenkung des bisherigen Directors nur muthmaßlich war, nicht vorenthalten konnte. Von Seiten herzog= licher Commission entschloß man sich auch hier ein= zugreifen, und da man mit den Erben nicht einig werden konnte, so schritt man zu dem unangenehmen Geschäft der Sonderung und Theilung. Was dabei an Rückständen zu zahlen war, glich man aus und gab der naturforschenden Gesellschaft ein Zimmer im Schlosse, wo die ihr zugehörigen Naturalien abge= sondert stehen konnten. Man verpflichtete sich, die Erhaltung und Vermehrung zu begünstigen, und so ruhte auch dieser Gegenstand ohne abzusterben.

Als ich von Karlsbad im September zurückkam, fand ich das mineralogische Kabinett in der schönsten Ordnung, auch das zoologische reinlich aufgestellt.

Dr. Seebeck brachte das ganze Jahr in Jena zu und förderte nicht wenig unsere Einsicht in die Physik

überhaupt, und besonders in die Farbenlehre. Wenn
er zu jenen Zwecken sich um den Galvanismus be=
mühte, so waren seine übrigen Versuche auf Oxydation
und Desoxydation, auf Erwarmen und Erkalten,
5 Entzünden und Auslöschen für mich im chromatischen
Sinne von der größten Bedeutung.

Ein Versuch, Glasscheiben trübe zu machen, wollte
unserm wackern Göttling nicht gelingen, eigentlich
aber nur deßhalb, weil er die Sache zu ernst nahm,
10 da doch diese chemische Wirkung, wie alle Wirkungen
der Natur, aus einem Hauch, aus der mindesten Be=
dingung hervorgehen. Mit Professor Schelver ließen
sich gar schöne Betrachtungen wechseln; das Zarte und
Gründliche seiner Natur gab sich im Gespräch gar
15 liebenswürdig hervor, wo es dem Mitredenden sich mehr
anbequemte als sonst dem Leser, der sich immer, wie
bei allzutief gegriffenen Monologen, entfremdet fühlte.

Sömmerrings Gehörwerkzeuge führten uns zur
Anatomie zurück; Alexander von Humboldts freund=
20 liche Sendungen riefen uns in die weit' und breite
Welt; Steffens Grundzüge der philosophischen
Naturwissenschaften gaben genug zu denken, indem
man gewöhnlich mit ihm in uneiniger Einigkeit lebte.

Um soviel als mir gegeben sein möchte, an die Ma=
25 thematik heranzugehen, las ich Montucla's Histoire
des Mathématiques, und nachdem ich die höheren
Ansichten, woraus das Einzelne sich herleitet, aber=
mals bei mir möglichst aufgeklärt und mich in die

Mitte des Reichs der Natur und der Freiheit zu stellen gesucht, schrieb ich das Schema der allgemeinen Naturlehre, um für die besondere Chromatik einen sicheren Standpunct zu finden.

Aus der alten Zeit, in die ich so gern zurücktrete, um die Muster einer menschenverständigen Anschauung mir abermals zu vergegenwärtigen, las ich Agricola De ortu et causis subterraneorum und bemerkte hiebei, daß ich auf eben einer solchen Wanderung in's Vergangene die glaubwürdigste Nachricht von einem Meteorstein in der Thüringer Chronik fand.

Und so darf ich denn am Schlusse nicht vergessen, daß ich in der Pflanzenkunde zwei schöne Anregungen erlebte: die große Charte botanique d'après Ventenat machte mir die Familienverhältnisse augenfälliger und eindrücklicher. Sie hing in einem großen Zimmer des Jenaischen Schlosses, welches ich im ersten Stock bewohnte, und blieb, als ich eilig dem Fürsten Hohenlohe Platz machte, an der Wand zurück. Nun gab sie seinem unterrichteten Generalstab, so wie nachher dem Napoleon'schen gelegentliche Unterhaltung, und ich fand sie daselbst noch unversehrt, als ich nach soviel Sturm und Ungethüm meine sonst so friedliche Wohnung wieder bezog.

Cotta's Naturbetrachtung über das Wachsthum der Pflanzen, nebst beigefügten Musterstücken von durchschnittenen Hölzern, waren mir eine sehr angenehme Gabe. Abermals regte sie jene Betrachtungen

auf, denen ich soviele Jahre durch nachhing, und
war die Hauptveranlassung, daß ich von neuem zur
Morphologie mich wendend den Vorsatz faßte, sowohl
die Metamorphose der Pflanzen als sonst sich An=
schließendes wieder abdrucken zu lassen.

Die Vorarbeiten zur Farbenlehre, mit denen ich
mich. seit zwölf Jahren ohne Unterbrechung beschäf=
tigte, waren so weit gediehen, daß sich die Theile
immer mehr zu runden anfingen und das Ganze
bald selbst eine Consistenz zu gewinnen versprach.
Was ich nach meiner Weise an den physiologischen
Farben thun konnte und wollte, war gethan, eben
so lagen die Anfänge des Geschichtlichen bereits vor,
und man konnte daher den Druck des ersten und
zweiten Theils zugleich anfangen. Ich wendete mich
nun zu den pathologischen Farben; und im Geschicht=
lichen ward untersucht, was Plinius von den Farben
mochte gesagt haben.

Während nun das Einzelne vorschritt, ward ein
Schema der ganzen Lehre immer durchgearbeitet.

Die physischen Farben verlangten nun der Ord=
nung nach meine ganze Aufmerksamkeit. Die Be=
trachtung ihrer Erscheinungsmittel und Bedingungen
nahm alle meine Geisteskräfte in Anspruch. Hier
mußt' ich nun meine längst befestigte Überzeugung
aussprechen, daß, da wir alle Farben nur durch
Mittel und an Mitteln sehen, die Lehre vom Trüben,
als dem allerzartesten und reinsten Materiellen, der=

jenige Beginn sei, woraus die ganze Chromatik sich
entwickele.

Überzeugt, daß rückwärts, innerhalb dem Kreise
der physiologischen Farben, sich auch ohne mein Mitwirken eben dasselbe nothwendig offenbaren müsse,
ging ich vorwärts und redigirte, was ich alles über
Refraction mit mir selbst und andern verhandelt
hatte. Denn hier war eigentlich der Aufenthalt jener
bezaubernden Prinzessin, welche im siebenfarbigen
Schmuck die ganze Welt zum Besten hatte. Hier lag
der grimmig sophistische Drache, einem jeden bedroh-
lich, der sich unterstehen wollte, das Abenteuer mit
diesen Irrsalen zu wagen. Die Bedeutsamkeit dieser
Abtheilung und der dazu gehörigen Capitel war groß,
ich suchte ihr durch Ausführlichkeit genug zu thun
und ich fürchte nicht, daß etwas versäumt worden
sei. Daß, wenn bei der Refraction Farben erscheinen
sollen, ein Bild, eine Gränze verrückt werden müsse,
ward festgestellt. Wie sich bei subjectiven Versuchen
schwarze und weiße Bilder aller Art durch's Prisma
an ihren Rändern verhalten, wie das Gleiche geschieht an grauen Bildern aller Schattirungen, an
bunten jeder Farbe und Abstufung, bei stärkerer oder
geringerer Refraction, alles ward streng auseinander
gesetzt, und ich bin überzeugt, daß der Lehrer, die
sämmtlichen Erscheinungen in Versuchen vorlegend,
weder an dem Phänomen noch am Vortrag etwas
vermissen wird.

Die katoptrischen und paroptischen Farben folgten
darauf, und es war in Betreff jener zu bemerken,
daß bei der Spiegelung nur alsdann Farben erscheinen, wenn der spiegelnde Körper geritzt oder fadenartig glänzend angenommen wird. Bei den paroptischen läugnete man die Beugung und leitete die
farbigen Streifen von Doppellichtern her. Daß die
Ränder der Sonne jeder für sich einen eigenen
Schatten werfen, kam bei einer ringförmigen Sonnen-
finsterniß gar bekräftigend zum Vorschein.

Die sinnlich sittliche Wirkung der Farbe ward
darauf ausgeführt; und im Geschichtlichen nebenher
Gauthiers Chroagenesie betrachtet.

Mit dem Abdruck waren wir bis zum dreizehnten
Bogen des ersten Theils und bis zum vierten des zweiten
gelangt, als mit dem vierzehnten October das grimmigste
Unheil über uns hereinbrach, und die übereilt geflüch-
teten Papiere unwiederbringlich zu vernichten drohte.

Glücklich genug vermochten wir, bald wieder ermannt, mit andern Geschäften auch dieses von neuem
zu ergreifen und in gefaßter Thätigkeit unser Tage-
werk weiter zu fördern.

Nun wurden vor allen Dingen die nöthigen Tafeln
sorgfältig bearbeitet. Eine mit dem guten und werthen
Runge fortgesetzte Correspondenz gab uns Gelegenheit, seinen Brief dem Schluß der Farbenlehre beizufügen, wie denn auch Seebecks gesteigerte Versuche
dem Ganzen zu Gute kamen.

Mit befreiter Brust dankten wir den Musen für
so offenbar gegönnten Beistand; aber kaum hatten
wir einigermaßen frischen Athem geschöpft, so sahen
wir uns genöthigt, um nicht zu stocken, alsogleich
den widerwärtigen polemischen Theil anzufassen, und
unsere Bemühungen um Newtons Optik, sowie die
Prüfung seiner Versuche und der daraus gezogenen
Beweise, auch in's Enge und dadurch endlich zum
Abschluß zu bringen. Die Einleitung des polemischen
Theils gelang mit Ausgang des Jahrs.

An fremdem poetischem Verdienst war, wo nicht
ausgedehnte aber doch innig erfreuliche Theilnahme.
Das Wunderhorn alterthümlich und phantastisch,
ward seinem Verdienste gemäß geschätzt, und eine
Recension desselben mit freundlicher Behaglichkeit aus=
gefertigt. Hillers Naturdichtungen, gerade im Gegen=
satz, ganz gegenwärtig und der Wirklichkeit angehörig,
wurden nach ihrer Art mit billigem Urtheil em=
pfangen. Aladdin von Oehlenschläger war nicht
weniger wohl aufgenommen, ließ auch nicht alles,
besonders im Verlauf der Fabel, sich gut heißen.
Und wenn ich unter den Studien früherer Zeit die
Perser des Aeschylus bemerkt finde, so scheint mir,
als wenn eine Vorahnung dessen, was wir zu er=
warten hatten, mich dahin getrieben habe.

Aber einen eigentlichen Nationalantheil hatten
doch die Nibelungen gewonnen; sie sich anzu=
eignen, sich ihnen hinzugeben, war die Lust mehrerer

verdienter Männer, die mit uns gleiche Vorliebe
theilten.

Schillers Verlassenschaft blieb ein Hauptaugen=
merk, ob ich gleich jenes frühern Versuchs schmerzlich
gedenkend allem Antheil an einer Herausgabe und
einer biographischen Skizze des trefflichen Freundes
standhaft entsagte.

Adam Müllers Vorlesungen kamen mir in die
Hände. Ich las, ja studirte sie, jedoch mit getheilter
Empfindung: denn wenn man wirklich darin einen
vorzüglichen Geist erblickte, so ward man auch
mancher unsichern Schritte gewahr, welche nach und
nach folgerecht das beste Naturell auf falsche Wege
führen mußten.

Hamanns Schriften wurden von Zeit zu Zeit aus
dem mystischen Gewölbe wo sie ruhten, hervorgezogen.
Der durch die sonderbare Sprachhülle hindurch wirkende
rein kräftige Geist zog immer die Bildungslustigen
wieder an, bis man, an soviel Räthseln müde und irre,
sie bei Seite legte und doch jedesmal eine vollständige
Ausgabe zu wünschen nicht unterlassen konnte.

Wielands Übersetzung der Horazischen Epistel an
die Pisonen leitete mich wirklich auf eine Zeit lang
von andern Beschäftigungen ab. Dieses problematische
Werk wird dem einen anders vorkommen als dem
andern, und jedem alle zehn Jahre auch wieder anders.
Ich unternahm das Wagniß kühner und wunderlicher
Auslegungen des Ganzen sowohl als des Einzelnen,

die ich wohl aufgezeichnet wünschte, und wenn auch
nur um der humoristischen Ansicht willen: allein
diese Gedanken und Grillen, gleich so vielen tausend
andern in freundschaftlicher Conversation ausgesprochen,
gingen in's Nichts der Lüfte.

Der große Vortheil mit einem Manne zu wohnen,
der sich aus dem Grunde irgend einem Gegenstande
widmet, ward uns reichlich durch Fernows dauernde
Gegenwart. Auch in diesem Jahre brachte er uns
durch seine Abhandlung über die italiänischen Dia=
lekte mitten in's Leben jenes merkwürdigen Landes.

Auch die Geschichte der neuern deutschen Literatur
gewann gar manches Licht; durch Johannes Müller
in seiner Selbstbiographie, die wir mit einer Recen=
sion begrüßten; ferner durch den Druck der Gleimi=
schen Briefe, die wir dem eingeweihten Körte,
Hubers Lebensjahre, die wir seiner treuen und in
so vieler Hinsicht höchst schätzenswerthen Gattin ver=
danken.

Von älteren geschichtlichen Studien findet sich
nichts bemerkt, als daß ich des Lampridius Kaiser=
geschichte gelesen, und ich erinnere mich noch gar wohl
des Grausens, das bei Betrachtung jenes Unregiments
mich befiel.

An dem höhern Sittlichreligiosen Theil zu nehmen,
riefen mich die Studien von Daub und Creuzer
auf, nicht weniger der Hallischen Missionsberichte zwei
und siebzigstes Stück, das ich wie die vorigen der

Geneigtheit des Herrn Doctor Knapp verdankte, welcher von meiner aufrichtigen Theilnahme an der Verbreitung des sittlichen Gefühls durch religiöse Mittel überzeugt, mir schon seit Jahren die Nach=
5 richten von den gesegneten Fortschritten einer immer lebendigen Anstalt nicht vorenthielt.

Von anderer Seite ward ich zu der Kenntniß des gegenwärtig Politischen geführt durch die Gegen= gewichte von Gentz; sowie mir von Aufklärung
10 einzelner Zeitereignisse noch wohl erinnerlich ist, daß ein bei uns wohnender Engländer von Bedeutung, Herr Osborn, die Strategie der Schlacht von Tra= falgar, ihrem großen Sinn und kühner Ausführung nach, umständlich graphisch erklärte.

15 Seit 1801 wo ich nach überstandener großer Krank= heit Pyrmont besucht hatte, war ich eigentlich meiner Gesundheit wegen in kein Bad gekommen; in Lauch= städt hatt' ich dem Theater zu Liebe manche Zeit zugebracht, und in Weimar der Kunstausstellung
20 wegen. Allein es meldeten sich dazwischen gar manche Gebrechen, die eine duldende Indolenz eine Zeit lang hingehen ließ; endlich aber von Freunden und Ärzten bestimmt, entschloß ich mich Karlsbald zu besuchen, um so mehr, als ein thätiger und behender Freund,
25 Major von Hendrich, die ganze Reisesorge zu über= nehmen geneigt war. Ich fuhr also mit ihm und Riemer Ende Mai's ab. Unterwegs bestanden wir erst das Abenteuer, den Hussiten vor Naumburg bei=

zuwohnen, und in eine Verlegenheit anderer Art ge=
riethen wir in Eger, als wir bemerkten daß uns die
Päſſe fehlten, die, vor lauter Geſchäftigkeit und Reiſe=
anſtalt vergeſſen, durch eine wunderliche Complication
von Umſtänden auch an der Gränze nicht waren ab= 5
gefordert worden. Die Polizeibeamten in Eger fanden
eine Form dieſem Mangel abzuhelfen, wie denn der=
gleichen Fälle die ſchönſte Gelegenheit darbieten, wo
eine Behörde ihre Competenz und Gewandtheit be=
thätigen kann; ſie gaben uns einen Geleitſchein nach 10
Karlsbad gegen Verſprechen die Päſſe nachzuliefern.

Au dieſem Curorte, wo man ſich um zu geneſen
aller Sorgen entſchlagen ſollte, kam man dagegen
recht in die Mitte von Angſt und Bekümmerniß.

Fürſt Reuß XIII., der mir immer ein gnädiger 15
Herr geweſen, befand ſich daſelbſt, und war geneigt
mir mit diplomatiſcher Gewandtheit das Unheil zu
entfalten das unſern Zuſtand bedrohte. Gleiches Zu=
trauen hegte General Richter zu mir, der mich in's
Vergangene gar manchen Blick thun ließ. Er hatte 20
die harten Schickſale von Ulm mit erlebt, und mir
ward ein Tagebuch vom dritten October 1805 bis zum
ſiebzehnten, als dem Tage der Übergabe gedachter
Feſtung, mitgetheilt. So kam der Julius heran, eine
bedeutende Nachricht verdrängte die andere. 25

Zu Förderniß geologiſcher Studien hatte, in den
Jahren da ich Karlsbad nicht beſucht, Joſeph
Müller treulich vorgearbeitet. Dieſer wackere Mann,

von Turnau gebürtig, als Steinschneider erzogen, hatte sich in der Welt mancherlei versucht, und war zuletzt in Karlsbald einheimisch geworden. Dort beschäftigte er sich mit seiner Kunst und gerieth auf den Gedanken die Karlsbader Sprudelsteine in Tafeln zu schneiden und reinlich zu poliren, wodurch denn diese ausgezeichneten Sinter nach und nach der naturliebenden Welt bekannt wurden. Von diesen Productionen der heißen Quellen wendete er sich zu andern auffallenden Gebirgserzeugnissen, sammelte die Zwillingskrystalle des Feldspathes, welche die dortige Umgegend vereinzelt finden läßt.

Schon vor Jahren hatte er an unsern Spaziergängen Theil genommen, als ich mit Baron von Racknitz und andern Naturfreunden bedeutenden Gebirgsarten nachging, und in der Folge hatte er Zeit und Mühe nicht gespart, um eine mannichfaltige charakteristische Sammlung aufzustellen, sie zu numeriren und nach seiner Art zu beschreiben. Da er nun dem Gebirg gefolgt war, so hatte sich ziemlich, was zusammengehörte, auch zusammengefunden, und es bedurfte nur weniges, um sie wissenschaftlichen Zwecken näher zu führen, welches er sich denn auch, obgleich hie und da mit einigem Widerstreben gefallen ließ.

Was von seinen Untersuchungen mir den größten Gewinn versprach war die Aufmerksamkeit, die er dem Übergangsgestein geschenkt hatte, das sich dem Granit des Hirschensprungs vorlegt, einen mit Hornstein durchzogenen Granit darstellt, Schwefelkies und auch endlich Kalkspath enthält. Die heißen Quellen entspringen unmittelbar hieraus, und man war nicht abgeneigt in dieser auffallenden geologischen Differenz, durch den Zutritt des Wassers, Erhitzung und Auf= lösung und so das geheimnißvolle Räthsel der wunder= baren Wasser aufgehellt zu sehen.

Er zeigte mir sorgfältig die Spuren obgedachten Gesteins, welches nicht leicht zu finden ist, weil die Gebäude des Schloßbergs darauf lasten. Wir zogen sodann zusammen durch die Gegend, besuchten die auf dem Granit aufsitzenden Basalte über dem Hammer, nahe dabei einen Acker, wo die Zwillingskrystalle sich ausgepflügt finden. Wir fuhren nach Engelhaus, bemerkten im Orte selbst den Schriftgranit und anderes vom Granit nur wenig abweichendes Gestein. Der Klingsteinfelsen ward bestiegen und beklopft, und von der weiten, obgleich nicht erheiternden Aussicht, der Charakter gewonnen.

Zu allem diesem kam der günstige Umstand hinzu, daß Herr Legationsrath von Strube, in diesem Fache so unterrichtet als mittheilend und gefällig, seine schönen mitgeführten Stufen belehrend sehen ließ, auch an unsern geologischen Betrachtungen vielen Theil nahm und selbst einen ideellen Durchschnitt des Lessauer und Hohdorfer Gebirges zeichnete, wodurch der Zusammenhang der Erdbrände mit dem unter und neben liegenden Gebirg deutlich dargestellt und

vermittelſt vorliegender Muſter, ſowohl des Grund=
geſteins als ſeiner Veränderung durch das Feuer,
belegt werden konnte.

Spazierfahrten, zu dieſem Zwecke angeſtellt, waren
5 zugleich belehrend, erheiternd und von den Angelegen=
heiten des Tags ablenkend.

Späterhin traten Bergrath Werner und Auguſt
von Herder, jener auf längere, dieſer auf kürzere
Zeit, an uns heran. Wenn nun auch, wie bei
10 wiſſenſchaftlichen Unterhaltungen immer geſchieht, ab=
weichende, ja contraſtirende Vorſtellungsarten an den
Tag kommen, ſo iſt doch, wenn man das Geſpräch
auf die Erfahrung hinzuwenden weiß, gar vieles zu
lernen. Werners Ableitung des Sprudels von fort=
15 brennenden Steinkohlen=Flötzen war mir zu bekannt,
als daß ich hätte wagen ſollen ihm meine neuſten
Überzeugungen mitzutheilen, auch gab er der Über=
gangsgebirgsart vom Schloßberge, die ich ſo wichtig
fand, nur einen untergeordneten Werth. Auguſt von
20 Herder theilte mir einige ſchöne Erfahrungen von
dem Gehalt der Gebirgsgänge mit, der verſchieden iſt,
indem ſie nach verſchiedenen Himmelsgegenden ſtreichen.
Es iſt immer ſchön, wenn man das Unbegreifliche
als wirklich vor ſich ſieht.

25 Über eine pädagogiſch=militäriſche Anſtalt bei der
franzöſiſchen Armee gab uns ein trefflicher aus Bayern
kommender Geiſtlicher genaue Nachricht. Es werde
nämlich von Officieren und Unterofficieren am Sonn=

tage eine Art von Katechisation gehalten, worin der
Soldat über seine Pflichten sowohl als auch über ein
gewisses Erkennen, so weit es ihn in seinem Kreise
fördert, belehrt werde. Man sah wohl daß die Ab=
sicht war, durchaus kluge und gewandte, sich selbst
vertrauende Menschen zu bilden; dieß aber setzte frei=
lich voraus, daß der sie anführende große Geist dessen
ungeachtet über jeden und alle hervorragend blieb und
von Raisonneurs nichts zu fürchten hatte.

Angst und Gefahr jedoch vermehrte der brave
tüchtige Wille echter deutscher Patrioten, welche in
der ganz ernstlichen und nicht einmal verhohlnen
Absicht einen Volksaufstand zu organisiren und zu
bewirken, über die Mittel dazu sich leidenschaftlich
besprachen, so daß während wir von fernen Gewittern
uns bedroht sahen, auch in der nächsten Nähe sich
Nebel und Dunst zu bilden anfing.

Indessen war der Deutsche Rheinbund geschlossen
und seine Folgen leicht zu übersehen; auch fanden wir
bei unserer Rückreise durch Hof in den Zeitungen die
Nachricht: das Deutsche Reich sei aufgelös't.

Zwischen diese beunruhigenden Gespräche jedoch
traten manche ableitende. Landgraf Carl von Hessen,
tieferen Studien von jeher zugethan, unterhielt sich
gern über die Urgeschichte der Menschheit und war
nicht abgeneigt höhere Ansichten anzuerkennen, ob
man gleich mit ihm einstimmig auf einen folgerechten
Weg nicht gelangen konnte.

Karlsbad gab damals das Gefühl, als wäre man
im Lande Gosen; Österreich war zu einem scheinbaren
Frieden mit Frankreich genöthigt und in Böhmen
ward man wenigstens nicht, wie in Thüringen, durch
5 Märsche und Widermärsche jeden Augenblick aufgeregt.
Allein kaum war man zu Hause, als man das be-
drohende Gewitter wirklich heranrollen sah, die entschiedenste Kriegserklärung durch Heranmarsch unübersehlicher Truppen.

10 Eine leidenschaftliche Bewegung der Gemüther
offenbarte sich nach ihrem verschiedenen Verhältniß
und, wie sich in solcher Stimmung jederzeit Mährchen
erzeugen, so verbreitete sich auch ein Gerücht von dem
Tode des Grafen Haugwitz, eines alten Jugend-
15 freundes, früher als thätiger und gefälliger Minister
anerkannt, jetzt der ganzen Welt verhaßt, da er den
Unwillen der Deutschen durch abgedrungene Hin-
neigung zu dem französischen Übergewicht auf sich
geladen.

20 Die Preußen fahren fort Erfurt zu befestigen;
auch unser Fürst als preußischer General, bereitet
sich zum Abzuge. Welche sorgenvolle Verhandlungen
ich mit meinem treuen und ewig unvergeßlichen Ge-
schäftsfreunde dem Staatsminister von Voigt da-
25 mals gewechselt, möchte schwer auszusprechen sein;
eben so wenig die prägnante Unterhaltung mit meinem
Fürsten im Hauptquartier Niederroßla.

Die Herzogin Mutter bewohnte Tiefurt, Capell-

meister Himmel war gegenwärtig, und man musi=
cirte mit schwerem Herzen; es ist aber in solchen
bedenklichen Momenten das Herkömmliche, daß Ver=
gnügungen und Arbeiten, so gut wie Essen, Trinken,
Schlafen, in düsterer Folge hinter einander fortgehen. 5

Die Karlsbader Gebirgsfolge war in Jena an=
gelangt, ich begab mich am sechs und zwanzigsten
September hin sie auszupacken und unter Beistand des
Directors Lenz vorläufig zu katalogiren; auch ward
ein solches Verzeichniß für das Jenaische Literatur= 10
Intelligenzblatt fertig geschrieben und in die Druckerei
gegeben.

Indessen war ich in den Seitenflügel des Schlosses
gezogen, um dem Fürsten Hohenlohe Platz zu machen,
der, mit seiner Truppenabtheilung widerwillig heran= 15
rückend, lieber auf der Straße nach Hof dem Feind
entgegen zu gehen gewünscht hätte. Dieser trüben
Ansichten ungeachtet, ward nach alter akademischer
Weise mit Hegel manches philosophische Capitel
durchgesprochen. Schelling gab eine Erklärung her= 20
aus von Ths beantwortet. Ich war bei Fürst
Hohenlohe zu Tafel, sah manche bedeutende Männer
wieder, machte neue Bekanntschaften; niemanden war
wohl, alle fühlten sich in Verzweiflung, die keiner
umhin konnte, wo nicht durch Worte doch durch Be= 25
tragen zu verrathen.

Mit Obrist von Massenbach, dem Heißkopfe,
hatte ich eine wunderliche Scene. Auch bei ihm kam

die Neigung zu schriftstellern der politischen Klugheit
und militärischen Thätigkeit in den Weg. Er hatte
ein seltsames Opus verfaßt, nichts Geringeres als
ein moralisches Manifest gegen Napoleon. Jedermann
5 ahnete, fürchtete die Übergewalt der Franzosen, und
so geschah es denn daß der Drucker begleitet von
einigen Rathspersonen mich anging, und sie sämmt=
lich mich dringend baten, den Druck des vorgelegten
Manuscriptes abzuwenden, welches bei'm Einrücken
10 des französischen Heeres der Stadt nothwendig Ver=
derben bringen müsse. Ich ließ mir es übergeben
und fand eine Folge von Perioden, deren erste mit
den Worten anfing: „Napoleon, ich liebte dich!"
die letzte aber: „ich hasse dich!" Dazwischen waren
15 alle Hoffnungen und Erwartungen ausgesprochen, die
man anfangs von der Großheit des Napoleon'schen
Charakters hegte, indem man dem außerordentlichen
Manne sittlich=menschliche Zwecke unterlegen zu müssen
wähnte, und zuletzt ward alles das Böse was man
20 in der neuern Zeit von ihm erdulden müssen, in ge=
schärften Ausdrücken vorgeworfen. Mit wenigen Ver=
änderungen hätte man es in den Verdruß eines
betrogenen Liebhabers über seine untreue Geliebte
übersetzen können, und so erschien dieser Aufsatz eben
25 so lächerlich als gefährlich.

Durch das Andringen der wackern Jenenser, mit
denen ich so viele Jahre her in gutem Verhältniß
gestanden, überschritt ich das mir selbst gegebene Gesetz,

mich nicht in öffentliche Händel zu mischen; ich nahm
das Heft und fand den Autor in den weitläufigen
antiken Zimmern der Wilhelmischen Apotheke. Nach
erneuerter Bekanntschaft rückte ich mit meiner Pro=
testation hervor, und hatte, wie zu erwarten, mit 5
einem beharrlichen Autor zu thun. Ich aber blieb
ein eben so beharrlicher Bürger, und sprach die Argu=
mente, die freilich Gewicht genug hatten, mit beredter
Heftigkeit aus, so daß er endlich nachgab. Ich er=
innere mich noch, daß ein langer stracker Preuße, dem 10
Ansehn nach ein Adjutant, in unbewegter Stellung
und unveränderten Gesichtszügen dabei stand und sich
wohl über die Kühnheit eines Bürgers innerlich ver=
wundern mochte. Genug ich schied von dem Obristen
im besten Vernehmen, verflocht in meinen Dank alle 15
persuasorischen Gründe, die eigentlich an sich hin=
reichend gewesen wären, nun aber eine milde Ver=
söhnung hervorbrachten.

Noch trefflichen Männern wartete ich auf; es war
am Freitag den dritten October. Den Prinzen Louis 20
Ferdinand traf ich nach seiner Art tüchtig und
freundlich; Generallieutenant von Grawert, Obrist
von Massow, Hauptmann Blumenstein, letzterer
jung, Halbfranzos, freundlich und zutraulich. Zu
Mittag mit allen bei Fürst Hohenlohe zur Tafel. 25

Verwunderlich schienen mir bei dem großen Zu=
trauen auf preußische Macht und Kriegsgewandtheit,
Warnungen die hie und da an meinen Ohren vorüber=

gingen: man solle doch die besten Sachen, die wichtig=
sten Papiere zu verbergen suchen; ich aber, unter
solchen Umständen aller Hoffnung quitt, rief, als
man eben die ersten Lerchen speis'te: nun, wenn der
⁵ Himmel einfällt, so werden ihrer viel gefangen werden.

Den Sechsten fand ich in Weimar alles in voller
Unruhe und Bestürzung. Die großen Charaktere
waren gefaßt und entschieden, man fuhr fort zu
überlegen, zu beschließen: wer bleiben, wer sich ent=
¹⁰ fernen sollte? das war die Frage.

Lesarten.

Die ersten Spuren von Goethes Entschluss, seine Lebens-erinnerungen, abgesehen von „Dichtung und Wahrheit" und den Feldzugserzählungen, aufzuzeichnen, finden sich zwar im Tagebuch erst 1817, allein er wurzelt eigentlich in der 1816 für die zwanzigbändige Ausgabe der Werke auf-gestellten, in deren letztem Bande abgedruckten „Summa-rischen Jahresfolge Goethescher Schriften", wie aus dem, im „Morgenblatt" vom 26. April 1816 und dann wieder 1819 im 20. Bande der Werke Seite 391 f. abgedruckten Aufsatz vom 31. März 1816 und dem anschliessenden Aufsatz vom März 1819 hervorgeht. In die Ausgabe letzter Hand sind diese Aufsätze nicht und nur erst in den 29. Theil der Hempelschen Goetheausgabe wieder aufgenommen. Die Chronologie der Schriften konnte, wie hierin dargelegt wird, nur dann höherem Zweck entsprechen, wenn die Entstehung dieser Schriften in der Lebensgeschichte begründet erschien.

Über den Fortgang dieser Lebensbeschreibung berichtete Goethe im 1. Hefte des IV. Bandes von „Kunst und Alter-thum", unter der Überschrift „Entstehung der biographischen Annalen" wieder abgedruckt im 10. Bande der Nachgelasse-nen Werke (60. Band der Ausgabe letzter Hand).

Die bekannte Sorgfalt, welche Goethe bei Ausarbeitung seiner naturwissenschaftlichen Schriften verwandte, die Ängstlichkeit, welche ihn hierbei mit dem Abschluss zögern liess, tritt auch bei Abfassung der Annalen zu Tage: seit der ersten Andeutung im Tagebuche vergehen über acht Jahre bis zur Beendigung. Goethe verfuhr dabei so, dass er zunächst Auszüge aus den Tagebüchern, meist nur mit Bleistift fertigte. diese dann „schematisirte" oder „rubricirte", d. h. die verschiedenen Beschäftigungen und Erlebnisse in Tabellen mit Kopfinschriften für die Gegenstände eintrug.

Nach diesen Vorarbeiten dictirte er dann die Darstellung, die er später von Riemer und Eckermann durchgehen liess oder gemeinschaftlich mit ihnen durchging, um sprachliche und stilistische, mitunter auch den Sachverhalt deutlicher aussprechende Änderungen vorzuschlagen oder anzuregen.

Die Vorarbeiten an Auszügen und Rubriken abzudrucken möchte unnöthigen Ballast häufen. Wenn bei „Dichtung und Wahrheit" derartige Unterlagen in den Lesarten Platz fanden, so war diess theils dadurch begründet, dass dieselben aus selbständigen Aufzeichnungen über noch spät als wichtige lebhaft empfundene Begegnisse bestehen, während die hier fraglichen Vorarbeiten ihre Quelle meist in den Tagebüchern hatten, theils dadurch, dass „Dichtung und Wahrheit" nicht bloss ein lebensgeschichtliches, sondern auch ein dichterisches Werk war, wobei die Vorarbeiten für die Beurtheilung der Composition von Werth sind. Nur um eine Vorstellung von diesen Vorarbeiten zu geben, folgt hier zunächst der Anfang des Schemas für 1794.

Mutter u. Freunde.

Schon gefühlt im vorigen Jahr bey meiner Anwesenheit. 1,4	Druck des Besitzes vermehrt. Sorge wegen eigener Existenz. Angebotne Aufnahme abgelehnt. Bleibens Vorsatz. Hausverkauf naht.

Die Rubriken für die Vorkommnisse des Jahres 1796 sind:

Bücher von Einfluß. Wilhelm Meisters Aufnahme. Jakobi Verhältniß. Chromatik. Jena u. Akademika. Kalbische Sache. Witterung. Emigrirte. Schloßbau. Poesie; Theater. Geselligkeit. Politik u. Krieg. Künste. Poetische Arbeiten.

Unter diesen Überschriften stehen bald mehrere, bald wenigere Einzelheiten; so unter „Wilhelm Meisters Aufnahme" viele und zwar:

v. Thümmel. Frau von Frankenberg. Prinz August. Schlosser. Sömmerring. Unger wegen der Fortsetzung. Mutter. Zweyter Theil. Jakobi. Reichard componirt die Lieder. Ergiebt sich dem Sansculottismus. Sucht sich aber doch an uns anzuschließen. Widerwärtiges Verhältniß daher. Der 2. Band wird ausgegeben. Voß über W. Meister. Mariane. Bestreben nach Enthüllung.

Teuteley. v. Humboldt. Aley. nahe Abreise von Jena. Dal=
berg. Mannheim.

Die oben angeführte Rubrik „Kalbische Sache" bestätigt — beiläufig bemerkt — meine Vermuthung zu Abs. 143
der Hempelschen Ausgabe der „Tag- und Jahreshefte",
(Werke, XXVII. Th. 1. Abth. S. 655) dass die im Schlusssatz
von 1795 enthaltene Anspielung auf einen „Unwürdigen"
sich auf den Kammerpräsidenten v. Kalb beziehe.

Entstehung und Fortgang der Beschäftigung mit den
Annalen lässt sich aus den Erwähnungen in den Tagebüchern entnehmen; darnach hatte Goethe in Arbeit:

Die Jahrgänge	in den Jahren	an Tagen
1749 — 1793.	1819, 1820, 1823.	14.
1794. . .	1819, 1823.	11.
1795. . .	1819, 1823, 1824.	10.
1796. .	1819, 1823, 1824, 1825.	6.
1797. .	1819, 1820, 1823, 1824, 1825.	10.
1798. .	1819, 1820, 1823, 1824, 1825.	12.
1799. .	1819, 1823, 1824, 1825. .	6.
1800. .	1819, 1824, 1825. .	4.
1801 .	1819, 1824, 1825. .	17.
1802 .	1819, 1824, 1825. .	12.
1803. .	1819, 1824, 1825. .	17.
1804. .	1819, 1824, 1825. .	9.
1805. .	1817, 1819, 1824, 1825. .	25.
1806. .	1817, 1819, 1823, 1824, 1825. .	24.
1807. .	1817, 1819, 1822, 1823, 1824, 1825.	24.
1808. .	1819, 1822, 1823, 1825. .	13.
1809. .	1819, 1822, 1823, 1825. .	13.
1810. . .	1819, 1825. .	9.
1811. . .	1819, 1825. •.	8.
1812. . .	1819, 1825. .	7.
1813. . .	1819, 1825 .	6.
1814 . .	1819. .	5.
1815. .	1819, 1823, 1825. .	6.
1816. .	1819, 1823, 1825. .	11.
1817. .	1819, 1823, 1825. .	13.
1818. . .	1819, 1823. .	6.

Die Jahrgänge		in den Jahren	an Tagen
1819.	. .	1819, 1825.	. 6.
1820.	. .	1823, 1825.	. 12.
1821.	. .	1822, 1823.	. 12.
1822.	. .	1822, 1823.	. 4.

Im Ganzen wird der biographischen Arbeiten einschliesslich der nicht auf bestimmte Jahre gerichteten Erwähnungen in den Tagebüchern gedacht:

1817 an	2	Tagen
1819 „	37	„
1820 -	6	„
1822 „	14	„
1823 „	49	„
1824 „	40	„
1825 „	100	„

Einzelnheiten für die Annalen schrieb Goethe zwar noch später nieder, indem er Ergänzung derselben im Auge behielt, aber die Hauptarbeit für die Annalen in ihrem dermaligen Bestande schloss mit 1825.

Die anfängliche Bezeichnung „Lebenserinnerungen" wird bald ersetzt durch „Lebensgeschichte" und „Biographie"; vom 22. Februar 1819 ab heisst diese meistens „Chronik" und vom 8. Mai 1825 gewöhnlich „Annalen". Unter dieser Benennung werden sie auch in den „Anzeigen von Goethes sämmtlichen Werken, vollständige Ausgabe letzter Hand" vom 1. März 1826 angekündigt, wobei Goethe bemerkt, dass die Darstellung ganz verschiedenen Charakter gewinne: bald als Tagebuch, bald als Chronik, dann die Gestalt von Memoiren, zuletzt aber durch Eingreifen ins Öffentliche die Bedeutung von Annalen annehme. Mit dem jetzigen Titel wurden die „Tag- und Jahreshefte" endlich 1830 veröffentlicht. ∾

Handschriften.

Es sind drei Handschriften vorhanden, die als druckfertige anzusehen sind:

H ist in Quartformat, enthält 53 Blatt und trägt die Aufschrift: Vorarbeiten zu den Annalen von 1749—1798. Ob der in den Tag- und Jahresheften unterm Jahre 1822

(Abs. 1139) erwähnte Versuch der Redaction der Lebens-
chronik, welcher eine Zeit lang vermisst wurde, der in
diesem Quarthefte niedergeschriebene war, bleibe dahin-
gestellt. Aus diesem zeitweiligen Abhandenkommen erklärt
es sich übrigens vielleicht, dass in den Tagebüchern vom
9. April 1820 bis 30. November 1822 vom Arbeiten an den
Annalen nicht die Rede ist.

H²: Die vollständige Handschrift der Annalen in Folio,
von der Hand Johns geschrieben. Alle Seiten derselben
sind mit Blei durchstrichen. Der Anfang, die Jahre
1749—1793 umfassend, ist mit einem Umschlagsbogen versehen, weiterhin jedes Jahr mit einem besonderen. Der Umschlagsbogen für 1794 enthält von Goethes Hand das Motto:

> *Let me embrace thee, good old chronicle,*
> *Thou hast so long walk'd hand in hand with time.*

Bei Herstellung dieser Handschrift sind vielfach einzelne
Blätter ausgeschieden und durch eine verbesserte oder erweiterte Darstellung ersetzt worden. Diese Blätter, soweit
sie sich noch vorfinden, sind jetzt meist ohne Zusammenhang unter sich und oft kreuz und quer, häufig mit Roth-
stift, durchstrichen. Nur besonders bemerkenswerthe Abweichungen in der darauf enthaltenen Fassung werden
unter den Lesarten aufgeführt werden. Die Bezeichnung
dieser Blätter erfolgt mit *H²ª*.

H³: Die im Archiv der Cotta'schen Buchhandlung erhaltene Druckvorlage für *C¹*: zwei Foliobände, von Johns
Hand mit Änderungen von Goethe und Eckermann; die
des letzteren sind fast immer mit Tinte über Riemers Bleistift, geschrieben. Der 1. Band zählt 219, der 2. Band,
abschliessend mit dem Aufsatz „Zum feierlichen Andenken
der Durchlauchtigen Fürstin und Frau Anna Amalia u. s. w."
und der Rede „Zu brüderlichem Andenken Wielands".
215 Blatt. (Dank dem freundlichen Entgegenkommen der
Herren Kröner und Spemann, J. G. Cotta's Nachfolger,
konnte eine genaue und vollständige Collation von *H³* im
Goethe- und Schiller-Archiv angefertigt und dem Herrn
Herausgeber zur Verfügung gestellt werden. Suphan. Für
einzelne Jahrgänge finden sich noch andere handschriftliche
Unterlagen, die gehörigen Orts angezeigt werden.

Druck

der Annalen ist lediglich in der Ausgabe von Goethes Werken letzter Hand durch Goethe selbst veranlasst.

C^1: Goethes Werke. Vollständige Ausgabe letzter Hand. Unter des durchlauchtigsten deutschen Bundes schützenden Privilegien. Stuttgart und Tübingen, in der J. G. Cotta'schen Buchhandlung 1830. Band 31 und 32. 16° (nach der Bogennorm 8°).

C: die in Titel und Anordnung entsprechende Octav-ausgabe.

Es bedeutet: g eigenhändig mit Tinte, g^1 eigenhändig mit Bleistift Geschriebenes, Schwabacherdruck Ausgestrichenes, *Cursivdruck* Lateinischgeschriebenes der Handschrift.

Lesarten.

1749—1764.

3, 6 Bildern auf der Seitenscheide, g über beschäftigt H^1

1769—1775.

5, 1 beschränkte] gegen beschränkte $H^1 H^2$ 22 unversehens] unvorhergesehen $H^1 H^2$ daraus wie jetzt H^3

Bis 1780.

5, 25—27 Neben dem Anfang des Bis 1780 überschriebenen Abschnittes g^1 aR Sommeraufenthalt 1776. Trebra H^1 6, 10 ihre aus H^1 deren H^2 21 Entwicklung] Entwickelung $H^2 H^3$ Die Schreibung des stummen e oder dessen Unterdrückung erfolgt nicht nach Grundsätzen, weshalb fernerhin diesbezügliche Änderungen nicht bemerkt werden.   25. 26 Sammeln] Sammlen H^1 28 Iliade] Ilias $H^1 H^2$ 7, 1. 2 läßt — absondern aus H^1 von jener Gesellschaft läßt er sich nicht absondern H^2 7, 17 unserer] einer H^1 und H^2 dafür wie jetzt H^2 22 das — es] sie sogleich und konnte sie H^2 26 Nach Pappenfelsen: wieder H^1 8, 3 dunklen $H^1 H^2 H^3$ 5—8 Natur — ein g^1 aus Natur, unternehmen und ausüben möchte, wozu ihm [Fähigkeit und] Fertigkeit [versagt] ist. Ein H^1 22 zuletzt g^1 aR für späterhin H^1 27 dazu] darauf auf Rasur H^2

6, 7 geiziger über einziger H^1 16 Demohngeachtet H^1; un über
ohn H^2 17 Zürch H^1H^2

1787—1788.

10, 7 Jphigenia H^1H^2 20. 21 g^1 aR bemerkt: Saß Schillern
in Rudolstadt. H^2 21—23 abgeschlossen — 1789.] abgeschlossen,

1789

aber die Ausgabe bei Göschen dem Publicum vollständig über=
liefert. H^1H^2 11, 4 Halsbandsgeschichte H^1H^2 12, 11—14
vertheilte — unmöglich] wurden hie und da untergesteckt, und jede
Wiederaufnahme der Arbeit verkümmert. H^2

1790.

14, 16. 17 der — Schule] jener unschätzbaren Schule H^2
25 ergötzte — dem] das H^1 Daraus aR wie jetzt H^2
15, 14 war — worden] ward sonderbarlich angeregt aR H^2
18 Schafschädel] Schädel H^1 daraus aR wie jetzt H^2 19 große
— Wahrheit] große Wahrheit H^2 16, 2 stellt] stelle H^1H^2
11 so nach (Camper und Blumenbach waren der Vorstellung ab=
geneigt) H^1 Ausgestrichen H^2 12 ich fehlt H^1H^2 26. 27
bereicherte — Begriffen] gewährte viel Erfahrung und Begriff H^1
daraus aR wie jetzt H^2

1791.

17, 4 dunckle Kammer über Camera obscura H^1 6 die —
Versuche] den nahgelegenen Gärten Versuche H^1 dafür aR wie
jetzt H^2 9 Erscheinungen] Versuche H^1 üdZ wie jetzt H^2
21 im Dialog fehlt H^1 aR wie jetzt H^2 25 sahe H^3 18, 1
gleich von Anfang aus H^1 von Anfang gleich H^2 15 wir für
sie H^1 18 Muth H^1 21 neu eingelernt daraus neueinge=
lernt H^1, so auch H^2 24. 25 Kranz und Vulpins fehlen H^1
aR beigefügt H^2 19, 2 die man fehlt H^1; üdZ H^2 9. 10 Oper
immer ein] Oper das H^1 üdZ wie jetzt H^2 10 immer nach
ergötzen H^1; jenes gestrichen H^2 12 Schauspiel aus Schau=
spieler H^1 13 dieses aR für solches H^1 17 zu prüfen g über
Prüfung H^1 18 doch fehlt H^1; unter der Zeile H^2 20, 3. 4
Neben Schluss von 1791 und Anfang 1792 g^1 aR Groß
Cophta als Schauspiel geschrieben 1791 Dec. gedr. 1792 H^1

1792.

20, 11 höchster Epoche] bester Zeit *H¹H²* dafür wie jetzt *H³*
23 aus nach uns *H¹* 24—26 Beitritt — Schauspieler] zu
unserm Theater des jungen, von der Natur höchst begünstigten,
jetzt eigentlich erst auftretenden Schauspieler Vohs. *H¹* Geändert aR wie jetzt *H²* 21, 1—8 Zu Anfang des dritten
Absatzes von 1792 aR *g¹*: *Acquisition des Hauses. Anfang
des Baues.* 3 es] solche *H¹* üdZ mit Blei *H²* 9—11 sodann
— Coblenz] von da ich die Mosel herab, die unendliche Verwirrung der Heerstraße zu vermeiden, nach Coblenz fuhr. *H²*
18 Löchlein im Laden] Ladenlöchlein *H¹*; daraus wie jetzt *H²*
22 wovon aus wozu *H¹*

1793.

22, 1—7 Zu Anfang des ersten Absatzes von 1793 aR *g¹*
Anmuth und Würde. H¹ 4—7 begegnete — Behandlung]
fand gerade den Reinecke Fuchs als wünschenswerthesten Gegenstand einer zwischen Übersetzung und Umarbeitung schwebenden
Behandlung. *H¹* begegnete *g* über fand; übrigens daraus
wie jetzt *H²* 8 gereichte] war *H¹* daraus ward: nachher aR
wie jetzt *H²* 9 Trost und Freude] Freud und Trost *H¹*;
durch überschriebene Zahlen geändert wie jetzt *H²* 11. 12
beiwohnte; — vergessen] beiwohnte. Wobei ich zu bemerken nicht
vergessen darf, *H¹* wie jetzt aR *H²* 25 unter heiterm] einem
heitern *H¹* 26. 27 über — Bedingungen] unter wie mancherlei
Bedingungen *H¹* dafür über die mannigfaltige Bedingung *H²*
geändert wie jetzt *H³* 23, 5 bezeichnete nach aus *H¹*
11 folgend aus folgte *H¹* 11. 12 ich] — überrascht] jedoch gar
unangenehm überrascht ward, *H¹* üdZ wie jetzt *H²* 13 versicherte nach mich *H¹* 16 nicht nach gerichtet *H³* 19 umständlich vorausfagte] aufs genauste erwiederte *H²* 22. 23 für
— fest] mich immer fest, wenigstens persönlich *H¹* dafür aR wie
jetzt *H²* 24, 5 einheimische] innere *g* üdZ *H¹* dafür wie
jetzt *H³* 8 Ahndung *H¹H²* 12. 13 das Heft] zuerst *H¹* über
dieses Wort wie jetzt *H²* 22. 23 auf — vertrauend] in Vertrauen auf den *H²* dafür aR wie jetzt *H²* 25, 5 Vohs nach
von *H³* bei] von *H²*

1794.

25, 8—30, 14 Statt der ersten vierzehn Absätze des Jahres 1794 Von — mochte] Dieses Jahr sollte mich gegen die vorigen, in welchen ich viel gelitten, durch mancherlei Thätigkeit erquicken und ich bedurfte dessen. Denn persönlicher Zeuge höchst bedeutender und die Welt bedrohender Umwandlungen gewesen zu sein, das größte Unglück, was Bürger, Bauer und Soldaten begegnen kann, mit Augen gesehen zu haben, gab die traurigste Stimmung. *H*¹ 25, 16. 17 mit — haben aR *H*² 18—28 Neben dem dritten Absatz von 1794 aR Verhältniß zu Schiller. Auszusprechen nach Anleitung der Morphologie. Meyer als Hausgenosse. Friedr. v. Stein in Hamburg. Köstliches Obstjahr. Weinjahr. Kriegsläufte am Rhein und Main. Preußens Anregung an die Fürsten wegen zu verlangendem Frieden *H*² 23. 24 hatten die Welt erschreckt aus erschreckten die Welt *H*² 25 dessen] seinen *H*² darüber wie jetzt *H*³ 26, 2 rings umher aus und rings im Kreise *H*² 7 halbgegründete über nicht unsichere *H*² das — Preußens aR aus Preußens gutes Verhältniß *H*² 8 Nach dem vierten, mit Franzosen schliessenden Absatz von 1794 aR Jena Oberreuth *H*² 9 ja über wo *H*² 12 ein deutsches Heft aus eine deutsche Schrift *H*² 13 es für sie *H*² 14. 15 in — da aR für indem *H*² 23 Anstalten aR für Anschauung *H*² 27, 5. 6 einen — gewinnen aus auf einen Halbfreund der Franzosen, *H*² 7 Wer sich indessen aus Indessen wer sich *H*² 10 nur über da *H*² 11 herüber üdZ *H*² 14 Orten nach Arten und *H*² 20. 21 mich — sie aR *H*² 21 als nach aber *H*² 28 zur Last aR *H*² doch aR nach so *H*² 28, 4 unräthlich nach es *H*² 19 es üdZ *H*² 22 mit üdZ nach und *H*² 23 in nach sich *H*² Zeit üdZ *H*² 26. 27 einem — erst aR aus einer schönen Lage *H*² 27 Hause aus Hauses *H*² 28 heitere Stimmung über erheiternde Aussicht *H*² 29, 9 vor aR *H*² 15 durch üdZ *H*² 19 zu über bei *H*² 22 ihn über Wielanden *H*² 23 waren — Fall aus hatten wir nun Gelegenheit *H*² 24 Freundschaftsdienst nach wahren *H*² 25. 26 genug — obendrein aus hiezu aber noch *H*² 28 ertragend über erduldend *H*² 30, 4. 5 mit — Unruhe aus hielt in Frankfurt aus die fortwährende Unruhe mit seiner trefflichen Gattin *H*² 16 gegeben durchstrichen, dafür aR aufge-

führt; offenbar aus Übersehen in *H*³ nicht geändert. 17 den
aR *H*² 31, 1 zur Gurli geschaffene aR *H*² 6. 7 dem —
fallen. aus daß sie dem Weimarischen Publicum verdrießlich geworden wären. *H*¹ 8 Nunmehr gegen Jena durch Numerirung aus
Gegen Jena nunmehr *H*² Lehrbühnen] Redebühnen *H*² Lehr
über Rede *H*³ 9 ich üdZ *H*³ 11 war über hatte man *H*²
13 worden aR *H*² mit über in *H*² 14 gehörig üdZ *H*²
16 Es war eine aus Er war einer *H*² 17 und aR *H*² in nach
war *H*² 19 erschaffenen üdZ *H*² 24 deren nach zu halten, *H*²
fanden. üdZ *H*² 27 getüscht *H*² 28 über die] von denen *H*²;
daraus wie jetzt *H*⁴ 32, 2 zuzogen über sich hervorthaten *H*²
2. 3 In — man üdZ für Kursachsen wollte *H*² 3 Stellen für
Äußerungen *H*² 4 freilich hatte man durch Numerirung aus
man hatte freilich *H*² 10 durch wissenschaftliche aus auf wissenschaftlichen *H*² 11 allerdings aus freilich *H*² 17 Felde über
Fache *H*² 19 womit aus damit 20 als über da 21 Liebhaber für Freund dieser schönen Wissenschaft *H*² 26 Forschen
über Untersuchung *H*² 33, 2 wohl über denn *H*² 6 des
aR *H*² 8 aufs nach des Knochen- und Muskelgebildes *H*²
9 genausten über genannten *H*² 11 seines Bestrebens aR *H*²
12 mäßigen über kleinen *H*² 15 Haupt über Mit *H*² 17 dießmal nur durch Numerirung aus nur dießmal *H*² 23 dann
sollte über worauf denn *H*² 24 auf über über *H*² 25 sollte
nach erstrecken *H*² 26 immer gesteigerten aR für mir immer
mehr sich hervorthuenden *H*² 27 der über welche *H*² fühlte
nach mir auferlegte. *H*² mehr über immer *H*² 28 fortwährend aR für immerfort *H*² 34, 4. 5 des menschlichen über
unseres *H*² 11 sah ich immer weiter aus war ich immer weiter-
gekommen *H*² 14 herrlich aus in diesem herrlichen Jahre *H*²
18 selbst über auch *H*² 28 ohne über um in *H*² 35, 4 des
Fürsten aus Mann *H*² 8 nach für die *H*² 9 nur üdZ *H*²
10. 11 ausgedrückt — Aufnahme aus ausbrückten und mir gegen
eine heitere Erwiederung *H*² 15 wurde üdZ *H*² 16 sollen.
Doch aus sollen, und es *H*² 23 in der Folge aR *H*² 36, 1
aus den Augen aus mir aus dem Gesichte *H*² 6 aber üdZ *H*²
12 Bergwesens aus Bergwerkskreises *H*² 21. 22 nicht — selbst
für von mir und sogar *H*² 24 Bedenklichkeit aR für Sorge *H*²
37, 9. 10 von jener Seite war aR *H*² 10 nachsichtiger nach ward *H*²
26 in nach gehalten *H*² 28 an üdZ *H*² 38. 9. 10 zugleich

— Geiſt für auf einmal H^2 10 gegen über wechſel H^2 39. 8 und 10 die parenthetischen Striche üdZ H^2 14 geſtalteten für bildeten H^2 16. 17 hatten — gebildet für bildeten ſie kleine Welten H^2 19 Sprudel] Strudel H^2; ersteres wohl aus Versehen H^3C 40, 9 im aus den H^2 12 daher üdZ H^2 13 mir üdZ H^2 14 machen über gewinnen H^2 ausübte.] ausübte und gaben die Hoffnung nie völlig auf mich für ihren Theil ausſchließlich zu gewinnen. H^2 15 jedoch — Zuſtand über es H^2 16 ohngefähr H^2H^3 21 da nach nun H^2 24 zu welchem über wozu H^2 26 für die aus zu den H^2 Fächer aus Fächern H^2 27. 28 meinen — Freund fehlt H^1 g^1 aR Meyer nach Dresden. Kam ich auch mit Seren. dahin von Deſſau — Ende Jul. Anf. Aug. H^1 41, 2—13 Bei—kehren! fehlt H^1 11 wenn er auch über der ſelbſt H^2 14—16 Noch — ausgeglichen] Noch aber brachte das wiſſenſchaftliche Bemühen einigen Zwieſpalt in mein Daſeyn H^1 18 fordern.] fordern und gar zu verſchlingen. H^1H^2 20 auf einmal aR für nach und nach H^2 26 neu fehlt H^1 42, 2—4 Die — Zeugniß fehlt H^1 42 Am Schluss des Jahres 1794 g^1 aR Commentar H^2

1795.

42, 16 Nach Herausgeber g^1 Demarcat. Linie 17 halten über ſchließen H^2 20 bei Übeln aus über die kleinſten Übel H^2 23 gar vielfache g über mancherley H^1 mich g üdZ H^1 43, 3 Bergbau] Bergwerk H^1 12 entſchiedener g über lebhafter H^1 16 erlöſchen] verlöſchen H^1 18 weilte g über befand ſich H^1 44, 1 unter] von H^1; daraus aR wie jetzt H^2 4 hatte — er] hatte. Er H^1 12 allenfalls g über zwar H^1 16 auch g üdZ H^1 17 bereits aR H^2 über g über auf H^1 19 Aſſignate] aus Aſſignaten H^1 20 geworden; —und] geworden. Hiervon war H^1 durchstrichen und wie jetzt H^2 21 ein Marquis] der Marquis von F*** H^1 23. 24 es — Krieg] der bürgerliche Krieg werde H^1 noch gar üdZ H^2 45, 5 derſelben Zeit aus denſelben Tagen H^1 6 — 8 denn — noch aus dort war noch alles H^2 28 Nach konnte folgt: Wie denn dieſer Aufſatz auch ſchon in der Morphologie an die Reihe gekommen. Damit schliesst das Jahr 1795. H^1 g^1 aR neben dem Ende des mit konnte. schliessenden Absatzes: 95 Dec. Erſte Spur von den Xenien. H^2 46, 23 ganz nach über H^3 27 ſich nach eignete H^2

eignen üdZ *H²* 47, 3 ohngeachtet *H²* 4, 5 bedeutendes Talent,
aR für Verhältniß *H²* 5 Vernehmen aR für Verhältniß *H²*
8 lag über war *H²* 9 unbequeme aR für die *H²* 10 alsdann
über da ich denn *H²* 11. 12 ein — abzubrechen aus den Ver=
hältnissen ein Ende machte. *H²* 14. 15 gewaltthätig aR aus
gewaltsam *H²* 16. 17 ähnliches — und aR für solches falsches
Getreibe im tiefsten *H²* 18 Bestehenden aus Stehenden *H²*
19 zum über in *H²* 21 und über konnte *H²* diese Ge=
sinnung unter dies *H²* 26 Bände für Theile *H²* 26. 27 so
war er aus er war *H²* 28 daher für und so bereitete *H²*
48, 1 bereitete über der *H²* 3 Über das über Vom *H²*
4 besseres zu sagen aus von besseren Dingen zu sprechen *H²*
ob es gleich aus obs gleich *H²* 6 Hoffnung nach eine *H²*
9 und über man *H²* 10 Reventlau für Reventlau *H²*
11 meldete über beschrieb *H²* 26 dorthin zu geleiten aR *H²*
49, 4 gar über hie und da *H²* 5. 6 Graf Bernstorff aR *H²*
8 ein aR für auf *H²* 18—24 Auch) — stiften aR *H²* 26 frucht=
barer nach doch *H²* letzteres gestrichen *H³* 50, 5 sein
möchte aR für sind *H²* man üdZ *H²* 6 bringen kann. für
wohl jemals gemacht werden konnte. *H²* 12 ungefähr] ohn=
gefähr *H²* 16 Cosa Rara aR *H²* 24 ein Stück von Maier
aR 25 anzuführen nach von Meyer *H²* 51, 4 in der über
immer mehr *H²* 5 gesteigert wurden über gewonnen *H²*
6 Auffrischung über Belebung *H²* 7 dasselbe Publicum immer]
immer dieselben Personen *H²* dasselbe nach immer *H³* 10
Wenden für Wenn *H²* 11 in — Weltwesen aus gegen das Welt=
wesen gehalten *H²* 12 zu diesem aR *H²* jener über der *H²*
19 Basler *H² H³* 24. 25 Frieden. Unsere aus Frieden und
unsrer *H²* 26 nun üdZ *H²* 52, 2 Zürchsee *H²* Zürchersee *H³*
2. 3 den Widerstreit der für die widerstreitenden *H²* 3 noch mehr
üdZ *H²* 5 abermals] schon wieder *H²* daraus wie jetzt *H³*
7 ein über und die *H²* kam über kommt *H²* 9. 10 halten—Chur=
sachsen aus erklären und an Kursachsen zu halten *H²* 10 nun
über da *H²* 15 ihm über ihnen *H²* 18 ausgerüstete] ver=
sehene *H²* ausgerüstete über bestellte *H³* 20 ich sah, indem
aR *H²* 21 eine — war für sich einer Bürde zu entledigen ge=
dachte *H²* 22. 23 zerstückt und verschleudert durch übergeschrie=
bene Zahlen aus der umgekehrten Wortfolge versetzt *H²*
23 war über geschah *H²* geschehen üdZ *H²* 25. 26 dieß wurde

über das dann *H²* 27 zum Abſchluß über zuletzt *H²* 53. 2
dieſer Wechſel über gab eine heitere *H²* gewährte unter Beſchäftigung *H²* 4 eine — Beſchäftigung. aR hinzugefügt. *H²*
6. 7 Nicolovius nach zum Vornamen freigelaſſner Lücke
H² H³ 9 Außer den gedachten über Auch *H²* 12 Abſicht
aus Abſichten *H²* 14 mußte aus müßten *H²* 15 emp
üdZ *H³* 17 die nach wodurch er denn auf *H²* 18 von
nach ſich *H²* 19 überzeugt nach zu *H²* zu nach hatte *H²*
20. 21 auch die eines aus ſondern noch eine *H²* 23 beſſen über
ſeine *H²* 54, 6 her aus herein *H²* 8 beizulegende aR für
zu beſchwichtigende *H²* 11 geiſtig über emſig *H²* 12 vor-
bringende über vorſtrebende *H²* 13 im — ſchrittweis für doch
Schritt vor Schritt *H²* 22 auch aR für jedoch *H²* 26. 27
ins - angeordnet aR für hatte durch einen Durchſtich auszu-
trocknen *H²* 55, 1 den über die *H²* 2 Bürgern aus Bürger *H²* gegen nach erhielten *H²* 3 gab üdZ *H²* 4 zu aR
nach ſo *H²* Weibichten aus Weibichte *H²* 6. 7 befriedigt —
ſeltene aus befriedigt, ſich mit ſeltener *H²* 14 aber üdZ *H²*
56, 4. 5 Dabei — denn aR für wobey ich mich denn zu erfreuen
hatte *H²* 8 dem über der *H²* ken über kung *H²* 10 jedoch
aR *H²* 11 Autors nach älteren *H²* 22 ein gemachtes aR
aus einem nicht mehr leſerlichen Worte *H²* 26 Namen über
Mann *H²* 57, 5 können aR für müſſen *H²* 7 Hogarths
— Lichtenbergs aus Lichtenbergs Witz auch ſeinen *H²* 21. 22
Manche von über Mehrere unter *H²* 58, 3 für aus vor *H²*
um aR für und *H²* 5 zu überlaſſen unter überließ *H²*
6 altherkömmlichen nach beſchränkten *H²* 11 reger *H²* 19 ins
— richten über zu bewerkſtelligen *H²* 26 entfallen] gefallen *H²*
59, 11 verzweiflen *H² H³* 18 während aR für indem *H²*
19 zu für mit *H³* 60, 3. 4 gernfen *H² H³* 22 den Augen
aus dem Auge *H²* 61, 6 Epoche über Zeit *H²* 8 drängten
ſich über gab es *H²* 9 heran üdZ *H²* Da nun aus weil aber
H² 11 günſtiges fehlt *H²* 16 verzweifelten aus verzweifeln *H²*
brachten. über bringen. *H²* 17 Bielefeld irrig, gemeint iſt
Sonnenberg. 18 phyſiſch glühende aus glühende phyſiſche *H²*
27 keinen — abgewinnen aus keine beſondere Aufmerkſamkeit
ſchenken *H²* 62, 4 vermehrten aus ſich vermehrenden *H²*
7 in Staatsverhältniſſen aR *H²* 15 tüchtig] richtig *H²*

1796.

62, 25. 26 derselben aus desselben *H²* 63, 2 wurden über waren *H²* 6 der für er ward *H²* 7 ward fehlt *H²* ohn=gefähr *H²* 25 auch nach ward *H¹* 64, 2 geistige nach gränzenlose *H¹* 11 endigen *g* aus schließen *H¹* 14 ward aus war *H²* 17 wovon *g* aus wir *H²* Almanache aus Almanachs *H²* vollgültiges] volles gültiges *H¹* 25. 26 Literatur. Sie aus Literatur und *H²* 28 aber üdZ *H²* 65, 11. 12 durch — Heraus=gabe aR *H²* 17 ausgedacht aus ersonnen *H²* 21 diese Em-pfindungen aus dieselben *H²* 22 selbst üdZ *H¹* 24 große] die größte *H¹ H²* 66, 1 mannigfaltigen für vielen *H²* 5 seine über die *H¹* 18 — 69, 26 Im — vortrug. fehlt *H¹* 18 Im — Chursachsen aus Chursachsen beharrte *H²* 23 — 27 hinterlassene — daß aus französische Prinzessin ausgetauscht wird und *H²* 67, 10 frei aus offen *H²* 68. 7 Gesinnten *H³C* 19 gab aR für brachte *H²* 20. 21 mit freimüthigem Antheil aus theilnehmend freimüthig *H²* 24 welches über das *H²* sogar aR für selbst *H²* 25 hielt — ab aus schloß ungewarnt alles aus *H²* 69, 5 — 7 sich — mußte. für Bedeutendes gewirkt und fernerhin in dem größten Wirkungskreise sich als der thätigste lehrend und wirkend viele Jahre erwiesen hat. *H²* 17 die Fähigkeit besaß aR *H²* 18 zuzueignen aus zuzueignen mußte. *H²* 24. 25 Vorsätze aR für Ansichten *H²* 25. 26 Hoffnungen — Zuversicht aus An=sichten hoffnungsvoll *H²*

1797.

70. 3 meinen gnädigsten Herrn *g* über Serenissimum *H²* 6 hielt] fühlte *H¹* 13 an dem für durch den *H²* 14 als üdZ *H²* 18 innerhalb] innerlich *H¹* 71, 25 Schilderung *g* über Dar-stellung *H¹* 72, 11 hoffnungsvoller] willkommener aus voll-kommener *H¹*; daraus wie jetzt *H²* 19 wo nicht üdZ *H¹* doch. aR *H¹* 73, 1. 2 Mit Blei aR: NB. Das damals auf-gezeichnete über ihn auszuführen. *H²* 8. 9 gesendeten aus ange-kommenen *H²* 13 so üdZ *H²* 16 — 19 Da — angedeutet. fehlt *H¹ H²* E auf angeklebtem Zettel *H³* 28 gefangene mit aR *H²* 28 — 74, 2 jene — Heiterkeit. fehlt *H¹* aR *H²* 74, 5 Kauf-mann fehlt *H¹* aR *H²* 9 — 11 mit — anzustellen. für deren mehrere nach Weimar verschrieben. *H¹* aR wie jetzt *H²*

13 Zumsteeg Lücke zu dem Namen gelassen *H¹*; ihn ein-
geschrieben *H²* 14 sodann für ingleichen *H²* 17 besichtigt,
das sehlen *H¹* aR *H²* 19 liebevollsten für größten aR *H²*
20 worden üdZ *H²* dort für Tübingen *H²* 21. 22 Zusammenkunft — angetreten; fehlt *H¹*; aR mit NB *H²* 75, 3 ver-
ehelichte nach jetzt *H¹*; letztres durchstrichen *H²* St. fehlt *H¹*
13 denn fehlt *H¹*; aR *H²* 14 soll aus sollte *H²* 21—23 In
— Tage. aus Der Zirkel der Kreisgesandten war uns höchst er-
götzlich. *H²* 76, 12. 13 wohlgefälligen aus gefälligen *H²* 13 Auch
fehlt *H¹* aR *H²* 15 zugleich für auch *H²* 17 sich — ließen.
aus zu besetzen waren. *H²* 20 Kotzebues über Vossens *H¹*
gewirkt ans wirkten *H²* 76, 27 — 77, 1 dessen — ja aus
Sein Geschmack war zu befriedigen; dabey konnten wir aber uns
unabhängig erhalten; *H²* 77, 4 Rohen aR *H¹* 19 dessen aus
desselben *H²*

1798.

77, 12 seiner fehlt *H¹* 15—17 die — zog. aus und so zog auch
dießmal unsere Gesellschaft gar löblich ausgestattet nach Lauchstädt. *H²* 18—23 Raum — anerkannt] Schon lange hatte man
empfunden, daß sowohl Schauspieler als Publicum eines besseren
Locals werth seyen; die Nothwendigkeit sogar einer veränderten
Localität war anerkannt, *H¹* 19 die Bühne aR für das Schauspiel *H²* 20 fühlten sich über warm *H²* 21 anständigeren
über bessern *H²* 25 — 78, 2 von — aufgenommenen] wegen der
neuen Schloßbearbeitung von Stuttgart berufen; er gab einen
auffallend *H¹* 78, 1. 2 sogleich — aufgenommenen für auffallend
aR *H²* 4 wies über saß *H³* 6. 7 errege. — Arbeit] errege;
die Arbeit wurde fleißig betrieben *H¹* 18 mich nur einige] mich
einige *H¹* nur einige *H²* 19 — 79, 3 ganz — beschäftigt] im Kopf,
den ich Schillern erzählte, der mich zur Ausführung trieb, worauf
denn zwei Gesänge fertig wurden, auch der Plan des übrigen auf-
geschrieben. Am meisten beschäftigte mich mit Meyern. Daneben
g¹ aR *Auszüge aus der Ilias. H¹* 6. 7 als — Jahrhunderts.
fehlt *H¹* 7. 8 Diderot — begleitet] begleitete Diderot von den
Farben mit Anmerkungen, Daneben *g¹* aR *der Sammler. Meyer.*
Gegenstände. H¹ 9 — 13 wären, — einzuführen] wären. Das
Übrige fehlt; dafür: Die erste Preisaufgabe ward den deutschen
Künstlern vorgelegt *H¹* 16 — 20 Geistesvermögen. — Aufmerk-

ſamkeit] Geiſtesvermögen und ſchien ſich in ewigen Umwandlungen
der Außenwelt zu verkörpern. H^1.   Dafür wie jetzt H^2 27 ihre
Säge g über ſie H^1 28 ſtößt g über ſtoßen H^1 an Zahl
über beſtand aus H^1 80, 3. 4 eindringen — Lebendigkeit]
hineindringen und das organiſche Leben ſtören, H^1 4 dieſe] es
H^1; über ſie H^2 8 dankbar üdZ H^2 10 welcher nach Die
Epochen in H^2 11. 12 ward — durchgedacht] wurden durch=
dacht H^1 13 ſtudirt nach ſorgfältig H^1 auch — erwogen]
wovon die Ausführung Beweis giebt; auch die Lehre ſelbſt wurde
fleißig durchgedacht H^1 15 aufhielt] im Schwanken erhielt H^1
17. 18 man — kam] die Frage entſtand H^1 20—24 Ein — er=
gab. fehlt; g^1 Gildemeiſter. H^1 25. 26 Ferner — zuſammen]
Wir verfertigten zuſammen auch H^1 81, 2 Nützliches g üdZ H^1
3 Gar manche] Unter die H^1 4 einem nach gar vieles H^1
13. 14 eine — mit] ein nachbarliches Verhältniß zu H^1 16 in
Oßmannſtedt] draußen H^1 17 Er — bedacht] Hiebey hatte er
freylich nicht berechnet H^1; Er hatte über wie ich aber nicht be=
rechnet hatte, daß ein ſolcher Grundbeſitz nur demjenigen eigent=
lich nützlich ſeyn könnte, der ihn ſelbſt bearbeitet, ſo hatte er H^2
18 unſerer] der H^1; üdZ H^2 wie jetzt.   20 geworden. — ent=
ſtand aus geworden war, wodurch H^2 12. 22 reitenden — auch aus
Reitenden und Fußboten und H^2 23 Unruhe.] Unruhe entſtand. H^1
25 eigentlich fehlt H^1 27 es nach war H^1 82, 2 ertragen
— konnte] erträglich gefunden wurde H^1 4 ein merkwürdiges
Mädchen, nach Brentano H^1

1799.

82, 17 jedoch über ſollte H^2 21 ſpricht für die aR für genügt
den H^2 22 ſolches aus ſolch H^2 83, 11 iſt nach geblieben H^2
16 Erwarben — Weiſe aus Wenn nun hierdurch H^2 17 ſo nach
erwarben H^2 18 unabläſſig nach gemeinſam und H^2 19 Kunſt
nach und H^2 und Sitten über gemeinſchaftlich H^2 20 immer
mehr für denn H^2 22 jene über eine H^2 23 wiederholt über
wie man Wind-Roſen hat H^2 auch g üdZ H^2 25 tabellariſch
— ausgearbeitet g aus in Tabellen aufgeſtellt H^2 26 vorliegen
für vorhanden ſind H^2 84, 4 arbeitet über handelt H^2
5. 6 denjenigen über denen H^2 13 um üdZ H^2 20 Während
meines Gartenaufenthalts g aus In meinem Gartenaufenthalt H^2
22 ferner über ingleichen H^2 85, 7 war — gewinnreich. aus

brachte mir viel Gewinn, *H*² Am Schlusse des Jahres 1799
mit Blei *H*²:

    Tempel Archiv von Ilgen
    Anna Komnena
    Burn's Besuch
    Schlosser's Tod, den 22.   irgendwo einzuschalten.
    October
    Mineralogische Farben

1800.

85, 12 ich üdZ *H*² 14. 15 für — Sie aus unserer Schauspieler=
Bildung, sie *H*² 17 aber üdZ *H*² 19 schwierigeren] schwierigen *H*²
86, 13. 14 dreißigsten Januar über Geburtstag *H*² 15 un=
geachtet] un über ohn *H*² 18. 19 fanden—begünstigt *g* über fanden
wir schon die Mühe und Last, die wir uns aufgeladen hatten. *H*²
24 bei — aufgegeben. *g* aR für aufgegeben, da die Fortsetzung
erschwert ward; *H*² 87, 1 verfolgte still *g* über ging im
Stillen *H*² 13 Octav=Werke aus Werke in Octav *H*²

1801.

Das Jahr 1801 war anfänglich ganz kurz behandelt;
dieser erste Entwurf lautete:

Zu Anfang des Jahrhunderts überfiel mich eine grimmige
Krankheit. Von Jena, wo ein Brownianer mir einen starken
Katarrh unbesonnen zurückgetrieben hatte, kaum nach Weimar
gelangt, fand ich mich in ein höchst gefährliches, vierzehn Tage
5 lang heftiges Übel verwickelt; doch konnt' ich zu Aufführung des
Tancreds, der zum 30. Januar, dem so oft glücklich gefeyerten
Geburtstage unserer verehrten Herzogin bestimmt war, die Haupt=
rollen mit den Schauspielern durchgehen.

Mehrmalige Gastrollen der liebenswürdigen Unzelmann ver=
10 mehrten den Antheil des Publicums am Schauspiele und erhöhten
dessen Geschmack. Bleibenden Gewinn für die Gegenwart und
für einige Jahre brachte uns die Anwesenheit des als Sänger
und Declamator schätzenswerthen Ehlers. Am Jahrestag von
Paläophron und Neoterpe wurden Einsiedel's Brüder nach
15 Terenz, das erste öffentliche Maskenstück, trefflich vorgestellt.
Iphigenia auf Tauris von Gluck vorzüglich gut aufgeführt,
Nathan redigirt der Bühne zugeeignet.

Nach geendigter dritter Kunst=Ausstellung erhielt der, in der römisch=antifen Schule zu schöner Form und reinlichster Aus= führung gebildete Nahl den Preis wegen Achill auf Styros, Hoff= mann aus Cöln hingegen, der niederländischen Schule entsprossen, wegen Achills Kampf mit den Flüssen. 5

Über Architektur hatte man genugsam zu denken: denn die Gegenwart der Herren Gentz und Rabe belebte den Schloßbau auf's neue; sie zeigten sich als Meister der Kunst und da man bei ihren Berathungen gegenwärtig war, so konnt' es nicht fehlen, daß man vom Guten unterrichtet und im Besten gestärkt wurde. 10

Der so geschickte als theilnehmende Tieck fertigte meine Büste, welche noch immer mehrere Freunde besonders anlacht.

Für das Naturstudium ward wenig gethan. Ein fossiler Elephanten=Zahn und zwar von der gekrümmten Art ward in der Gelmeroder Schlucht entdeckt; die Finder hielten die Materie 15 für Meerschaum, schickten solche zur Prüfung nach Eisenach. Mir waren nur kleine Stücke zugekommen; die Meinungen blieben getheilt; endlich entschied Bergrath Werner, uns besuchend, in diesem Falle, wie er uns in anderen belehrte, wodurch unsere Anhänglichkeit an ihn und die Bewunderung seines Talents sich 20 neu belebte.

Im Ökonomischen ward nur allzudeutlich, daß der Gutskauf ein Mißgriff gewesen. Der erste Pachter mußte ausgeklagt, ein neuer eingesetzt werden; Zeit= und Geld=Verderb ward merklicher, doch konnte man sich mit den mancherlei Erfahrungen trösten, 25 die man in Verfolg sonst so heterogener Dinge nach und nach gewann. Auch fehlte es nicht an angenehmen und heiteren Stun= den, wie sie ländliche Verhältnisse herbeiführen. Ein häusliches Fest, die Confirmation meines Sohns, that auch auf die innern Verhältnisse die beste Wirkung. 30

Im Öffentlichen machte der Übertritt Stolbergs zur römi= schen Kirche eine unglaubliche Sensation, beschädigte, zerriß die freundschaftlichsten, zutranlichsten Verhältnisse, die in den frühsten Jugendjahren geistreicher und talentvoller Männer gewurzelt hatten. 35

87, 18 überfiel — grimmige über verfiel ich in eine schwere *H²* 24 Hälfte Decembers *g* aR   88, 13 überfiel für ergriff *H²* 16. 17 demselben nach war *H²*   17 mußte — Erfahrung *g* über hatte die Erfahrung gemacht, dann über letzterem Wort ge=

hört *H²*   19 und Myrrhen, aR *H²*   21. 22 zu — Mittel aR
für zum Balsam von Mekka *H²*   23. 24 Wohlgemuth — in aR
für Ich kehrte wohlgemuth unter *H²*   25 als nach zurück,
89, 1. 2 die — überschauend üdZ *H²*   2 und nach überschaute
die Gefahr *H²*   11 Leibarzt aR *H²*   12 von sicherm Griff über
sicher ergreifende Leibarzt *H²*   22 schon bei mir aR *H²*   23 dem
über 1ster *H²*   als nach Januar *H²*   26 hatte sich über
ging *H²*   27 geöffnet aR für zum erstenmale auf *H²*   27. 28
frei — abermals für mit freyem und vollständigem Blick
wieder *H²*   28 schauen über sehen *H²*   90, 4 durch üdZ *H²*
6 Freund nach durch *H²*   leitete über besuchte *H²*   9 ferner
über auch *H²*   10 — 12 Naturell — sollen] einer Schauspielerin,
von deren Natur und Verdienst, wie es damals erschien, das
Nähere hier wohl auszusprechen ist. *H²*   13 — 91, 1 Brauchbar
— sei liegt in einer, auf einem besondern Blatt (*H²ᵃ*) befind-
lichen Fassung vor. Die Abweichungen dieser Handschrift
sind folgende: 90. 13 — 18 in — Textworte] in manchen Rollen
war der Schauspieler Ehlers, welcher in geselliger Unterhaltung
hauptsächlich dadurch eingriff, daß er Balladen und andere Lieder der
Art zur Guitarre *H²ᵃ*   23 — 91, 1 Hievon — sei] Ist man hievon durch eine gelungene Praxis überzeugt, so sieht man, wie verwerflich alles sogenannte Durchcomponiren sei. *H²ᵃ*   91, 15 hatte
merken für haben verlauten *H²*   19 Gelegentlich aus Zur gelegentlichen Zeit *H²*   26 worden für sey *H²*   27 besonders für
und *H²*   92, 10 eben über gleich *H²*   12 erhielten für blieben *H²*
15 Von Naturhistorischem aus Naturhistorisches *H²*   weniges aus
wenig *H²*   17 Regenguß über Wasser *H²*   18 frühern] früheren
H²   20 wenig] etwa mit nachfolgender Lücke *H²* *H³*   20. 21
gefunden werden über diesem aber *H²*   21 dieser — warb *g* üdZ *H²*
22. 23 entdeckt *g* üdZ *H²*   23 zweihundert fehlt, aber dazu Raum
offen gelassen *H²* *H³*   25 daran *g* üdZ *H²*   93, 3 der nach
abermals *H²*   von einem aus durch einen *H²*   9 war auszuklagen für mußte ausgeklagt *H²*   10 zusetzen aus gesetzt
werden *H²*   11 fremdartiger aus heterogener *H²*   15 und ergötzte aR *H²*   16 und nach ergötzend *H²*   23 seiner Neigung
gab aR *H²*   24 Gelegenheit nach gab *H²*   26. 27 dagegen
meine für die *H²*   27 zu geschlängelten Wegen *g* aR für von
Wegen *H²*   94, 5 die üdZ nach und *H²*   8 bereits für
schon *H²*   Lust über Garten *H²*   10 so — sich für wodurch

man sich denn schon *H²*   11. 12 der — nur] welcher einträglich
sein sollte *H²*   12 vermehrten für unnützen *H²*   13 Behagen
aus Behaglichkeit *H²*   17 Weise nach und würdigen *H²*
20 Tag] April *H²*   23 um so mehr über sehr gern *H²*   24 als
für indem *H²*   95, 1 obgleich aus ob er gleich *H²*   2 wirkte
nach war, so *H²*   6 Arten üdZ *H³*   13 gäßchen über straßen *H²*
24 wie — hofften aus sie hofften nunmehr *H²*   96, 7. 8 verwandten Sinnes aus sinnesverwandt *H²*   12 doch über und *H²*
16 vermag über weiß *H²*   26 Mensch] Menschen *H³C*   97, 7 in für
bey *H²*   11 — 13 Köpfe — ausgeführt aus homerische Köpfe in
großer Form von Tischbein gezeichnet *H²*   19 vor den für gegen
die *H²*   20 und Riedel *g* üdZ *H²*   21 nämlich *g* üdZ *H²*
23. 24 bildkünstlerisch — habe *g* aus behandeln müsse. *H²*   27 mir
nach diesmal *H²*   98, 8 erklärend zeigte für vorzeigend erklärte *H²*   9 Den nach Mein zehnjähriger Sohn entging *H²*
mit nach nicht *H²*   10. 11 entging — Sohn aR den Satz
umstellend hinzugefügt *H²*   13 wie üdZ *H²*   15. 16 einer
spätern aR für späterer *H²*   19 mich zur Nachcur aR nach
geendigter Cur mich *H²*   21 Der Weg über Die Reise *H²*
bot nach angetreten den 12. Juny gab *H²*   neue aus zu
neuen *H²*   22 dar über Anlaß *H²*   25 sind üdZ *H²*   25. 26
Sie selbst über Die Stadt *H²*   99, 11 jenen üdZ *H²*   22 eine
Badezeit unter jemals *H²*   26 Auch — kennen] Ich näherte mich
ferner an *H²*   27 Madame nach an *H²*   100, 3 stürmisch-]
stürmisches *H²*   10 heilsam üdZ *H²*   12. 13 veranlaßte — dienten.
über gab zu manchen Betrachtungen und Unterhaltungen Anlaß.
H²   13 ernstlicher nach vorausgegangener *H²*   15 Experimente
aR für Versuche *H²*   17 plötzliche aR für augenblickliche *H²*
21 und über oder doch *H²*   26 anscheinend leeren üdZ *H²*
Wunder aR für Experiment *H²*   28 ungläubige aus ungläubige
H²   28 — 101, 1 so — zeigte aR für in Erstaunen gesetzt, so
daß er zuletzt nicht abgeneigt war *H²*   2 wasserleere aR für
leer scheinende *H²*   3 deren über davon der *H²*   4 offenbarte.]
für erzeigte. *H²*   5 Fußpfad über Weg *H²*   6 zurückgelegt.
über unternommen; *H²*   In dem aR für das *H²*   7 daß über
war *H²*   war, erregte üdZ *H²*   8 desperate Hans- aR für
wunderliche *H²*   unsere nach erregte *H²*   10 — 15 Gott — auf
auf angestecktem Zettel *H²*   20. 21 bei — unverziertem aR
für und einem förmlich einfachen *H²*   26 überraschte über war *H²*

27 höchst angenehm aR. Rector Werners H^2H^3 102, 4 Mergel=
gesteins H^2 6 der im Kalkgestein aus im Kalk H^2 8 Berg=
krystalle H^2 11 — 13 fanden — beizuwohnen aR für wohnten
ganz nah bei Pirmont mehrmals ihrem Gottesdienste bei H^2
14 Rhetorik aR für rednerische Äußerungen H^2 15. 16 für —
möchte aus als inspirirt möchte gelten lassen. H^2 18 Orte aus
einen Ort H^2 19 gewisse g über Art von H^2 20. 21 Gemahlin
— XVIII aR. H^3 103, 5 hingegen üdZ H^2 8 bewirkte doch
über that jedoch H^2 9 tönend] tönenden H^3 11 apprehensiv
aR. H^2 13 Leidenschaft des Spiels über Lust zum Spiel H^2
14 bei — Willen g aR. H^2 17 wandeln g über gehen H^2
24 dießmal g üdZ H^2 28 wie es schien üdZ H^2 104, 1. 2 wäre
nichts geschehen aus wenn nichts geschehen wäre. H^2 3 dieser
g über jener H^2 6 noch die g über eine H^2 8 wo über die
sich auf H^2 9 sich — können deuten lassen; H^2 10 Gebirgs=,
ein Ortsname g aus Ort, ein Gebirgsname H^2 dorthin Winke
über einen Wink H^2 11 deuten sogar] sogar deuten H^2H^3
12 roh feiernden] rohfeyerlichen H^2; daraus wie jetzt H^3
15 ins Ungewissere aus und Ungewisseren H^2 19 zuletzt üdZ H^3
20—22 dem — gebracht. g aus einem so behaglichen Zustande, als
wenn man die Weltgeschichte auf einem beschränkten Stadt=
theater aufführen sähe H^2 23 Durch — Art aus Solche Unter=
haltungen H^2 25 alle nach die sich H^2 26 bezüglich aus be=
zogen H^2 zuletzt nach denn doch H^2 105, 4 heimsuchte für
besuchte H^2 10 zur Absicht hatte aR H^2 12. 13 zu gewähren.
aus gewähren sollte. H^2 15 — 17 Jedoch — werden. g nach=
träglich hinzugefügt H^2 20 mein nach daß H^2 würde
üdZ H^2 21 Nach nach würde, und H^2 106, 7 wenig er=
baut üdZ H^2 8 Aufenthalts. aus Aufenthalts wenig erbaut. H^2
19 unterlassenen aR. für abgebrochenen H^2 13 Krämer] Körner
H^2 daraus wie jetzt H^3 15 daselbst war über in Göttingen H^2
20 können aR. für konnte H^2 21 erfuhr über hatte H^2 ihm
über demselben H^2 107, 2. 3 ich — Theilnahme aus mit Auf=
merksamkeit am Ort mit dem größten Interesse, H^2 16 fahrten
aus parthien H^2 108, 16 durch Mikroskope aus mit Mikro=
skopen H^2 19 — 28 einige — fühlen. g aus eben dieses Wetter
brachte mich, meinen Sohn und Hofr. Sartorius in komische
Verlegenheit, als wir uns durch die überschwemmten Straßen
von Göttingen zu einem herrlichen, bei Hofr. Martens angestellten

Gaſtmahl in Portechaiſen hintragen ließen. *H²* 26 wie über als *H³* 109, 4 frequentirten über eminenten *H²* 7 freund=
lichen nach ununterbrochenen *H²* 9. 10 Bedürfen — iſt aus
Bedürfniß, dergleichen einem Fremden an jedem Orte wohl ſich
hervorzuthun pflegt *H²* 11 fortwährend aR aus ununter=
brochen *H²* 19 Antrage aR für Verlangen *H²* 24 So aus
Und ſo *H²* 25 gewahr werden unter erfahren *H²* 110, 2 her
aus bey *H²* 9 nützlich nach ſo *H²* 111, 27 beweiſen aR
für verſichern *H²* 112, 18. 19 einen — darbot aus den höchſt
erfreulichſten Anblick verlieh *H²* 22 den über die *H²* Aufenthalt
über Tage *H²* 24 das — Local aus bedeutende Locale *H²*
25 ſorgfältig köſtlichen aus mit vieler Sorgfalt die herr=
lichen *H²* 27 beſuchten das Theater aus verſäumten das Theater
nicht. *H²* 28 Erfreulich aus Dabey erfreulich *H²* 113, 1
Major nach des *H²* 2 redliche aus Redlichkeit, *H²* 10. 11 zu
— unerwarteten aus als ein neuer unerwarteter *H²* 13 nach
— Verhältniß aus altem freundſchaftlichen Verhältniß gemäß *H²*
14 wirthlich nach gar *H²* 16 Herzog nach der regierende aus
durchlauchtigſter *H²* 18 — 23 Herr — doch *H²* 9 auf einem
über die erſte Niederſchrift geklebten Zettel. Die erſte
Niederſchrift hatte nachſtehende Abweichungen: 18 vor aus
ſich nach) 19 flüchtend fehlt 19. 20 kurz — entwichen] — er
war kurz vor Ludwig XVI. glücklicher als dieſer von Paris ent=
wichen *H²* 22. 23 Als — Mitgaſt] war als geübter Weltmann
ebenfalls ein angenehmer Mitgaſt, konnte aber [konnte ... verbergen
aus der ... konnte] *H²* 25. 26 wie — zerfloß aus des damaligen
Zerfließens alles Beſitzes in Nichts *H²* 26 Grimm für Er *H²*
114, 8. 9 in Verzweiflung aR *H²* 11 zeigte über wies *H²* 11. 12
Der Geſellſchaft über im Scherze vor, den Vorzug preiſend *H²*
18 gegen den Augenblick aR *H²* 20. 21 kaum — erhabener aR
für auf hochgeſtellter *H²* 21. 22 geſichert glaubte aus Schutzort
kaum ſicher zu glauben Urſache fand, *H²* 24 bei über in *H²*
25 ſchon 9 aR *H²* 26 einigen 9 über keinen *H²* 26 — 115, 3
bei'm — Anzahl aus nur beim Nachtiſch erſchien der Haushof=
meiſter und die ſämmtliche Livree des Prinzen im ſtattlich ge=
kleideten Zug. Man brachte eine große, von ſchönen Wachs=
ſtöcken flammende Torte deren hochangewachſene Anzahl ſich ſelbſt
zu *H²* 28 herein üdZ *H³* 115, 1 dieſer aR *H³* 5 nächſt=
folgende aR für die einzuſchaltenden *H²* 7 — 13 Auch — be=

eiferten nachträglich *H²* ₁₃ In — August aus Am 30. Au=
guft kehrte ich *H²* ₁₆. ₁₇ und — Cur *g* üdZ *H²* ₁₈ nun=
mehrigen über diesjährige *H²* dritten aR *H²* ₁₉ Sie über
Die Ausstellung *H²* ₂₁ und aR für sie *H²* ₂₃ der aR für
zu ihrer *H²* herzuleitenden aus hergeleiteten *H²* derselben
üdZ *H²* ₂₄ Ausstellung nach dieser dritten *H²* ₂₆ Aus=
führung] Ausbildung *H²*; darüber wie jetzt *H³* ₂₆. ₂₇ die
— Preises aR für den Preis *H²* 116, ₂ die andere Hälfte
aus jeder die Hälfte des Preises, *H²* ₁₆ in Sepia aus mit
Sepia getuscht *H²* ₁₇ einfachen nach einen *H²* ₁₇. ₁₈ ange=
bracht aR für aufgehangen *H²* ₁₈ wechselten aR für sah
man *H²* ₁₉ Bilder aR nachträglich *H²* ₂₁ Statuen nach
mehrere werthe Bilder *H²* ₂₂. ₂₃ in — Folge. aus gar geschmack=
voll abwechseln. *H²* 117, ₁ — ₃ Meiner — gedenken. *g* *H²*
₇ darin. nach beide von Berlin, *H²* völlig aufgeklärt aR für
mit völliger Aufklärung *H²* ₁₂ ftanden über waren *H²*
₁₄ überdachteren aus überdachten *H²* ₁₆ weßhalb aus deshalb *H²*
₁₇ das Schloßgebäude aus der Schloßraum *H²* ₁₉ wollte nach
mehr heraushauen, als errichten *H²* leiteten aR für ftanden
₁₉. ₂₀ das Geschäft aR ₂₀ die nach dem Geschäft vor *H²*
₂₁ mit — herankamen aus dem Werke fich mit neuen Vor=
ftellungen genähert hatten *H²* ₂₂ nicht nach glücklicher
Weise *H²* 118, ₁ eine neue Folge aus ein neuer Decurs *H²*
₃ Mannigfaltigkeit — Vorstellungen aus den Vorstellungen
Mannigfaltigkeit *H²* bringen üdZ *H²* ₄ Anlaß über Gelegen=
heit *H²* ₇ bemerklichen über wichtigen *H²* ₁₁ die über
welche *H²* ₁₂ ein fo wichtiges über dieses wichtige *H²* ₁₅ durch
eine glänzende aus mit glänzender *H²* ₂₀ Hauptrollen nach
acht ihrer *H²* auftreten sollte aR für auftrat *H²* ₂₃ sonst aR
₂₃. ₂₄ wenn — gaben aus suchten sie aber, wenn sich Gelegenheit
gab, dadurch höchst nützlich zu machen, daß wir *H²* ₂₈ Per=
fonale *H³* 119, ₂₂ fühlte — für *g* über mußte *H²* ₂₃ lieben=
den *g* üdZ *H²* ₂₄ wahrhafte Neigung *g* über gelten lassen *H²*
₂₄ — ₂₆ bald — sodann *g* aR ₂₆ erschien er *g* aus er erschien
120, ₁ überraschte mich *g* über war ich durch *H²* keineswegs *g*
über nicht überrascht *H²* ₆ zuletzt entspringen mußte. *g* aus
entspringt und folgenreiche Betrachtungen anstellen. *H²* Auf
besonderem Blatte folgt nach mußte. noch die jetzt unter
die Biographischen Einzelheiten aufgenommene Stelle:

Man erlebt wohl, daß nach einem zwanzigjährigen Eheſtande
heimlich mißhellige Gatten auf Scheidung klagen und antragen,
und alles, was man ihnen darauf erwiedern möchte, beſchränkt
ſich auf die wenigen Worte: warum habt ihr das ſo lange ge=
duldet und warum duldet ihr's nicht bis an's Ende? Allein dieſer 5
Vorwurf iſt höchſt ungerecht. Wer den hohen Stand, den die
eheliche Verbindung in geſetzlich gebildeter Geſellſchaft einnimmt,
in ſeinem ganzen Werthe bedenkt, wird eingeſtehen, wie [bedenk=
lich und] gefährlich es ſey, ſich einer ſolchen Würde zu entkleiden;
er wird die Frage aufwerfen: ob man nicht lieber die einzelnen 10
Unannehmlichkeiten des Tags, denen man ſich meiſt noch gewachſen
fühlt, übertragen und ein verdrießliches Daſeyn hinſchleifen, an=
ſtatt ſich zu einem Reſultat entſchließen ſolle, das denn leider wohl
zuletzt, wenn das Facit allzuläſtig wird, gewaltſam von ſelbſt
hervorſpringt. *H*²ᵃ   15

1802.

Auch vom Jahre 1802 finden ſich noch einzelne
Blätter einer früheren kürzeren Behandlung wonach die
Einleitung faſt gleich lautete. dann der Bau des Lauch-
ſtädter Theaters und deſſen Eröffnung, die Kunſtausſtellung,
die Aufführung des Ion, Kotzebue's Vorhaben zum 5. März,
die Ordnung von Büttners Bücherſammlung, die eignen
literariſchen Arbeiten und Zelter's Beſuch berichtet werden.
Nur Einzelnes aus dieſen Bruchſtücken (*H*²ᵃ) wird mitgetheilt werden.   121, 11 dem üdZ *H*²   18 entwürdigen *g* aR
für mißbrauchen. *H*²   122, 7 läſſige Nachſicht *g* aR, Bleiſchrift
überziehend, für Läſſigkeit *H*²   13 waren nur *g* über ſchienen *H*²
17 gerade *g*, Bleiſchrift überziehend, üdZ *H*²   23, 24 offenbar
— erregen *g* aR, Bleiſchrift überziehend, für leicht durchdrungen *H*²   26 ſtellen ebenſo für ſetzen *H*²   123, 5 für
einen Mann ebenſo für einem *H*²   6 für ebenſo über einem *H*²
ſo *g* üdZ *H*²   7 fratzenhafter nach ſo *H*²   7 in nach ſich *H*²
8 dazuſtehn. *g* aR Bleiſchrift überziehend, für ausgeſetzt zu
ſehen *H*²   9 melden ebenſo für ſtellen *H*²   19 Fahne] Speer
*H*²; daraus wie jetzt *H*³   Bild *g* vor Schnitzer *H*²   19, 20

---

10 er — nicht *g* über und

behaglich *g*, Bleischrift überziehend aus im Behagen über ihre
Arbeiten *H²* 124, 2 sahen *g* ebenso über ließen *H²* 4. 5
Schillers einzige Original-Büste aus Eine Büste Schillers *g* beziehentlich aR, daraus Schillers einzige Büste *H²*; aR vor
letztes Wort Original- *H³* 15 dem Ingrimm *g* aR, Bleischrift
überziehend *H²* 16 Stollen, Latten] Sparren *H²*; daraus
wie jetzt *H³* 21 Beginnen *g*, Bleischrift überziehend, über
Zweck *H²* 22 zu nach allenfalls *H²* 27 zu *g*, Bleischrift
überziehend, üdZ *H²* 28. 125, 1 anrichtete *g* ebenso über
erregte *H²* 125, 1. 2 jenem Vorhaben *g* ebenso über die verschiedenen [dem] Unternehmen *H²* 6 ich *g* ebenso üdZ *H²*
verargen mochte *g* ebenso aR für zu verargen gewesen
wäre *H²* 13 zeigte *g* über stand *H²* 14 sich ihm abgeneigt
g aR für dagegen auf *H²* 17 wider *g* über gegen *H²* In *H²ᵃ*
ist anstatt der jetzigen Darstellung 122, 23—124, 23 Die —
— könne. nur zu lesen:

Die Absicht war leicht einzusehen und augenfällig, wohin
und wogegen sie gerichtet sei.

Ungern ziehen wir uns ins Kurze, da der ganze Verlauf
lustig genug ist, und sagen nur soviel, daß durch ein Zusammen-
5 treffen zufälliger Hindernisse das Project, zu Schillers höchster
Zufriedenheit, vereitelt wurde.

Der erste Absatz *g* aR 125, 18—21 Unsere — Schiller *g* auf
übergeklebtem Zettel über Unsere Höchsten Herrschaften hatten
auf ihrem hohen Standpunct von diesen Privathändeln keine
Kenntniß genommen, der Zufall aber, der, wie Schiller *H²*
23. 24 gerade — Geschäftsmann *g* beziehentlich aR aus der Fürst
gerade den verschließenden Bürgermeister, als einen verdienten
Geschäftsmann, eben *H²* 24. 25 die — erhielt. *g* aR für den
Rathstitel ertheilte *H²* 26 an nach ein *H²*; daraus wie
jetzt *H³* 27 nie üdZ *H³* 28 — 126, 1 ein — auch *g*. aR Bleischrift überziehend aus welchen er *H²* 2 verblieben ist *g* über
zum Erbtheil behielt *H²* 11 verbreitete] verbreiteten *H² H³*
17 einkehrte aus einkehrten *H²* 19 Eben nach S. G. W. B. 1.
S. 109. 111. 125.) *H²* neue Jahr *g* aR, Bleischrift überziehend
für Neujahr *H²* 20 und nach (S. 109) *H²* 20. 21 „Was —
Nachbarin" *g* aR *H²* 23 Ferner nach (S. 111) *H²* 23. 24
vorzüglich ansprechende *g* aR für sich auszeichnende *H²* 127, 1. 2
ungeachtet] ohngeachtet *H² H³* 8 hinüber nach ohne Arg *H²*

10. 11 an — Theil] aktiven Theil an dem Feste des fünften März *H²*
12 tages, *g* aR für festes, *H²*   13 eine nach auf *H²* letzteres
gestrichen *H³*   21 geschehen *g* üdZ *H²*   23. 24 nach — Ansicht
g aR *H²*   28 erneuert, *g* aR für zu erneuern sucht, *H²*
128, 1 beständig über immerfort *H²*   3. 4 betrat — Bühne. zuerst
trat Mamsell Maas zum erstenmal auf. Daraus *g* beziehentlich
aR war Dlle. Maas zum erstenmal aufgetreten. Endlich wie
jetzt *H²*   4 ihr *g* üdZ *H²*   5 ein *g* üdZ *H²*   8 als Rosine in *g*
aR *H²*   9 als Lottchen im *g* aR *H²*   10. 11 man — rechnen. *g* aR
für zierte lange unsere Bücher *H²*   16 nach Weimar *g* über zu
mir. *H²*   17 eingerichtet über vorbereitet *H²*   18 vorzutragen über darzustellen *H²*   20 woraus *g*, Bleischrift überziehend, üdZ *H²* auf nach las *H²*   21 las *g*, Bleischrift
überziehend, üdZ *H²*   24 in aR *H²* den über die *H²*   25
mit Beifall *g* üdZ *H²* zeigte sich besonders *g* aR für rückte bis
ins Jünglingsalter, ja weiter hinaus, vorzüglich *H²*   26 wünschenswertheste. für wünschenswertheste vor, so daß er uns zuletzt wie
Dem. Maas von größern und spendereicheren Theatern miß-
gönnt wurde. *H²*   27 auf — Kunst üdZ und aR aus unser
Theater *H²*   129, 3 — 6 Corona — wunderbar *g* aR für
Corona Schröder starb, und halten wir nicht immer in stillem
Herzen jedem abscheidenden Freunde eine gebürende Leichen-
rede? wir rufen uns die Tage zurück, die wir selbst im Leben
nicht zum zweitenmale feyern konnten und die nunmehr nach
dem Erlöschen nur noch in lebendiger Erinnerung ihr Daseyn
fortsetzen. Wunderbar schien es mir *H²*   6. 7 Andenken stiftete
g über Denkmal gestiftet hatte *H²*   8 gewußt hätte *g* aR für
wußte *H²* ebenmäßig *g* über auch *H²*   9 Miedings des *g* über
eines *H²*   10. 11 daß — wurde. *g* aR für den wir heiter
nahmen *H²*   11. 12 Gar — Trauergedichts, *g* über und ich erinnere mich recht gut, daß das Trauergedicht *H²*   14 Doch nach
ward. *H²*   14 Coronen *g* über sie *H²*   15 ihr nach und *H²*
20 wir — uns] wir uns in diesem Jahre *g* aR neben Calderon
in diesem Jahre zuerst zur Sprache kam und wir uns außerdem *H²*   23 vertrackter aR für verrückter über wunderlicher *H²*
24. 25 was für über welche *H²*   26 die über wie *H²*   27 drängten
über strebten *H²*   130, 2 aus über zurück *H²*   6 Musterstücken *g* über Überlieferungen *H²*   7 — 132, 11 Zwischen —
waren. war zuerst kurz berichtet wie folgt:

Eine andere mühevolle und dem Geist wenig fruchtende Auf=
gabe ward mir durch Büttner's Tod auferlegt; sein Nachlaß
mußte übernommen und das Quartiere das zu andern Zwecken be=
stimmt wurde tumultuarisch ausgeräumt werden, wodurch ich meine
Zeit verlohr, vieles zu Schaden kam und einige Jahre nicht
hinreichten, die Verworrenheit zu lösen. *H²ᵃ*
130,₁₇ Genauigkeits *g* über Ordnungs *H²* ₂₄ sämmtlich nach
waren *H²* ₂₇ vorhanden *g* über da *H²* 131,₆ standen über
waren *H²* 9.₁₀ waren — gehäuft; aus hatte man rohe Bücher
gehäuft, wie sie von der Messe kamen; *H²* 12 hin. neben her. *H²*
13 lehnten *g* über lagen gleichfalls *H²* 16 im nach freylich *H²*
17 endlich nach sich *H²* 18 verloren aus zu verlieren *H²*
20 überstellt üdZ *H²* und man wird aus so wird man sich *H²*
21 mitfühlen aR für vorstellen über denken *H²* 24 schon längst
g über eilig *H²* gewesen *g* über wurde *H²* 25—27 mußte — hin
aus mußte, worüber ich meine Zeit verlor, vieles zu Schaden
kam und mehrere Jahre nicht hinreichten, *H²* 132,₁ — ₁₁
Wie — waren. *g H²* 12 unsrer *g* über der *H²* 13 gewesen
fehlt *H²* welche fehlt *H² H³* 21 getheilt nach in drey
Theile *H²* 133,₃ lang üdZ *H²* 5 heran über anbey *H²*
7 vor — Jahren *g* aus vor einem Jahre *H²* 9 günstigt *g* über
wogen *H²* 13.₁₄ Die — bedeutender *g* aR für Schon längst
war ein solches Unternehmen zur Sprache gekommen, aber in
solcher *H²* 16 dort aus dortigen *H²* 19 strittig stand erst
nach Gerichtsbarkeiten *H²* 20. 21 trug — Haus aR *H²*
22 ohne nach das Haus *H²* 25 beseitigten wir *g* aR für wurde
doch *H²* ein nach beseitigt *H²* 26 ward *g* üdZ *H²* 27—134.₅
der — emporsteigen, *g* aR (und üdZ) für dazu gefertigt, worüber
man sich im Februar vereinigte. Im März lag das accordirte Bau=
holz noch einge=[froren.] Die Hüttenform unter einem Dach ward
abgewiesen, eine mäßige Vorhalle für die Kasse und die Treppe an=
gelegt; dahinter stieg der höhere Raum für die Zuschauer empor *H²*
134,₇ Biel aus Wie viel *H²* 11 vor sich üdZ für los *H²* 12 frey=
lich *g* üdZ *H²* 12.₁₃ demohngeachtet *H² H³* 12 — 14 dessen
ungeachtet — erstenmal *g* aR und üdZ aus und den 26. Juny
ward zum erstenmal gespielt. *H²* 17 brachte *g* üdZ *H²* 19 hin

---

4. 5 ich — verlohr, *g* aR

üdZ *H²* 18. 19 dieß zusammen *g* üdZ *H²* 20 größerer *g*
aR für die größten *H²* 20. 21 zeigen könnte. üdZ für ausnehmen würde. 22 Nun ist das *g* aR für Das *H²* 23 immer
nach ist *H²* 135. 14 das Vorspiel *g* aR für es *H²* ohngefähr *H² H³* 136, 1 die Summe aR für den Kreis *H²*
3 die über der *H²* Umgebung aR für Kreis *H²* 13 anknüpften.
aus dadurch geknüpft wurden. *H²* 18 bliebe üdZ für hätte *H²*
20 Sprengels nach Herrn *H²* 26. 27 meiner Studien diente. *g*
nach diente. *H²* 28 — 137. 1 akademischem für einem akademischen *H²* 3 angemerkte aus bemerkte *H²* 25 Auch üdZ für
Auch hatte *H²* 26. 27 hatte großen üdZ für nahm *H²* 28 verdienstreichen *g* über guten *H²* 138, 3 wurde] ward *H²*; daraus wie jetzt *H³* 7 höhern] höhren *H² H³* 10. 11 Der —
werden. *g* aR *H²* 12 kaum — trennende *g* üdZ *H²* 13. 14 zusammen halten *g* über retten *H²* 20 zugedacht *g* über vermacht
H² sollte über ward *H²* geschafft über gebracht *H²* nach
nach sogleich *H²* 21 werden üdZ *H²* 24 meiner — untergeben,]
die meiner Leitung untergeben waren, *H²* 139, 4 Wollen über
Streben *H²* 5 thätig über wirksam *H²* mochte über wollte *H²*
6 allen *H² H³* 7 Geselligkeit *g* über Societät *H²* 7. 8 von
— Charakter *g* aR für an ihrer Heiterkeit *H²* 26. 27 Herrlich-
keit] herrlichste Würde *H²* aus herrlichste *H³* 140, 14 die
üdZ *H²* 141, 23 reine] gute *H²*; üdZ wieder wie jetzt *H³*
142, 23 besorgen nach und *H²* und als *g* üdZ *H²* 25 sich
aR *H²* 25. 26 darauf gründen lasse üdZ aus zu gründen sey *H²*
28 einem kleinen üdZ aus kleinem *H²* 143, 2 unsern eines]
ohnsern von einem *H²* 3 Städtchens] Städtchen *H³* 3 mich
üdZ *H²* 4 hielt über hält *H²* 5 ließ über leiht *H²* 19 erst
fehlt *H²*; üdZ *H³* 19. 20 sorgsam gebauten fehlt *H²*; üdZ *H³*
21 zusammen und] endlich auf die Raufe, ließ *H²*; zusammen
üdZ endlich gestrichen *H³* 22 zuletzt üdZ *H²* 26 nur aR
für wenngleich *H²* 27 bei üdZ *H²* 28 in nach und *H²*
144, 1 eine nach manchmal *H²* 10 ehlichen *g* üdZ *H²* 10—14
Jedoch — ward. nach und nur ein fortgesetztes geselligs-tägliches
Zusammenkommen konnte den Verlust des stündlichen durch
gedrängtere Momente ersetzen. *H²* 20 mich) — jedesmaligen
aR für jedesmal mich auf den *H²* 21 unmittelbar über gegenwärtig *H²* 24. 25 jedoch — Anstrengung aR nachträglich. *H²*
145 Am Schlusse des Jahres 1802 folgt noch *H²*:

Von Musik hatte ich dies Jahr wenig zu genießen; gewöhn=
lich ward sie mir vom Theater zu Theil da aber bey uns dies=
mal das recitirende Schauspiel das Übergewicht nahm, so ward
zwar für die einträglichere Oper immer noch genug gethan, aber
das Vorhandene mehr erhalten, als Neues mit Energie eingeführt.
Allein schon zu Anfang des Jahres war ein tüchtiger Grund für
die Zukunft gelegt; Zelter hielt sich einige Zeit in Weimar auf,
man verband sich mit ihm, den man schon seit mehreren Jahren
kannte; eine wahrhafte Neigung, auf wechselseitiges Kennen und
Anerkennen gegründet, entspann sich, und man verstand sich gar
bald vollkommen, weil man aus Einem Sinn zu handeln geneigt
war. Wer muß sich besser kennen als Dichter und Musiker, da dieser
jenem verleihen kann was er sich selbst zu geben nicht vermag: das
Gedicht auf der Höhe für immer zu firiren, wo es der Enthusiasmus,
und selbst der gefühlteste, nur auf Augenblicke hinzutragen vermag.

Niemand soll zwar seine Zustände gering achten, noch klein
von demjenigen denken was er geleistet hat, aber gegen Ende des
Jahrs wurden wir doch erinnert, in welchem engem Kreise sich
unsre künstlerische Thätigkeit beschäftigt hatte. Preußische Truppen
besetzten Erfurt und ließen uns ahnen, daß diese Veränderung gar
manche andere nächstens nach sich ziehen würde. Sah man sich
in der äußeren Welt um, so wurde man gewahr, daß Frankreich
sich nach allen Seiten hin erweitert hatte und dem Manne, der
dies errungen, den sie schon als ersten Consul verehrten, nun das
Consulat erst auf zehn Jahre, dann aufs Leben übertrugen und
zusagten. Hiermit schien denn für die nächste Weltgeschichte gar
manches ausgesprochen und entschieden.

1803.

Von diesem Jahr ist der Schluss noch in einer Hs von
anderthalb Bogen, die breit, nur mit schmalem Bruchrand
beschrieben sind, vorhanden; sie geht H^3 voran und ist
mit H^{3a} bezeichnet.

145, 7 Terenz'schen aR H^2 Nach dem ersten. 145, 13 mit
Unternehmungen schliessenden Absatz folgt:

Die Proben von Mithridat, der am dreißigsten Januar auf=
geführt werden sollte*), besorgte Schiller mit einiger Aufopferung,

---

*) Das fand indessen 1804 statt, wo es weggeblieben ist.

doch war es ihm nicht unangenehm zu bemerken, daß durch solche
gebundenere Stücke die Schauspieler genöthigt seyen mehr auf schick=
liche Bewegung, Stellung, besonders aber auf Klarheit des Vor=
trags zu merken. Und gewiß mußte man diese Vorübung nützlich
finden, als man unmittelbar darauf sich mit der Braut von 5
Messina beschäftigte. Diese ward am 19. März aufgeführt und
machte u. s. w. H^{2a} 19 nie über nicht H^2 22 Daß — aber be=
ziehentlich durch übergeschriebene Zahlen aus: Davon aber
daß wir H^2 146, 12 unsere über die eigene H^2 in nach Jena H^2
der über unserer H^2 147, 5 langenden über reichenden H^2
17 die nach innerlich H^2 2:. 26 holen.   noch für holen, und sah
H^2 26 Ganze $H^2 H^3$ 148, 2—5 Ich — sodann aR für über
Merseburg und Naumburg, um die dortigen Behörden zu begrüßen,
kehrte ich zurück, H^2 10 mit — Bühne, aR H^2 13 Nach
nach beyde in der Absicht sich der Bühne zu widmen. H^2
17 schnell aR für bald H^2 21 selbst nach mir H^2 22 Lehr=
linge aR für junger Männer H^2 149, 2 Namens Grimmer
aR H^2 8 Wir   ihn aR für Auch diesen letztgenannten
hielten H^2 13 meine nach daß H^2 13. 14 hatte — abge=
nommen aus keineswegs abgenommen hatte H^2 17 mitten in
über bey H^2 19. 20 würde — haben.] hervorbringen sollte. H^2
Daraus wie jetzt H^3 20 ich darf aus darf ich H^2 23—25
wovon — finde. aus ich habe sie gesammelt und darf sie dem
Öffentlichen nicht vorenthalten. H^3 150, 4 indeß aR für aber
gar H^2 21 einige Jahre aus seit einigen Jahren H^2 24 der=
gestalt aR für so H^2 26—28 Hierzu — werden aus Die Lehrer
auf mehreren Hochschulen waren in diesem Falle H^2 151, 1. 2
dergleichen — vorzüglich aus mehrere Anstalten der Art errichtet
und H^2 3 Reiz — Einladung aR für Anlockungen H^2
bestes $H^2 H^3$ 6—153, 5 Diese — wanderten. ist späterer
Einschub: H^{2a} hat dafür nur: Schon eine Zeitlang hatte auch
bey uns eine Auswanderung aus dem Ursprunge gedauert, endlich
vernahmen wir u. s. w. An dieser Stelle ist der gedruckte
Text aus H^2 und H^{2a} zusammengestellt.   12 begabte über
berühmte H^2 18 Rangerhöhung aR für Standeserhöhung H^2
21 über nach sich H^2 auf — sich aR H^2 21. 22 zu äußern

6 Über 19 mit Blei 17; jenes aber richtig.

über auszusprechen H^2 25. 26 weil — Ahnung aR H^2;
Ahnung aus Ahndung H^3 27 Gedanken über Gesinnungen H^2
28 welches — ihm aR und üdZ für konnte man ihm nicht grade
mit dürren Worten zu erkennen geben, noch viel weniger die Art
und Weise vertrauen, wie man ihn aus der Sache H^2 152, 7
ministeriellen üdZ H^2 8 nichts — als aR H^2 9. 10 ganz —
berechtigt aR für außer sich reichte er H^2 11 einzureichen über
ein H^2 12. 13 Ungestüm und Troß aR für Heftigkeit H^2
13 — 15 er — abziehen aus daß er dergleichen niemals dulden daß
er lieber ohne weiteres von der Akademie abziehen werde H^2
16 mit üdZ H^2 einstimmig über zugesagt H^2 17 gleichzeitig —
gedächten. aus zu gleicher Zeit zu verlassen. H^2 21 — 26 ihm —
bedauerten für daß man ihm ohne Weiteres seinen Abschied gab.
Erst als die Sache nicht mehr herzustellen war, vernahm er die
Wendung, die man der Sache zu geben gedacht hatte und sein über-
eilter Schritt mußte ihm leid thun. H^2 28 bekennen über gestehen H^2 153, 2 ein heimlicher über der innere H^2 10 laufende
aR H^2 11 sodann über und H^2 weiter üdZ H^2 13 durch
solches Manoeuver aR für so H^2 14. 15 diese — wegspielen aR
für die Anstalt fortsetzen H^2 16 Bedeutsamkeit über Wichtigkeit H^2 18 für den Augenblick aR H^2 18. 19 völliger Auflösung
über völligem Untergang H^2 20 das nach wohl H^2 21 dieses
allgemeine über ein solches allgemeines H^2 24 anfänglich
üdZ H^2 aber üdZ H^2 25 gefährlicher ward. aR für mit mehr
Gefahr bedrohte. H^2 154, 5 dem Freymüthigen übermüthig
über der Eleganten Zeitung folgendes H^2 12 hörte — auf;
mit Blei über war nun kein Bedenken mehr; H^2 13 volle Ursache g über das Recht H^2 18. 19 die allgemeine Literaturzeitung
aR für diese Anstalt H^2 25 dieser aus dieses 26 Begebenheit.
aR für Geschäftes. H^2 155, 4. 5 einem — stehenden aR mit
Blei für dem intendirten bey der Akademie verharrenden H^2
5. 6 das — sollte. aR H^2 8. 9 eines — Wesens mit Blei aus
einem — Wesen H^2 12 weckte über regte H^2 17. 18 welcher
— Präsidentenstelle für der die Ehre, daß man ihm die Präsidentenstelle übertragen, H^2 19 suchte aR trachtete H^2 durch
diesen über hierdurch H^2 20 Zuwachs über Zugänge H^2
21 Herzog über Fürst H^2 25 Neben dem hier beginnenden
Absatze steht H^2 aR mit Blei Persönlichkeiten. Böttiger geht
nach Dresden. 25 verbleiben aR für verweilen H^2 156, 13 dort

einige Zeit] sich dort einige Jahre und H² Daraus wie jetzt H³
14 in Fernow's aR für in dessen H² 20 gab über zeugte H²
157, 1. 2 den — Tonwelt aR für das Reich des Tons H² 8 zogen
über rissen H² 9 anzueignen über zum Eigenthum zu machen H²
10 seinem über dem H² 13 ohne über und H² 24 ihrer über
derselben H² neuer Gelaß aR für neues Gebäude H² 27 Platz]
Raum H² daraus wie jetzt H³ 28 — 158, 1 wurden gewonnen
aR H² 158. 1 Stand] Platz H² daraus wie jetzt H³
6. 7 Geldsorten versehen aR und üdZ für Münzen nicht weniger
ein[ige] auf berühmte Leute auch Römische und Griechische H²
9 vor über für H² 13. 14 wozu — wird aR H² 21 aus
über nach H² 22 gegönnten über möglichen H² 23. 24 wenig=
stens aR H² 26 was üdZ H² könnte üdZ H² 159, 2 fünf=
zehnten H² H³ 2. 3 ja — achtzehnten aR für siebzehnten H²
5 seit über von H² 7 allein über nur H² 8 auch üdZ H²
11 verwundersam — bedauerlich über was zu verwundern und
zu bedauern war H² 15 und — Belehrung. aus wodurch denn
der Grund z. g. u. B. gelegt wurde. H² 18. 19 bereits — ein=
geschlossen mit Blei aR aus lag schon zwischen den Gärten und
Spaziergängen, H²; fehlerhaft bereits zwischen Gärten eingeschlossen
und Spaziergängen C 23 Bezirk über Raum H² 27 eines
über des H² 160, 9 das nach Schatten; sodann aR Schatten
wie jetzt H² 12 — 14 für — Lindenallee aR sowie unter und
über der Zeile eine am obern Theil dieser Grünung hergehende
uralte Lindenallee entschied sodann die Hauptrichtung; H² 19 als
aR H² Nach die Tanzenden, folgt noch die Wandelnden, H²
21. 22 forderte — gesondert aR für verlangte eine doch in ge=
wisser Entfernung 23 ebenfalls aR für auch H² 23. 24 und
— gab aR für so gab zu allem zwar H² 26 die nach hiezu H²
26. 27 der — Bedingtheit aus den — Bedingungen H² 28 — 161. 1
am — ökonomischer aR für wenn man sich auch schon nicht läugnen
konnte, daß bei einer ökonomischen H² 161, 1 nach aR für
bey H² 3 hinausgegangen nach mochte H² zu üdZ mit
Blei H² desgleichen mit Tinte H³ 4 Doch] — die aus Doch
gehört ein Gebäude unter diejenigen H² 5 nach — auch üdZ H²
6 so — wenn für daß man, sobald H² 9 das Dämonische, dem
aR und üdZ für die Gottheit der H² 10. 11 Zwischen dem,
mit huldigen. endenden und dem mit Gegen beginnenden
Absatz stand in H² H³ noch ein besondrer Absatz der, nach-

dem die erste Niederschrift einige Änderungen erfahren hatte. zuletzt so lautete: Nach der diesjährigen Ausstellung, deren Aufgabe, Ulyß vor [vor über mit] dem Cyclopen, am gelungensten [über gewesen, erhält] Wagner aus Franken löste, [über den Preis] auch die Gemälde des Polygnots durch Veranlassung Riepenhausischer Umrisse, suchte man neubelebt vors Auge, vor die Einbildungskraft zu bringen. Durchstrichen H^3 12 von über zu H^2 13. 14 War — seinem für Waren die vorigen Pachtersleute Lebemenschen und in ihrem H^2 15 so nach gewesen H^2 hatte — Bürger aus hatten die neuen als bisherige H^2 18—20 in — befindend für der — befand H^2 21 engen Blechröhren aus blechernen Röhren H^2 22. 23 aber — Sumpf aus und einen Sumpf statt des Wasserspiegels H^2 162. 2. 3 in dem Maße aR für so H^2 6. 7 und allenfalls aR H^3 8 aber aR H^2 13 Anfangs über die für die Tagbestimmung gelassene Lücke eingesetzt H^3 22 und fehlt $H^3 C$, steht aber wie in Schillers Brief auch richtig H^2 163, 2 alles Redens wiederhergestellt aus dem verderbten allen Reden H^3 164, 6 Mit ist. schliesst das Jahr 1803 H^2

Dem folgenden. mit Wie beginnenden Absatze geht voraus: Der zur Auszierung und Verherrlichung des fürstl. Schlosses hier anwesende Bildhauer Tieck unternahm die Büste Vossens, die ihm besonders glückte und das Andenken des merkwürdigen Mannes auf folgende Zeiten auch persönlich zu erhalten versprach. H^{3a} 7 aber über mir; letzteres aR in jetziger Stelle H^{3a} 19 Einsichtiger aus einsichtiger Mann H^{3a} 28 sein konnte für war H^{3a} 165, 15. 16 Professor Hoffmann aus Stuttgart irrig für Martin Wagner aus Würzburg. 167, 14 er — allein aus allein mußt' er H^{3a} 15 dürfen nach können H^3 17 drückte] druckte $H^{3a}H^3$ 23 gesteigerte] versteigerte $H^2 C$ 25 wir über die H^{3a}

1804.

Von diesem Jahre liegen ausser $H^2 H^3$ vor: ein Bogen. im Aussehen H^2 gleichend. und eine später aber wieder gestrichene Stelle 169, 23 nachbringend mit dem Datum Weimar, den 14. October 1826, H^{2b}; ferner eine grössere Anzahl Bogen und Blätter, einzelne Stücke enthaltend. der H^3

vorausgehend, daher H^{3a} 168, 6 Betracht] Betrachtung H^2;
daraus wie jetzt H^3 17 Villette] Briefe H^2; daraus wie
jetzt H^3 169, 1 wiewohl — laſſe über und ich überhaupt
gewohnt bin mich gehen zu laſſen und H^2 6 — 8 ſo — Buch
als für ſo machte mir doch ein Zufall ſeltſam genug ein böſes
Spiel. Ein franzöſiſches Buch, das eben damals herauskam,
enthielt H^2 10 enthaltend als H^2 10 — 174, 9 Sie — wollten.]
Sie hatten ganz eigentlich den unzugänglichen Einſiedler myſti=
ſicirt und einen Briefwechſel mit ihm eingeleitet, in der Abſicht
ihn drucken zu laſſen. Nun hatte Frau von Stael gar kein
Hehl, daß ſie auch uns und unſere Zuſtände in einem Druckwerke
über Deutſchland einzuführen die Abſicht habe, welches denn auf 5
jedermann, beſonders aber auf mich nicht den beſten Eindruck
machte.

Demungeachtet behandelte ich ſie mit Offenheit und ſie hatte
Takt genug ein Individuum aufzuſaſſen, das ihr durch ſeine
Productionen ſchon bis auf einen gewiſſen Grad bekannt ge= 10
worden. Sie ſagte auch daher zu Perſonen, die mit mir nicht
ganz zufrieden gewiſſe Eigenheiten tadelnd hervorzuheben ſich zum
Geſchäft machten: „ſagt von Goethen was ihr wollt, wenigſtens
iſt er natürlich.“

Aber nicht allein wollte ſie uns kennen lernen, wir auch ſollten 15
von ihr und ihrer Art zu ſeyn unterrichtet werden, wir ſollten
ihre Gefühle und Geſinnungen, ihren Charakter, ihr Talent an=
erkennen und an ihrer Exiſtenz liebevoll Theil nehmen.

Übrigens brachte meine Abgeſchiedenheit ihren Zwecken großen
Vortheil; ich war nicht Zeuge wie ſie mit weltkluger Art die 20
übrigen Glieder der Geſellſchaft ſich zu verbinden wußte und was
ſie mir daher in Billetten und in Zwiegeſprächen von Aufmerk=
ſamkeit und Zuneigung erwies, konnte, ja durfte ich als mir
allein gewidmet anſehen.

Im Zwiegeſpräch verbrachten wir manchen Abend und als 25
bey ihrem wahrhaft gründlichen Intereſſe über die bedeutendſten
Lebensfragen und meiner aufrichtigen Beantwortung noch immer
ein geheimnißvoller Punct ganz fremder Vorſtellungsarten übrig
blieb, ſo ſteigerte ſich das Geſpräch ſehr oft bis zu leidenſchaft=
licher Heftigkeit. 30

An die vorrevolutionaire große gute Geſellſchaft gewöhnt wo
das was man …*) nannte, ein augenblickliches Rückkehren auf ſich

ſelbſt, eine momentane Verſchloſſenheit nach außen, als höchſtes Ver=
brechen gegen die Majeſtät der Societät verpönt war, konnte ſie
niemand auch nur einen Augenblick in Ruhe laſſen, der um ſich
zu ſammeln in ſtilles Nachdenken verſank oder auf irgend eine
5 Weiſe abweſend erſcheinen mochte. So trat ſie bey einem Abend=
beſuch mit der neuſten Kenigkeit daß Moreau wegen einer Ver=
ſchwörung gegen Napoléon gefangen ſey, daß ihm der Prozeß ge=
macht werde, zwar lebhaft aber doch ziemlich gleichmüthig herein.
Da ich nun überhaupt mich im fortdauernden Anſchauen von
10 Weltereigniſſen zu erhalten ſuche, wodurch ich in der Stimmung
bleibe, den welthiſtoriſchen Werth einer Kenigkeit zu ahnen, mir
das Vorhergehende zu vergegenwärtigen und in die Zukunft meine
Fühlhörner auszuſtrecken, ſo verſchloß mich ihre Erzählung frey=
lich ſogleich. *H²* 169. 23 Nach Die folgte Hier aber mag ein
Aufſatz den ich ſpäter, einem anfragenden Freunde zu Liebe ſchrieb,
nach ſo viel Jahren ſeine Stelle finden.

Die Anweſenheit der Frau von Stael war mir keineswegs in
dem Grade nützlich und erfreulich, wie man es hätte hoffen ſollen.
Nicht gerechnet, daß ein körperliches Übel, das ich mir durch Un=
vorſichtigkeit in dieſen höchſt rauhen Tagen zugezogen hatte, mich
5 weniger geſellig werden ließ, ſo war die Natur und Weiſe dieſer
außerordentlichen Frau der meinigen entgegengeſetzt und unbequem.
H³ᵃ: durchstrichen *H³*   171. 16 Erwidern aK für Verſetzen *H³*
25 Ein Geſchichtchen aus Eine Geſchichte *H³ᵃ*   172. 5 ſeinem —
Handeln für bei dem ſtrengen Tadel ſeinem Handlen *H³ᵃ*   10 wie
— mannichfach für nach ihrer Art auf mannichfaltige *H³ᵃ*   16. 17
im Ernſt *g* über anfangs *H³ᵃ*   173. 13. 16 den — erfahren über
die Urſache wiſſen *H³ᵃ*   16 mochte über wollte *H³ᵃ*   19 an=
haltendes über fortgeſetztes *H³ᵃ*   174. 7 jenes Unbequeme *g* aus
jene Unbequemlichkeiten *H³ᵃ*   10—182. 2 Eben — hervorthaten
fehlt *H²*   174. 11 Nach gedenken. folgt Wer — fortgeſchritten
— jetzt in den Biographiſchen Einzelheiten *C* 60, 267, 2—6 —
H³ᵃ   20 Schnelligkeit über Lebhaftigkeit *H³ᵃ*   24 ſieht man
über wird *H³ᵃ*   25. 26 fortſetzen nach fortgeſetzt *H³ᵃ*   175. 5
verließ] dauerte es *H³ᵃ* daraus wie jetzt *H³*   21 wie über

---

*) Diese Lücke ist auf einem Blatt *H²ᵃ* mit Humeur
ausgefüllt.

als H^{3a} 176, 2 trugen über sendeten H^{3a} 4 alles üdZ H^{3a} 21 schaarenweis üdZ H^{3a} 177, 15 gründlicheren über gleichen H^{3a} 178, 12 Wie über höchst angenehm und H^{3a} 179, 2 sammeln] sammlen H^{3a} 7 nur üdZ H^{3a} 18 weil über daß H^{3a} 25 ausführlicher] lebendiger H^{3a} daraus wie jetzt H^3 27 dieses über zwar H^3 180, 17 sind dagegen durch übergeschriebene Zahlen aus dagegen sind H^3 21 meiner über der von mir herausgegeben H^3 27 Theil ward] Statten kam H^{3a} daraus wie jetzt H^3 28 — 181, 1 einen kleinen] mir seinen H^{3a} daraus wie jetzt H^3 Unter dem mit verzögerte, 181, 7 schliessenden Absatze steht: Weimar den 9. October 1829 H^{3a} 16 sobann über um diese Zeit H^{3a} 182, 4 sollte] solle C 17 drücken] drucken H^3 19 Posten über Punct H^3 20 andern bedeutenden über bedeutenden wichtigern H^3 22. 23 wird — aufzufahren über sei, denselben Posten mit seiner Artillerie zu besetzen H^3 182, 9 -27 Die — bezeichnen] Die Jenaische allgemeine Literatur-Zeitung war zu Anfange des Jahres trotz allen Hindernissen, vorgeschoben durch Privat- und Staats-Männer siegreich ausgegeben; ihr entschiedener Werth offenbarte sich bald. Von Seiten der Weimarischen Kunstfreunde wurde nunmehr die Abbildung und Beurtheilung der Preisstücke, nicht weniger manches andere für die Propyläen bestimmte hier niedergelegt, und sowohl jede gegönnte Zeit als so mancher vorhandene Stoff aufs beste benutzt. H^2 182, 28 hatte über machte H^{3a} 183, 3. 4 heiter vollbracht üdZ H^{3a} 12 Thier üdZ H^3 27 höheren H^3 184, 7 bequem über behaglich H^{3a} 19 indeß aus in dem H^3 20 zu üdZ H^3 21 zu — hatten] wirken sollten H^{3a} daraus wie jetzt H^3 24 ohne nach und ich sann gern darüber nach H^3 27 ward] war H^3 185, 1 in] im H^3 16 entbehrte — an g über überließ ihm gern H^3 einem g aus einen H^3 18 hatte, und g aus hatte. Ich H^3 denselben g üdZ H^3 186, 3. 4 nur — wiewohl über und aR neben zwar mäßig aber doch H^{3a} 11 dessentwegen aR für weshalb   187, 1 funfzig H^3 27 durfte über konnte H^3 188, 1 umfänglich über weitseitig, wohl Hörfehler für weitläufig. H^{3a} Für das Jahr 1804 waren nach H^2 noch einzelne — z. Th. nur Anfänge beabsichtigter Ausführung enthaltende — Blätter bestimmt gewesen, die mit den in Bleischrift vorgenommenen Ergänzungen und Verbesserungen hier folgen.

Die Proben von Mithridat, übersetzt von Bode, der am 30. Januar aufgeführt werden sollte, besorgte Schiller mit einiger Aufopferung, da seinem freywirkenden Geiste, der sich ohnehin durch das Theater beschränkt genug fühlte, jenes abgepaßte Wesen ganz und gar verhaßt blieb, doch war es ihm nicht unangenehm zu bemerken, daß durch solche gebundene Stücke die Schauspieler genöthigt seyen mehr auf schickliche Bewegung und Stellung, besonders aber auf Klarheit des Vortrags zu merken.

Und gewiß mußte man diese Vorübung nützlich finden, als man sich unmittelbar darauf mit dem Tell beschäftigte.

Er ward am 17. März aufgeführt und forderte viele Vorarbeit; leider fiel davon die ganze Last auf mich, denn seit der ersten Leseprobe konnte Schiller wegen anhaltender Kränklichkeit nicht mitwirken. Indessen ward alles mit der größten Sorgfalt und in seinem Sinne behandelt und ich freute mich ihn zuletzt mit der Hauptprobe und der Vorstellung zufrieden zu sehen.

———

Das Theater war nunmehr mit jungen Schauspielern versorgt, so daß innerhalb der ältern Bühne sich eine neue entwickelte. Die Talente steigerten sich schnell, alle, wenn gleich ohne ihr Mitwissen nach denselben Grundsätzen gebildet. Eine frische Art der Belehrung und Übung war nöthig um sie baldigst in die Rollen zu bringen, die man ihnen noch nicht förmlich zutheilen konnte. Solchem Zweck geeignete Stücke z. B. Mahomet wurden unter diese jüngern Talente vertheilt, mit ihnen von vornen herein durch und durch geübt und zuletzt wirklich mit allen Erfordernissen an Zwischentagen vor einem kleinen Publicum aufgeführt. Schnelle Entwicklung der Fähigkeiten war die unmittelbare Folge.

———

Zur sechsten Kunstausstellung war die große Überschwemmung, wobey an die Sündfluth gedacht werden konnte, vorgeschlagen und Grünern von Wien der Preis ertheilt.

———

Winckelmanns Briefe werden vorbereitet, Rezensionen für die allgemeine Literatur-Zeitung geschrieben.

———

Ein wichtiges Geschäft für unsre öffentlichen Angelegenheiten,
besonders aber zu Beruhigung unsrer Fürstl. Herrschaften konnte
in diesem Jahr abgeschlossen werden: die herzogl. Familie konnte
das neu eingerichtete Schloß wieder beziehen, welches seit dem
unglücklichen Brande 1772 [verschrieben für 1774] in Ruinen   5
gelegen, und dessen Aufbau erst durch die Schwierigkeit des Unternehmens aufgehalten, dann aber durch manche Schwankungen des
Entschlusses im Ganzen und im Einzelnen mehrere Jahre durch
verzögert wurde. Eine solche völlige Wiederherstellung ward immer
dringender als wir unsern Herrn Erbgroßherzog mit Ihro Kaiserl.   10
Hoheit der Frau Großfürstin Maria Paulowna vermählt gegen
Ende des Jahrs erwarteten, deren Ankunft denn auch wirklich
den [Lücke] erfolgte, wobey sich unter andern fröhlichen Empfangs-
äußerungen auch Schiller mit dem Vorspiel: Die Huldigung der
Künste ein solches glückliches Ereigniß feyernd darstellte.   15

1805.

188. 21 und zumal aR   24 Schiller über er H^2 25 die
aR   189,1 eigne über innere H^2 9 Betrachtungen mit
Blei über Beziehungen H^2 11 lang H^2 daraus wie jetzt H^3
19 zu — gab aR und üdZ für vernehmen ließ H^2 zu aus zum H^2
23 erneuen aus erneuern H^2 190,1 aufgeführt über gegeben
H^2 12 im aR für von H^2 13 von — geschriebene aR für eigner
Hand H^2 21 nun] um H^2 H^3 191.2 Schiller] er H^2 daraus
wie jetzt üdZ H^3 3 andern nach mit H^2 5 eben so
wenig aR für nicht H^2 6 wie nach so H^2 11 endlich
aR für am Ende H^2 20 eingewirkt aR für verfahren H^2
23 Ansichten und Absichten] und Absichten H^2 24 bewahren
aR aus verwahren H^2 192,1 hofft' aus hoffte H^3 13 mir
(nach schien) über mich H^2 15.16 mit — beseitigen mit Blei aus
welche mit einiger Besonnenheit und Klugheit wären zu beseitigen
gewesen H^2 20.21 erst eigentlich erst H^2 193,9.10 wenn —
Freunde aus theilnehmend wenn Freunde H^2 26.27 im — herumgetragen aR mit Blei für gedacht und empfunden H^2 28 früher
aR mit Blei H^2 194.4 ein nach schon seit einiger Zeit H^2
6 den üdZ H^2 6.7 eines — Umgangs aR H^2 7.8 näher — fühlte
üdZ und aR für anzuschließen Veranlassung fand. H^2 9 bewährte nach mit dem ich schon einige Jahre zutraulichen Umgang gepflogen, H^2 12 ihn — unbefriedigend üdZ aus sich gleich

damit höchſt unbefriedigt H^2 3 — 18 Nun — von Erweiterung
der zuerſt geſchriebenen Zeilen: Profeſſor Wolf langte am
dreyßigſten May in Weimar an mit H^2 27 von üdZ H^2
195, 8 in — genau aR für handſchriftlich oder auch durch den Druck
aufbewahrt ſcharf H^2 9 Eigenheiten C 10 wie nach und H^2
10. 11 nach — ausſpricht aR für in verſchiedenen Orten in einer
Reihe von Jahrhunderten benommen und ausgedrückt H^2 16—18
und — Sätze. aR mit Blei aus Wohlklang und zu der mannig=
faltigen proſaiſchen Verflechtung. H^2 17 Wortfügung in Lücke
H^3 Das an dieſer Stelle in H^2 mit Blei geſchriebene Wort
kann allenfalls für Abkürzung von Wortbildung geleſen
werden. 23 Ländern über Landſchaften H^2 24. 25 im — konnte!
üdZ für ſich im höchſten Grade die Vergangenheit zu vergegen=
wärtigen fähig war; H^2 25. 26 War — Wunder üdZ mit Blei
aus Sollte man es für ein Wunder achten, H^2 196. 1 mußte
über ſollte H^2 2 er achte aR für daß er H^2 3 was nach
hielt H^2 8 bildende fehlt H^2 aR H^3 18 füglich mit Blei
über gar wohl H^2 27 Dagegen aR mit Blei für So H^2
197, 1. 2 es — denn aR H^2 2 es — unmöglich aus weil es
ſchwer, ja unmöglich iſt H^2 5 genaueren H^2 H^3 6 auch nach
da es ſchwer ja unmöglich bleibt, dieſem H^2 10 einige] die
H^2 daraus wie jetzt H^3 13 für — Machwerf] untergeſchoben
daneben aR ein ſpäteres Machwerk, H^2 daraus wie jetzt H^3
15—17 dagegen — könne für keineswegs zugeben, daß die über=
bliebenen Bildwerke nach einer gewiſſen Reihe zuverſichtlich zu
ordnen ſeyen. H^2 18 einräumten aR für zugaben H^2 24. 25
gleichen — wie mit Blei aus und über gleiche Sagacität
als H^2 198, 1 und mit Blei über wobey H^2 8 herrſchte
in mit Blei über entſtand während H^2 11 immer nach
ſich H^2 15 Welt=] Welt C 26 nur nach leider H^2
27 mögen, indem aR mit Blei für können, da H^2 199, 3
Beſuch in aR für Ausflug nach H^2 14. 15 zu — Halle aR für
nach Lauchſtädt und Halle für die allernächſte Zeit H^2 19 ent=
hielt aR H^2 200, 4 Mitſchuldige] Mitſchuldigen H^2 H^3
11 beabſichtigten aR für projectirten H^2 14 ſuchte aR für
ſorgte H^2 18 war, und aR für war. Ich H^2 20 kurzen
H^2 H^3 28 aufzufaſſen, wobey über zu ergreifen, worüber H^3
201, 1. 2 ſchnell — zurückließen aR mit Blei für bedeutenden
Reichthum zurücklaſſend ſchnell vorübergingen H^2 3. 4 Hatte —

bewundern für Wenn — hatte, *H²*   s mehrmals aR für zu mehreren Malen *H²*   202, 2 aber üdZ *H²*   3 allmählich aR für
nach und nach *H²*   4 Ursprung über Ursache *H²*   uum über
aber *H²*   13 jedoch über aber *H²*   203, 4. 5 doch — können
für er — lassen *H²*   9. 10 steigerte. — sich aR für steigerte
indem sich ja das Gehirn *H²*   14 wird über werden *H²*
15. 16 bei — Knochenmasse aR mit Blei für wenn Knochenmasse
genug vorräthig ist *H²*   20 denn üdZ *H³*   22 auch sich über
und *H²*   22. 23 Belehrung] Berührung *H²* daraus wie jetzt *H³*
23 zum über als *H²*   24 so für doch *H²*   stand aR für war *H²*
204, 10 gesetzt hatten üdZ aus sehlen *H²*   11—13 Doctor — eingeschlossen, und für Da nun auch Doctor — eingeschlossen war *H²*
16. 17 meinem — zufolge aR *H²*   18 worauf über wie *H²*
19 ertappen nach darauf *H²*   23 mit nach in eine Reihe *H²*
24 in Eine Reihe aR *H²*   27 eben aR für ganz *H²*   205, 4
größern Annäherung an über näheren Bekanntschaft mit *H²*
5 behandelnd *H² H³*   26 allen diesem *H²* daraus wie jetzt *H³*
206, 4 habe über hatte *H²*   9 vierzehnjähriger] zehnjähriger *H²*
daraus wie jetzt *H³*   17 zu überschreiten das Recht zu haben
glaubte, wobey woraus überschreiten glauben *H²* daraus wie
jetzt *H³*   18 mitunter aR für auch manchmal *H²*   23 junge
lose Vogel] junge Freund darüber mit Blei lose Vogel *H²*
junge wiederhergestellt *H³*   24 gespannt *g¹* aR *H²*   28—207, 1
ruhig — verfuhren aus sich ruhig und nachsichtig erwiesen *H²*
4 nun] uns *H²*   auch dergleichen üdZ und aR für eben solche *H²*
5 in Magdeburg fehlt *H²* üdZ *H³*   8 nach Grabmäler] und
konnte mich an dem Wege, den die deutsche bildende Kunst vom
Jahre [Lücke] vom Bischoff bis zum Jahre 1499 und dem
Bischoff genommen hatte nicht genugsam erfreuen. *H²* gestrichen *H³*   9 — 16 Ich — ist. auf angeklebtem Zettel *H³*
16. 17 Hieran — erfreuen *g* üdZ *H³*   17. 18 auf (zweimal) für
zweimal für *H²*   19 in über auf *H²*   25 Erinnerung] zum
Erinnern *H²*   208, 1 Monuments — möge. durch überschriebene Zahlen aus Monumentes möge vorhanden seyn.
1. 2 (Ist — worden.) fehlt *H²* *g* zwischen den Zeilen *H³*
3 die üdZ *H²*   27 genauer aR für näher *H²*   28 nach
vernehmen folgt sie waren die eines geistreichen Franzosen, keineswegs zu Gunsten des heiligen Orts und der frommen Gegenstände. *H²* gestrichen *H³*   209, 1 da fehlt *H²* üdZ *H³*

10 der — fein aR und üdZ für sondern angenehm überrascht wird
12 frühern über ältern Klosterhaushalts H^2 wesens über haus=
halts H^3 14 darbieten] gewähren H^2 darüber wie jetzt H^3
21 nur üdZ H^2 24 Bruns] Browu $H^2 H^3 C$ 26 welchen $H^2 H^3$
befanden nach damals H^2 210, 3 wozu — Frauen üdZ und
aR für wo ältere Hausfrauen H^2 3. 4 ältere — Häuslichkeit aR
mit Blei H^2 5. 6 sämmtlich nur aR mit Blei H^2 7 scheinend
über schienen H^2 10 einen C 13 mir — Gast durch überschriebene Zahlen und aR aus der gegen mir über sitzende
Freund H^2 26. 27 durch — Gegenwart üdZ H^2 28 eben]
wohl H^2 daraus üdZ wie jetzt H^3 211, 2 im H^2 daraus durch
Rasur wie jetzt H^3 7. 8 gab — Wendung aus wußte —
Wendung zu geben H^2 9 ehemaliger aR mit Blei H^2 10 jetziger
aR mit Blei H^2 13. 14 mancher gern üdZ H^2 14. 15 Anspruch
gemacht über Verzicht gethan H^2 21 von seinen] seiner H^2 daraus
wie jetzt H^3 28 ursprüngliche aR für erste H^2 212, 4 — 6
welche — verstummte. aR und üdZ für da aber jene zu früh ge=
schieden, nicht vollendet noch an den Platz gesetzt worden. H^2
9 an — dem aR für daran H^2 sondern aR für und H^2
11 wichtigen $H^2 H^3$ 23 so daß über indem H^2 24. 25
dieß auch] es selbst aR für sie selbst H^2 daraus wie
jetzt H^3 213, 4 diesem C 7. 8 auf — Befehle üdZ mit
Blei für seinen — Befehlen gemäß H^2 213. 17 trefflicher
über fähiger H^2 18 weit umfassenden über allseitigen
H^2 19. 20 Den — Polyhistor aR für Er bildete sich den
Anregungen seiner Zeit zu Folge zum Polyhistor H^2 21. 22
dem — alles aR für einem alles umfassenden, H^2 23 den
sämmtlichen aR für allen H^2 214. 1 — 5 Godofredus —
MDCCCV fehlt H^2 auf angeklebtem Zettel H^3 6 jedoch
über aber H^2 9 daß — das] das aber, woraus aR hingegen
das H^2 daraus wie jetzt H^3 13 König H^2 daraus wie
jetzt H^3 16 eben so sehr aR für theils H^2 17. 18 als —
andere über sich aber mehr als H^2 24 neuesten über letzten H^2
215, 1 pflegt. C 10 absichtlich aR für künstlich H^2 18 herum
über umher H^2 19 so daß aR für da denn H^2 216. 10 nichts
— als aR H^2 12 verlangte aR für empfahl H^2 Nachsicht
nach die H^2 217. 15 bedeutsam aR H^2 blau üdZ H^2
16 ein nach mit sehr dünner Farbe gemalt, die sich an einigen
Stellen zusammengezogen hatte: H^2 20 — 22 obgleich — hatte

aR *H²* 26 ließ – gemahlte aR für war auf ein dünnes Bret
gemahlt *H²* 28 es aR *H²* 218, 3. 4 die — flehte, üdZ aus
um — flehend, *H²* 14 — 16 ausnimmt — Verkäuferin aR für
gut zu dem ruhig anbietenden Wesen der Verkäuferin verhält, *H²*
17 mit über von *H²* 23 und nach um *H²* und scheint aR *H²*
mit nach sie *H²* 24 nach erwidern: scheint *H²* 28 be=
schrieben über aufgesetzt *H²* 219, 2 Verirrung] Frömmeley *H²*;
das dem Sinne nach fehlende Hauptwort ergänzt wie
jetzt *H³* 3 kunstgeschichtlichen über historischen *H²* 6 mehr
— Ein bedeutendes aus manches bedeutende *H²* 9 verzeichnet aR
für bemerkt *H²* 10 vorgewiesenen üdZ *H²* 11 bei einigem über
in dem *H²* 17 Schritt — Richte. g am Ende der Seite nach
dem Dictat, da nachträglich der Absatz 219. 18 — 28 Denn —
hält. eingeschoben worden ist. der eine Seite eines besonderen
Blattes füllt; auf dem nächsten Blatte stehen dann von der
Hand des Schreibers die oben von Goethe hinzugefügten
Worte *H²* 220, 19 — 21 sich — verschaffen aus indem er sich
— Anzahl von Menschen zu verschaffen wußte *H²* 26 dabei
fehlt *H²* üdZ *H³* 221, 3 mit über zu *H²* glücklicheres]
glückliches *H²* daraus wie jetzt *H³* 14 Ziegenmilch *H²* daraus
Schafmilch *H³* 20 seine ältern] ältere *H²* daraus wie jetzt *H³*
26 dabei üdZ *H²* 222, 2 kämen üdZ aus wenn sie aus der
Münze kämen *H²* 3 Diese Bemerkung aus Die Bemerkung
deshalb *H²* 4 versicherte, daß für versicherte dabey *H²* 13 fehlte
— sodann aR für sollte es in der Folge *H²* 20 konnte.] konnte,
keineswegs ein Mangel seyn *H²* 223. 4 hingehen — Belehrung]
hingehen, ergötzten und belehrten uns *H²* 224, 1 von eigent=
lich *H²* 11 achte über halte *H²* 12 nicht nur über sowohl *H²*
13 sondern über nicht weniger *H²* 22 hofnungslos über ohne
Hoffnung *H²* 225, 13 auch — finden, aR *H²* 24 hatte aR
neben verband *H²* 26 verbunden aR *H²* daß er üdZ *H²*
28 — 226, 1 benutzen — beschuldigen, aR mit Blei für benutzen
und wenn man — beschuldigen mochte, *H²* 28 ihm *H²H³C*
226. 7 — 9 woran — anschlossen. aR und üdZ für umgeben von
sanft — überschatteten Hügeln. *H²* 10 gegen aR für auf *H²*
10 — 13 und — bekannt aR und üdZ für wo man mit Wäldern
bekannt ward. *H²* 23 großväterliche aR über uralte *H²*
227, 3 doch über gar *H²* 5 verwittibten Frau aus gebornen
Fräulein *H²* 12 geschehen über gethan *H³* 13 theurer über

werther H^2 228. 2. 3 mit — Forstcultur, aR H^2 4 genauerer
über näherer H^2 7. 8 dieß — Versprechen] unser Versprechen
dieß Gewünschte zu verschaffen H^2 dieß Gewünschte zu verschaffen
dann unser Versprechen üdZ H^3 14. 15 uns geleitenden fehlt
H^2 üdZ H^3 16 dessen über seinem H^2 17 früheren $H^2 H^3$
229. 4 Gläubigen — nicht aR für Glauben, an Verehrung
nicht H^2 230, 3 ging über geht H^2 12 in $H^2 H^3$ 13 allein
geändert in allen H^2. demnach allein Abschreibefehler H^3
und fehlerhaft C 21—232. 21 Länger — gekrönt. späterer
Einschub H^2 230. 26. 27 Akademie aR für Akademischen H^2
231. 2 gegen Fremde aR H^2 13 zeigte über wies H^2 20. 21
Naturerzeugniß. — es üdZ aus Naturerzeugniß; es war groß
wie ein mäßiges Gänseey, H^2 24. 25 der Stein] er H^2: dafür
üdZ wie jetzt H^3 232. 15. 16 fand — breiter] da ich denn
aber die Farben nicht breiter fand H^2 daraus wie jetzt H^3
17 im nach denn H^2 letzteres gestrichen H^3 19 fernerhin
nach bey mir wohl H^2 233, 2 desto nach um H^2 4 wenig-
stens] denn H^2 daraus wie jetzt H^3 8 im aus in dem H^2
21 an — hangende aR H^2 22 den nach an tüchtigem, wohlge-
arbeiteten Schmiedewerk hangend H^2 234. 11 kitzeln. C entgegen $H^2 H^3$ 17. 18 mußte — nennen, aR aus schien rauh und
hart; H^2 28 Ferner aR H^2 236. 25 gemäßigt aR für genöthigt H^2 237, 3 detestable aR H^2 15 woran — barocker üdZ
für die ihn als einen geistreichen H^2 238. 5 gewandt über geistreich H^2 7 einem aR H^2 10 so — sagen aR für gewissermaßen H^2 15. 16 waren — und aR und üdZ für regten wir uns
früh zur Hand H^2 239, 3. 4 indem über denn H^2 5 mir nach
hatte H^2 6 Auch nach weggelöscht: daraus weglöschte H^2
löschte und üdZ ver H^3 19 einem — verschaffen] Anlaß genug
zu verschaffen, damit ein jeder H^2 daraus wie jetzt H^3 20. 21
sich wieder hervorzurufen] wieder hervorrufen möge H^2 daraus
wie jetzt H^3 22 deutschen Wesen aR H^2 23 worin über
darin H^2 28 Abhandlung aR für Prosa H^2 240. 4 aber
war uns aR für war H^2 5 ausgezeichneter mit Blei über
bedeutenden H^2 9 eine über und H^2 14 Sorge trug. über
trachtete. H^2 14. 15 ward — Bedenken] und Bedenken ward gar
manche Betrachtung und dann aus letzterem Wort Bedenken H^2
das erste Bedenken gestrichen H^3 17 diesen aR für ihnen H^2
18. 19 seinen Äußerungen nach aR H^2 19 leben, zu aR H^2

24 Suchte über Wollte H² in nach wagen H² 27 seinem
aR für dem Gleimischen H² 241,2 bemüht zeigte er für
bemüht; er zeigte H² 4 aber üdZ H² als über einem H²
10. 11 ohne — sehen. aR und üdZ für wodurch er aber nicht sehr
gefördert wird. H² 12 und — Thätigkeit aR für belobt ihn H²
13 trägt aber für aber trägt H² 17 als Mensch üdZ H³ verwaltet aR für versieht H² 18 ein — Amt] eine bedeutende
Stelle H² daraus wie jetzt H³ 19 und fehlt nach Stadt H²
20 deutsches aR H² 24. 25 entgegengestellt. für zu beweisen auftrat. H² 242,15 mit dem Wandeln H² über sowie das
Wandlen H² 18 Zuletzt nun] Um nun zuletzt H²; daraus Zuletzt nun H³; Zuletzt nun C 20 dem über der H² den C
22. 23 an — auszuruhen aR für hier gar gemüthlich ausruhte H²
24 — 244, 4 Die — bringt nachträglicher Einschub H² 242, 26. 27
unerschüttert in aus in unerschütterlicher H² 243, 4. 5 mit —
ergreift üdZ für gewisse Schauer erregt H² 6 Einbildungskraft
nach und H² und Gemüth aR H² 7 poetische und aR H²
8 anregt für in Anregung bringt H² 9. 10 unschuldig — nachbarlichen üdZ für unschuldige buschige Anhöhen dem fernen H²
15. 16 des — Hochzeitsaal aR für ein ungeheures Faß, zur
Wohnung dienend einem abscheulichen Zwergengeschlecht H²
17 lauern aR H² 18 jeder aR für aller H² 21 Da — denn
über Hier fiel H² 244, 8 in — Leben aR H² 9 hinan
über hinauf H² 10 um üdZ H² 10. 11 wir — werden für
uns nichts mehr Anlaß gebe H² 20 wir nach daß H²
23. 24 in — Grade aR für mehr oder weniger H² 245, 2 Am
Schlusse des Jahres 1805 findet sich noch H² ein Blatt
folgenden Inhalts:

Zum Schluße jedoch wurden wir aus dem Schlummer
worin wir unser reges kleines Leben fortführten gewaltsam auf-
geweckt.

Am Ende Septembers stürmen die Franzosen über den Rhein
und bewegen sich unaufhaltsam ostwärts und schon Ausgang De- 5
cembers standen die französischen Corps, Bernadotte in Böhmen,
Mortier in Mähren, Davoust in Preßburg, Soult in Wien, Ney
in Kärnthen, Marmont in Steyermark, Massena in Krain. Den
27. December ward der Preßburger Friede geschlossen.

Wir aber lebten wie in den Tagen Noä: freyten und 10
ließen uns freyen.

Die letzten fünf Worte g^1. Die Darstellung der Stellungen der Franzosen hatte Goethe einem in Quart gebrochenen halben Bogen, mit Antiqua gedruckt, entnommen, betitelt: „Chronologische Übersicht und Erläuterung der Charte der Feldzüge der Franzosen gegen Östreich und Russland im Jahr 1805.“

1806.

245, 11. 12 uns — hingaben.] eine problematische Sicherheit genoſſen. H^2: daraus wie jetzt H^3 15 im $H^2 H^3$ 246. 4—7 einen — ihre aR für auch einige Geſänge, worunter die allgemein bekannte, einem Inſel=König gewidmete, den das patriotiſche Feſtland noch nicht ansſtechen können, ſeine H^2 8 des über von H^2 16 mitwirkte aR für Theil nahme H^2 17 den fehlt H^2 üdZ H^3 18 ſiel üdZ für gegeben war H^2 18—20 daß — jüngſten aR und üdZ für der übrige lyriſche von den älteſten bis zu den jüngſten männlichen und weiblichen Gliedern H^2 21 ward nach war H^2 22 Aufmerkſamkeit erregte über Aufmerkſam machte H^2 23 zur — gebrachte aR für aufgeführte H^2 24 nach aufzunehmen. folgt noch: Der vierzehnte October ſchloß, der ſechsundzwanzigſte December eröffnete das Weimariſche Schauſpiel wieder und Ifflands Theater = Kalender gab der Teutſchen Bühne neuen Schwung und Aufmunterung, H^2 247, 2 zu einer] zur H^2 darüber wie jetzt H^3 4. 5 Im — können aR und üdZ für Im Frühjahr konnte man nicht mehr thun H^2 13. 14 und — Aufmunterung. hinzugefügt H^2 22. 23 in — Geſtalt üdZ für wie er noch jetzt vorliegt H^2 248, 3—5 eines — Teil aR H^2 21 wäre üdZ H^3 24 ſtets über immer H^2 25 Kunſtgenoſſe] Kunſtgenoß aR für Abkömmling H^2 ersteres auch H^3 27 — 249. 2 welche — abgiebt. aR für und gab auf der öffentlichen Bibliothek [einen Beweis zu ergänzen] ſeines ſchönen ſich immer mehr ausbildenden Talentes. H^2 16 nach gefannt: hatten. H^2 17 zuvor aR für früher H^2 19. 20 und — machte aR für wobey ſich die Bemerkung machen läßt H^2 250. 9 Nach Kreide, üdZ wie H^2 daraus in H^3 10 vieles über manches H^2 12. 13 mannigfaltig — Muſeum aR ergreifen läßt, gar mannichfaltig H^2 14 manches nach gar H^2 19 die über eine H^2 19—21 baß — Beobachtung aR H^2 21 als nach hatte, H^2 27 manchmal üdZ H^2 251. 13. 14 Vorgeſtelltes aR für im

Gegenstand H^2 252,3 blickte aR für sah H^2 daraus blickt H^3
6 sitzt] saß H^2; daraus wie jetzt H^3 10 letzte nach niedrigste H^2
22 — 24 angetrieben — einzuprägen aR für durch die bedeutenden
abwechselnden Gegenstände, sie mir durch Nachbildung besser ein=
zuprägen angeregt; H^2 24 vollkommnern] unvollkommenen H^2;
daraus wie jetzt H^3 28 — 253,1 über — Weg über von dem
Wege H^2 253,3 lieferte aR für gab H^4 5. 6 beträchtlich
aR für bedeutend H^2 7 seit etwa aR für von H^2 8 worin
nach an, H^2 9. 10 sehr — Gebern. aR für verpflichtet den
freundlichen Gebern aufs verbindlichste. H^2 11 des — Besitzes
aR H^2 gedruckt über gefertigt H^2 15 eben üdZ H^2 20 Es
- mich aR für Mich jammerte H^2 21 sichre Charakterstriche
aR für feste und bedeutende Striche H^2 22 nun aR für nur H^2
24 bloß andeuten für angedeutet H^2 27. 28 und — befolgen
aR für neue Ordnung verfügen H^2 254,6 wichtiger aR für
bedeutender H^2 9. 10 einen — besonders aR H^2 13 vorent
über hinter H^2 16 schritt] trat H^2 darüber wie jetzt H^3
25 das nach besonders H^2 26 reinlich aufgestellt. nach war
aufgefrischt und löblich geordnet. H^2 255,3 seine übrigen aR
für die H^2 5. 6 im — Sinne aR H^2 8 unserem $H^2 H^3$
13 und üdZ H^2 14 gab über that H^2 Nach liebenswürdig
folgt $H^2 H^3 C$ noch hervor, offenbar nach vorbemerkter Ände=
rung zu streichen übersehen.   15 — 17 es — fühlte. aR und
üdZ für er denn auch an den Mitredenden näher herantrat, als
an den Leser, von dem er sich gewissermaßen durch allzutief ge=
griffene Monologe entfernte. H^2 18 führten aR für riefen H^2
256,2 gesucht aR für trachtete H^2 6 einer über der H^2
8. 9 bemerke hierbey aR für enthalte mich nicht anzumerken, H^2
bemerkte hierbei H^3 9 eben üdZ H^2 19 an — zurück. üdZ H^2
19. 20 Nun — sie üdZ und aR für sie gab Unterhaltung H^2
21 Napoleontischen H^2 daraus wie jetzt H^3 gelegentliche
Unterhaltung aR H^2 22 unversehrt aR für wohl erhalten H^2
24 bezog. üdZ für erreichte. H^2 257,2 von neuem aR für
mich wieder H^2 3 mich wendend mit Blei über wendete
und H^2 7 ohne Unterbrechung aR für ununterbrochen H^2
9 zu nach in sich H^2 11 physiologischen aus physiologen; H^2
13 so — vor aR und üdZ für auch so die Elemente des Geschicht=
lichen niedergelegt H^2 16 und üdZ H^2 23 ihrer — Be=
dingungen üdZ für der Mittel H^2 258,4 physiologischen aus

physiologen H^2 15 eine Gränze aR H^2 20 schwarz $H^2 H^3$
21 an — Räubern aR H^2 21 — 23 das — bunten aR und üdZ
für sich graue Bilder aller Schattirungen, bunte von H^2 24 alles
aR neben verhalte, H^2 26 Erscheinungen über Phänomene H^2
27 dem] den aus dem H^2 so auch H^3 richtig C   259, 2 es
üdZ H^2 in Betreff aR für bey H^2 3 alsdann üdZ H^2
4 geritzt nach nur klein H^2 4. 5 fadenartig glänzend aus
glänzend fadenartig durch überschriebene Zahlen H^2 8 jede
H^2 daraus wie jetzt H^3 10 bekräftigend über löblich H^2
12 im — nebenher üdZ und aR für zur Geschichte außer der
Ordnung H^2 26. 27 seinen – beizufügen aR für mit seinem
Brief die Farbenlehre abzuschließen H^2 27. 28 Seebecks — kamen.
unter und über die Seebeckischen Mittheilungen dankbar auf=
genommen wurden H^2 260. 3 frischen über freyen H^2
10 mit Ausgang unter am Ende H^2 11 poetischen $H^2 H^3$
20 wohl über gut H^2 20. 21 ließ — gut über wenn gleich
nicht alles besonders im Verlauf der Fabel gut zu heißen H^2
261, 1 verdienten aus verdienter H^2 so auch H^3 1. 2 die — theilten.
über und nach denen mit uns die gleiche Vorliebe gemein war. H^2
4 früheren aR H^2 15 von nach immer H^2 17 hindurch über
hervor H^2 19 wieder nach von Zeit zu Zeit H^2 20 sie nach
geworden H^2 bei nach wieder H^2 22. 23 Wielands — Pisonen
aR aus Die Übersetzung der Epistel an die Pisonen von Horaz H^2
25 dem einen aR für jedem H^2 26 alle nach Einzelnen H^2
auch wieder aR für gleichfalls H^2 262, 1 die — wünschte
unter und über den Zeilen für ich wollte sie wären aufge=
zeichnet H^2 4 in — Conversation über freundschaftlich con=
versirend H^2 8 widmet aR für beschäftigt H^2 14 in seiner
üdZ H^2 18 höchst aR für so H^2 20 findet sich üdZ für
finde H^2 23 des — das aR und üdZ welch ein Grauen H^2
26 die nach auf H^2 27 auf üdZ H^2 27. 28 der — Stück aR
für das zweyundzwanzigste Stück des Hallischen Missionsbe=
richts H^2 263, 4. 5 Nachrichten — Fortschritten aR aus die ge=
segneten Fortschritte H^2 8 gegenwärtig aR H^2 10 einzelner
aR mit Blei für der H^2 11 Engländer — Bedeutung aR für be=
deutender Engländer H^2 12 Strategie der aR H^2 13. 14 ihren
— erklärte. aR für erklärte. Das Eigenthümliche seiner Art
so wie die Sache selbst verdiente wohl eines umständlichen
Erwähnens. H^2 18 dem — Liebe aR für wegen des Thea=

ters *H²*   19 der nach die Sommermonate *H²*   21. 22 die —
ließ üdZ für und eine duldende Indolenz ließ eine Zeit nach
der andern hingehen *H²*   22 aber üdZ *H²*   24 und fehlt *H²H³*
27 — 264, 6 Ende — worden aR und üdZ für am Ende May's
ab, wohnten den Hussiten vor Naumburg in einer Schenne zu
Alsch bey und bemerkten erst in Eger, daß uns die Pässe fehlten,
die vor lauter Thätigkeit und Reiseanstalten vergessen worden
waren, und nach denen man durch eine wunderliche Complication
von Umständen auch an der Gränze nicht gefragt hatte. *H²*
264, 7   10 wie — sie aR *H²*   10 schein über paß *H²*   11 Bekümmerniß. aR für Sorge. *H²*   16 — 18 war — Zustand üdZ
und aR für entfaltete mir mit diplomatischer Gewandtheit den
Zustand, der uns *H²*   21 die — erlebt üdZ und aR für den
unglückseligen Zustand in Ulm *H²*   265, 6 wodurch über da *H²*
13 vor Jahren] im Jahre [Lücke] *H²* daraus *g* wie jetzt *H³*
15 charakteristische aR für bedeutende *H²* aufzustellen, über
zusammenzubringen. *H²*   18. 19 sie — beschreiben. üdZ für Er
hatte sie numerirt und beschrieben. *H²*   20 gefolgt] nachgegangen
H² daraus *g* wie jetzt *H³*   26 versprach aus versprechen
lies *H²*   28 Hirschsprungs *H²* daraus wie jetzt *H³*   266, 4
geologischen aR *H²*   6. 7 wunderbaren über geheimnißvollen *H²*
7 hellt über klärt *H²*   8 obgedachten] dieses *H²* daraus wie
jetzt *H³*   11 sodann üdZ *H³*   20 diesen aus diesem *H²* so
auch *H³*   23 mitgeführten aR für bey sich habenden *H²*
28 — 267, 3 dargestellt — konnte. aR für auf unversehrte Grundmuster
des durch Glut veränderten Gesteins verlegt werden konnte. *H²*
267, 1 Spazierfahrten — waren aus Spazierfahrt zu diesem Zwecke
ward nun angestellt und *H²*   5 und über zerstreuend *H²*
8 längere] länger *H²* daraus wie jetzt *H³*   14. 15 fortbrennen-
den aR *H²*   268, 7. 8 dessenungeachtet] demungeachtet *H²H³*
11 — 13 in — Absicht aR mit Blei für ganz ernstlich und
nicht gar geheim *H²*   14 über nach gedachten und *H²*
15 während über wir, indem wir   18 Rhein üdZ *H²*   19 seine
aR für dessen *H²* fanden über erhielten *H²*   20 Rück über
Durch *H²* durch — Zeitungen aR *H²*   22. 23 Zwischen — ableitende. durch überschriebene Zahlen aus Manche ableitende
Gespräche traten jedoch zwischen diese beunruhigenden. *H²*
269, 4 in fehlt *C* steht aber in *H²H³*   6 be über an *H²*
11 offenbarte über zeigte *H²* ihrem verschiednen aR und über

dem *H²* 13—19 dem geladen. aR und üdZ für Graf Haugwitzens Tod, eines alten, jetzt der ganzen Welt verhaßten Jugendfreundes, der sich den Unwillen der Teutschen durch Zuneigung zu französischen Verhältnissen auf sich geladen hatte *H²* 22 juge über gange *H²* 24 dem – Voigt aR *H²* 270, 2 es ist aber aR für und so ist es *H²* 3 daß über wo *H²* 6 Gebirgsfolge über Suite *H²* 7 begab mich aR für ging *H²* 8 hin fehlt *C* Folge der vorbemerkten Änderung. 8. 9 des – Lenz üdZ aus Director Lenzens sie *H²* 11 geschrieben aR *H²* 15. 16 heranrückend, lieber aR heranrückte, da er *H²* 16 nach aR für von *H²* 17. 18 Dieser – ward aR und üdZ für Und so ward dem allen ungeachtet *H²* 21—26 keiner – verrathen aR für sie, wo nicht durch Worte doch durch Betragen zu offenbaren genöthigt waren. *H²* 271, 1. 2 Neigung – militärischen aR für Schriftstellerey politischer Klugheit und militärischer *H²* 6—8 geschah – baten aR für kam der Drucker begleitet von einigen Rathspersonen und baten dringend *H²* 12 und fand aR für es war ein seltsames Machwerk, *H²* 14 Dazwischen über Zu jenen *H²* 18. 19 unterlegen – zuletzt aR für unterzulegen glaubte, in den letzten *H²* 19 alles] alle *H² H³* was nach geschärft *H²* 20. 21 erdulden – vorgeworfen aR und üdZ erduldet hatte *H²* 24 er üdZ *H²* eben üdZ *H²* 272, 5 hatte über fand *H²* 16 an sich aR für allein *H²* 25 mit allen aR *H²* 28 — 273, 1 an – vorübergingen aR für vorübergänglich an mein Ohr kamen *H²* 273, 2 — 5 ich – werden aR für und was das Wunderlichste war, speiste man zu dieser Zeit die ersten Lerchen eben im Augenblick, da der Himmel einzufallen drohte und gar manche Vögel gefangen werden sollten. *H²* 9 wer bleiben] Verbleiben *H² H³ C* offenbar Hörfehler des Nachschreibers.

——— ˚˚